社会福祉士試験 / 新カリキュラム試験への変更点

1 新カリキュラム導入の目的

　新カリキュラムは、社会保障審議会福祉部会福祉人材確保専門委員会の報告書「ソーシャルワーク専門職である社会福祉士に求められる役割等について（平成30年3月）」を受けて導入されました。

　第37回からの社会福祉士試験では、この新カリキュラムで学ぶことが想定された能力が身についているかを測る問題が出題される、と考えられます。

　それでは、これからの社会福祉士にはどのような役割が求めら～～～～～うか？

　厚生労働省の資料によれば、次のようにまと～～

　目的は、以下の2点です。

> ❶　地域共生社会の実現を推進する
> ❷　新たな福祉ニーズに対応する

　このために、ソーシャルワーク専門職として実践能力のある社会福祉士を養成する、としています。

　「地域共生社会」というのは、これまでのように「支援する人」「支援される人」と分かれるのではなく「それぞれに役割を持って、みんなでみんなのことをやっていく社会」です。

　しかし、それぞれがばらばらにやっていては、うまく進みません。「地域共生社会」を実現するためには、人びとや様々な機関をつなぎ、一緒にやっていく要となる人が必要になってきます。ごく平たく言えば、この役割を担うのがソーシャルワークです。

　具体的な「ソーシャルワーク機能」としては次のことが求められます。

> ❶　複合化・複雑化した課題を受け止めて、多機関が協働する、「包括的な相談支援体制」を作り上げていくこと
> ❷　地域住民等が主体的に地域課題を把握し、解決を試みる体制を構築することができるようにしていけること

② 新カリキュラムで求められる能力

　したがって、これからのソーシャルワーク専門職＝社会福祉士には、「対人援助」（ミクロレベル）のソーシャルワークに加えて、組織や地域を作り（メゾレベル）、政策に関与していける（マクロレベル）ソーシャルワークができることが求められているのです。

　新カリキュラムは、そういう実践的な能力があるソーシャルワーカーを育てるように組まれています。

見直し後の社会福祉士養成過程の全体像

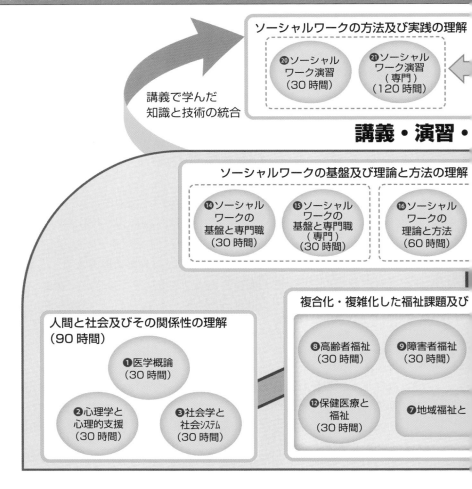

ソーシャルワークの方法及び実践の理解

⑳ソーシャルワーク演習（30時間）

㉑ソーシャルワーク演習（専門）（120時間）

講義で学んだ知識と技術の統合

講義・演習・

ソーシャルワークの基盤及び理論と方法の理解

⑭ソーシャルワークの基盤と専門職（30時間）

⑮ソーシャルワークの基盤と専門職（専門）（30時間）

⑯ソーシャルワークの理論と方法（60時間）

複合化・複雑化した福祉課題及び

人間と社会及びその関係性の理解（90時間）

❶医学概論（30時間）

❷心理学と心理的支援（30時間）

❸社会学と社会システム（30時間）

❽高齢者福祉（30時間）

❾障害者福祉（30時間）

⑫保健医療と福祉（30時間）

❼地域福祉と

資料：厚生労働省 HP

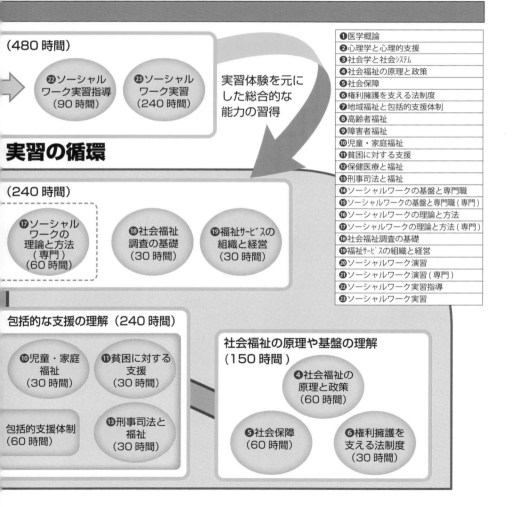

（480 時間）
- ㉒ソーシャルワーク実習指導（90 時間）
- ㉓ソーシャルワーク実習（240 時間）

実習体験を元にした総合的な能力の習得

実習の循環

（240 時間）
- ⑰ソーシャルワークの理論と方法（専門）（60 時間）
- ⑱社会福祉調査の基礎（30 時間）
- ⑲福祉サービスの組織と経営（30 時間）

包括的な支援の理解（240 時間）
- ⑩児童・家庭福祉（30 時間）
- ⑪貧困に対する支援（30 時間）
- 包括的支援体制（60 時間）
- ⑬刑事司法と福祉（30 時間）

社会福祉の原理や基盤の理解（150 時間）
- ④社会福祉の原理と政策（60 時間）
- ⑤社会保障（60 時間）
- ⑥権利擁護を支える法制度（30 時間）

❶医学概論
❷心理学と心理的支援
❸社会学と社会システム
❹社会福祉の原理と政策
❺社会保障
❻権利擁護を支える法制度
❼地域福祉と包括的支援体制
❽高齢者福祉
❾障害者福祉
❿児童・家庭福祉
⓫貧困に対する支援
⓬保健医療と福祉
⓭刑事司法と福祉
⓮ソーシャルワークの基盤と専門職
⓯ソーシャルワークの基盤と専門職（専門）
⓰ソーシャルワークの理論と方法
⓱ソーシャルワークの理論と方法（専門）
⓲社会福祉調査の基礎
⓳福祉サービスの組織と経営
⓴ソーシャルワーク演習
㉑ソーシャルワーク演習（専門）
㉒ソーシャルワーク実習指導
㉓ソーシャルワーク実習

次のような変更が予定されています。

第 37 回以降の試験内容（予定）

<＜第 36 回国試まで＞>

	旧カリ科目	問題数
午前	＜社会福祉士・精神保健福祉士共通科目＞　135 分	
1	人体の構造と機能及び疾病	7
2	心理学理論と心理的支援	7
3	社会理論と社会システム	7
4	現代社会と福祉	10
5	地域福祉の理論と方法	10
6	福祉行財政と福祉計画	7
7	社会保障	7
8	障害者に対する支援と障害者自立支援制度	7
9	低所得者に対する支援と生活保護制度	7
10	保健医療制度	7
11	権利擁護と成年後見制度	7
	―	
	午前（共通）科目計	83
午後	＜社会福祉士専門科目＞ 105 分	
12	社会調査の基礎	7
13	相談援助の基盤と専門職	7
14	相談援助の理論と方法	21
15	福祉サービスの組織と経営	7
16	高齢者に対する支援と介護保険制度	10
17	児童や家庭に対する支援と児童・家庭福祉制度	7
18	就労支援サービス	4
19	更生保護制度	4
	午後（専門）科目計	67
	試験問題合計	150

<＜第 37 回国試から＞>

新カリ科目	出題数	科目群
＜社会福祉士・精神保健福祉士共通科目＞（試験時間未公表）		
医学概論	6	
心理学と心理的支援	6	①
社会学と社会システム	6	
社会福祉の原理と政策	9	
社会保障	9	②
権利擁護を支える法制度	6	
地域福祉と包括的支援体制	9	
障害者福祉	6	③
刑事司法と福祉	6	
ソーシャルワークの基盤と専門職	6	
ソーシャルワークの理論と方法	9	④
社会福祉調査の基礎	6	
午前（共通）科目計	84	
＜社会福祉士専門科目＞（試験時間未公表）		
高齢者福祉	6	
児童・家庭福祉	6	⑤
貧困に対する支援	6	
保健医療と福祉	6	
ソーシャルワークの基盤と専門職（専門）	6	
ソーシャルワークの理論と方法（専門）	9	⑥
福祉サービスの組織と経営	6	
―		
午後（専門）科目計	45	
試験問題合計	129	

＊赤矢印…社会専門科目から共通科目への変更、ピンク矢印…共通科目から社会専門科目への変更。

＊＊旧カリ科目のうち、「福祉行財政と福祉計画」は新カリ科目「社会福祉の原理と政策」と「社会保障」に、「就労支援サービス」は新カリ科目「障害者福祉」「高齢者福祉」「貧困に対する支援」に移行し、独立科目ではなくなった。

合格基準（予定）は次の 2 つの条件を満たした者を合格者とする。（1）問題の総得点の 60％程度を基準として、問題の難易度で補正した点数以上の得点の者。（2）（1）を満たした者のうち、6 科目群すべてに おいて得点があった者。

（注）1　配点は、1 問 1 点の 129 点満点である。
　　　2　試験科目の一部免除を受けた受験者にあっては、配点は、1 問 1 点の 45 点満点である。社会福祉士及び介護福祉士法施行規則第 5 条の 2 の規定による。

資料：社会福祉士養成課程における教育内容等の見直しについて（https://www.mhlw.go.jp/content/000523365.pdf）、社会福祉士試験科目別出題基準（https://www.sssc.or.jp/shakai/kijun/pdf/pdf_kijun_s_no37.pdf）を元に作成。

④ 試験の難易度はどう変わる？

試験の内容を見ると、第 37 回以降の方がむしろ、合格しやすいように思われます。それは、以下のような理由によります。

> ❶ 科目群が大きく 6 つに分かれて一つの科目群の問題数が 18 ～ 24 問あるので、1 つの科目群で「0 点」となったために総合点で合格基準点以上獲得しても合格できない、といういわゆる「0 点科目」のリスクが減ります。
>
> ❷ 問題数が 150 問から 129 問に減り、試験そのものの負担が少し軽くなります。

しかし、一方で、一科目内で出題される問題が減りますので、「学習していなかったところが出題されて得点できない」ということが生じるリスクが大きくなります。

また、問題数は減少しても、新カリキュラムの出題基準では、「地域共生社会」などが追加され、内容は増加していますので、必要な学習量は増えます。

⑤ 新カリキュラム試験に向けた対策

厚生労働省からは、国家試験で、より基本的なことが出題される方向、実践力を測る方向が示されていますので、社会福祉士を目指す私たちは、社会福祉士として何が求められているのか、その原点を大切に、「地域共生社会を実現するために役に立つ」社会福祉士として十分な基礎力及び「正確な知識」と「事例問題への応用力」を身につけていきましょう。

基本に立ち返って、誠実に学習を積み重ねていくことが、結局は、合格を手にする最短距離になると考えられます。

具体的には、広範囲の学習内容について、ただ丸暗記をするのではなく、本書の科目横断的な学習方法で、「意味」を理解することを心がけましょう。理解してから、覚える。そして、試験センターや日本ソーシャルワーク教育学校連盟の HP に掲載されている過去問題を解き、間違えたら、また本書に戻って理解を深めていくと良い学習になります。着実な学習の積み重ねが報われる試験になっています。ぜひ、安心して基本的な学習を重ねてください。

本書の特徴と使い方

「利用者を支援する」社会福祉士の視点から、試験の全科目を横断的に学習するテキストです。全科目の基礎を把握して、効率的に試験勉強を始めましょう。

田幡先生

赤シートで確認しよう

特に覚えておきたい重要なポイントは、付属の赤シートで隠すことができますので、知識の確認に役立ちます。

Chapter ❹ ソーシャルワークの多様な技術を学ぼう

ソーシャルワークの効果を高める上で、ケアマネジメント、スーパービジョン、リハビリテーションなどの方法や、ICFモデルによる整理、記録技術などが有効です。

❶ ケアマネジメントの方法を理解しよう

　ケアマネジメント（ケースマネジメント）とは、利用者の地域における生活を丸ごとサポートするために、利用者の様々なニーズを把握し、それぞれに対応したサービスを組み合わせて利用者に提供する援助方法です。社会資源をコーディネートする技術が求められます。

　1970年代に、イギリスを中心に用いられるようになりました。

　ケアマネジメントには、次の2側面があります。

❶利用者志向モデル（ニーズ優先アプローチ）

…利用者が地域で安定した　　　　　を送れるよう、ニーズに合わせて様々な資源を活用することを目的とする。

❷サービス提供者志向モデル（サービス優先アプローチ）

…地域の　　　　を効果的・効率的、総合的に提供することで入院・入所をできる限り回避し、医療・福祉の費用を節約することを目的とする。

　わが国の介護保険制度におけるケアマネジメントは、施設入所者に対するサービス利用計画作成も含めていますが、もともとは、地域生活をサポートするための技術です。**フォーマルサポート**だけでなく、**インフォーマルサポート**も組み合わせたサービスを提供します。

> **★用語★**
>
> **フォーマルサポート**
> 公的機関や民間企業の専門職などが措置や契約に基づいて提供する支援。
>
> **インフォーマルサポート**
> 家族・近隣住民・ボランティアなどが好意などに基づいて提供する支援。

99

3
❹
ソーシャルワークの多様な技術を学ぼう

★用語★　用語の意味を理解しよう

本文中の★印の用語について解説します。用語の意味をきちんと理解することは試験対策の第一歩です。理解度チェックのため、付属の赤シートを活用して確認しましょう。

社会福祉士を目指して学習を始めたばかりの２人。本格的な国家試験勉強に入る前の基礎的な力を身につけるため、田幡先生とともに学習を進めます。

田幡先生の生徒たち

■フォーマルサポートとインフォーマルサポートの比較■

	サービス供給主体	供給根拠	特徴
フォーマルサポート	社会福祉法人、民間営利事業、行政等	契約、措置	長所：継続的、専門的な安定したサービスを提供できる 欠点：画一的になりやすい
インフォーマルサポート	家族、親戚、知人、隣人、ボランティア	好意	長所：利用者の個別事情に配慮できる 欠点：継続性・安定性が保証されない

 ケアマネジメントは、様々なニーズを持つ利用者の地域生活を丸ごと支援するために、複数のサービスを組み合わせて提供する援助方法です。

2 ネットワーキングについて知ろう

ネットワーキングは、利用者の地域生活を支援するために、親戚・近隣住民・施設・機関などを、連携のとれた一つのまとまりである「ソーシャル・サポート・ネットワーク」に作り上げることです。

ソーシャル・サポート・ネットワークには、ケアマネジメントでみたフォーマルサポートとインフォーマルサポートの両方のサポートを組み入れて、多くの関係者による支援の関係網にします。

 ネットワーキングにはフォーマルサポートとインフォーマルサポートを組み入れます。

3 スーパービジョンについて知ろう

スーパービジョンとは、経験豊かな援助者（スーパーバイザー）が、まだ経験の浅い援助者（スーパーバイジー）に対して、援助方法などについて指導することです。

Check ✓ 項目の理解に役立てよう

本文から一歩踏み込んだ解説や関連情報を知ることで、項目の理解につなげましょう。

POINT ✎ 重要なポイントを押さえよう

必ず押さえておきたいポイントです。本文をしっかり理解できているか、ここでもう一度チェックしましょう。

田幡先生が、私たちの素朴な疑問に答えてくれるのよね。

先生のアドバイスもしっかり押さえておかなくちゃ。

＊本書は、原則として2024年3月現在の情報に基づいて編集しています。ただし、編集時点で入手できた法令等改正情報はできるだけ反映しています。

CONTENTS

社会福祉士を目指す皆さんへ

　社会福祉士国家試験は、19科目もあり、領域も広いのでかなり難しい試験のように感じられますが、実は、そうではありません。必ずしも満点を取ろうとせず、129問中80問（6割強）程度の正答を目指しましょう。6割であれば確実に基礎力を身につけることで得点できます。

　受験勉強では、直近2回の過去問題は新カリキュラムを意識した出題内容です。さらに、旧カリキュラムで過去3年くらいの過去問題を解き、解説を読み、理解し、よくわからないときは、基礎的な内容が書かれた参考書を見るということを繰り返します。これで合格できます。本書は、基礎的な内容が網羅されていますのでそのための参考書として最適です。

　近年、社会福祉士の活躍する分野が広がってきました。多くの皆さんが社会福祉士の資格を取得し、社会に貢献されることを期待しております。

元社会福祉士試験委員 元浦和大学教授

寺島　彰

PART 1

社会福祉士
はじめてガイド

対応試験科目

◆ ソーシャルワークの基盤と
　専門職（共通）

社会福祉士となるためには、受験資格を得た上で国家試験に合格し、登録することが必要です。

1 社会福祉士になるには

（1）社会福祉士の受験資格

　社会福祉士の試験を受験するには受験資格が必要です。受験資格取得には大きく分けて学歴等によるものと経験によるものがあります。詳細は、事前に必ずご自身で試験実施団体のホームページ等でご確認ください。

（2）受験申込み期間

　　試験日前年の9月上旬〜
　　　　　10月上旬

（3）試験日

　　2月上旬

（4）合格発表

　　3月上旬〜中旬

（5）試験の内容

●出題問題数　129問（共通科目84問、専門科目45問）

　試験科目の一部免除を受けた者は、共通科目（84問）が免除され、専門科目(45問)のみ受験します。「試験科目の一部免除を受けた者」とは、「精神保健福祉士（登録申請中の者を含む）であり、受験申込時に必要な書類を提出した者をいう」とされています（社会福祉士及び介護福祉士法施行規則第5条の2による）。

●科目名とその出題数（予定）

共通科目					
医学概論	6		社会福祉の原理と政策	9	
心理学と心理的支援	6	①	社会保障	9	②
社会学と社会システム	6		権利擁護を支える法制度	6	
地域福祉と包括的支援体制	9		ソーシャルワークの基盤と専門職	6	
障害者福祉	6	③	ソーシャルワークの理論と方法	9	④
刑事司法と福祉	6		社会福祉調査の基礎	6	

専門科目					
高齢者福祉	6	⑤	ソーシャルワークの基盤と専門職（専門）	6	⑥
児童・家庭福祉	6		ソーシャルワークの理論と方法（専門）	9	
貧困に対する支援	6		福祉サービスの組織と経営	6	
保健医療と福祉	6		＊①～⑥は科目群を表す。		

● **解答時間　共通科目未定、専門科目未定**
● **出題形式　多肢選択形式**

（6）配点と合格基準

　配点は 1 問あたり 1 点の 129 点（試験科目の一部免除者は 45 点）満点で下記（1）（2）の条件をいずれも満たした場合に合格となります。
（1）　問題の総得点の 60％程度を基準として、問題の難易度で補正した点数以上の得点の者
（2）　（1）を満たした者のうち、6 科目群（上記表①～⑥）（試験科目一部免除者は⑤、⑥ 2 科目群）すべてにおいて得点があった者

（7）試験に関する問合せ先

> 公益財団法人　社会福祉振興・試験センター
> 〒 150-0002　東京都渋谷区渋谷 1-5-6　SEMPOS ビル
> （試験情報専用電話案内）03-3486-7559（音声案内、24 時間対応）
> （試験室電話）03-3486-7521（9 時〜 17 時　土曜・日曜・祝日を除く）
> （ホームページ URL）https://www.sssc.or.jp/

　試験ガイダンス情報は、令和 6 年度（第 37 回試験）から適用する「社会福祉士試験出題基準」に基づいており、変更される場合があります。受験される方は、事前に必ずご自身で（公財）社会福祉振興・試験センターの発表する最新情報を確認してください。

国家試験合格
に向けて、一
緒に頑張って
いきましょう。

まずはこのテキストで
基礎を身につけます！

社会福祉士へ
の一歩だね。

社会福祉士は、専門職の倫理・知識・技術をもって、
生活課題を抱える人を、相談援助・関係者との連携・
地域福祉増進により支援します。

1 社会福祉士及び介護福祉士法、精神保健福祉士法について学ぼう

（1）社会福祉士及び介護福祉士法

①社会福祉士の定義

　社会福祉士は、**社会福祉士及び介護福祉士法**[*]に基づく国家資格の福祉専門
職です。この法律では、社会福祉士について、次のように規定しています。

■社会福祉士及び介護福祉士法　第2条第1項■

> 資格…登録を受け、社会福祉士の名称を用いて、
> 要求される能力…専門的知識及び技術をもって、
> 対象…身体上若しくは精神上の障害があること又は環境上の理由により日常
> 　　　生活を営むのに支障がある者の
> 業務内容…福祉に関する相談に応じ、助言、指導、福祉サービスを提供する
> 　　　　　者又は医師その他の保健医療サービスを提供する者その他の関係
> 　　　　　者との連絡及び調整その他の援助を行うことを業とする者をいう。

注：下線部は、理解を補助するために筆者が追加したもので法律の条文には記載されていない。

資格	「社会福祉士」を名乗ることが許されるのは、社会福祉士だけです。つまり、社会福祉士は「名称独占」の資格です。違反には罰則があります。
要求される能力	「社会福祉士」には、福祉に関する専門的な知識とソーシャルワークの技術が必要です。
対象	「社会福祉士」の支援の対象は、障害者や高齢者のほか、貧困や虐待など、その人を取り巻く環境のために、日常生活に解決すべき課題を抱えている人びとです。
業務内容	「社会福祉士」は、①1対1で相談援助を行うことのほか、②他の福祉・医療関係者と連携して、利用者のための支援のネットワークを作って支援します。また、③地域の福祉ニーズを調査し、資源がない場合には資源の開発を行うことなどにより、地域福祉増進に働きかけます。

社会福祉士及び介護福祉士法
1987（昭和62）年に福祉、介護の専門職化のために制定。2007（平成19）年改正では、社会福祉士に相談援助のほか、関係者のコーディネート、ニーズ把握や資源開発などの地域福祉の増進への貢献が期待された。

②社会福祉士の義務・責務

　同法では、社会福祉士がその業務を行う上で義務・責務があります。2007（平成19）年の法改正では、高齢化や、福祉サービスを契約により利用するようになったことなどを背景に、社会福祉士に期待される役割が高度になり、法律上の義務も増えました。誠実義務、資質向上の責務が追加され、地域に即した連携が求められました。

■社会福祉士及び介護福祉士法上の社会福祉士の義務・責務（要約）■

誠実義務 （第44条の2）	・利用者の個人の尊厳を保持し、自立した日常生活を営むことができるように、常に利用者の立場に立って誠実に業務を行わなくてはならない。
信用失墜行為の禁止 （第45条）	・社会福祉士の信用を傷つける行為をしてはならない。 ・罰則規定はないが、登録取消しはありうる。
秘密保持義務 （第46条）	・正当な理由なく、業務に関して知りえた人の秘密を漏らしてはならない。社会福祉士でなくなった後も同様。 ・違反者は、1年以下の懲役または30万円以下の罰金。
連携（義務） （第47条）	・社会福祉士は、利用者に、福祉サービスと関連する保健医療サービス（福祉サービス等）が総合的かつ適切に提供されるように、福祉サービス関係者等との連携を保たねばならない。その際、地域にあった創意と工夫を行うことが求められる。
資質向上の責務 （第47条の2）	・社会福祉及び介護を取り巻く環境の変化による業務内容の変化に適応するため、相談援助または介護等に関する知識・技能の向上に努めなければならない。

（2）精神保健福祉士法

①精神保健福祉士の定義

　精神保健福祉士は、**精神保健福祉士法**に基づく国家資格の福祉専門職です。法律では、精神保健福祉士について、次のように規定しています。社会福祉士の定義と比べてみると、より範囲が限定された、専門性が高い資格であることがわかります。

■精神保健福祉士法　第2条■

> 資格…登録を受け、精神保健福祉士の名称を用いて、
> 要求される能力…精神障害者の保健及び福祉に関する専門的知識及び技術をもって、
> 対象…精神科病院その他の医療施設において精神障害の医療を受け、若しくは精神障害者の社会復帰の促進を図ることを目的とする施設を利用している者の
> 業務内容…地域相談支援の利用に関する相談その他の社会復帰に関する相談又は精神障害者及び精神保健に関する課題を抱える者の精神保健に関する相談に応じ、助言、指導、日常生活への適応のために必要な訓練その他の援助を行うこと（以下「相談援助」という。）を業とする者をいう。

 ★用語★
精神保健福祉士法
1997（平成9）年に、精神保健福祉の専門職化のために制定。精神保健福祉士の業務の適正化を図ることで、精神障害者の社会復帰を促進し、精神保健の向上及び精神障害者の福祉の増進に寄与することを目的とした。

法律で社会福祉士や精神保健福祉士にしかできないとされている業務は何かありますか？

社会福祉士、精神保健福祉士は「名称独占」資格で「業務独占」資格ではないので、「社会福祉士でなければできない業務」はありません。医師や弁護士とは違うところです。

②精神保健福祉士の義務・責務

精神保健福祉士の義務・責務については、次のように規定されています。

■**精神保健福祉士法上の義務・責務（要約）**■

誠実義務 （第38条の2）	精神保健福祉士は、その担当する者が個人の尊厳を保持し、自立した生活を営むことができるよう、常にその者の立場に立って、誠実にその業務を行わなければならない。
信用失墜行為の禁止（第39条）	精神保健福祉士は、精神保健福祉士の信用を傷つけるような行為をしてはならない。
秘密保持義務 （第40条）	精神保健福祉士は、正当な理由がなく、その業務に関して知り得た人の秘密を漏らしてはならない。精神保健福祉士でなくなった後も同様。
連携等 （第41条）	1　精神保健福祉士は、その担当する者に対し、保健医療サービス、障害者総合支援法上の障害福祉サービス、地域相談支援に関するサービスその他のサービスが密接な連携の下で総合的かつ適切に提供されるよう、これらのサービスを提供する者その他の関係者等との連携を保たなければならない。 2　精神保健福祉士は、その業務を行うに当たって精神障害者に主治の医師があるときは、その指導を受けなければならない。
資質向上の責務 （第41条の2）	精神保健福祉士は、精神保健及び精神障害者の福祉を取り巻く環境の変化による業務の内容の変化に適応するため、相談援助に関する知識及び技能の向上に努めなければならない。
名称の使用制限 （第42条）	精神保健福祉士でない者は、精神保健福祉士という名称を使用してはならない。

> 社会福祉士は利用者の主治医（福祉サービス関係者等に含まれる）と連携を保ちますが、精神保健福祉士は利用者の主治医の指導を受けることとなっています。

（3）社会福祉士と精神保健福祉士の比較

より理解を深めるために、社会福祉士と精神保健福祉士の法律上の規定を比較してみましょう。大まかにまとめると次のようになります。

■社会福祉士と精神保健福祉士の比較■

	社会福祉士	精神保健福祉士
支援対象	身体上若しくは精神上の障害があること 又は環境上の理由により日常生活を営むのに支障がある者	精神障害の医療を受けている者もしくは社会復帰の促進を図ることを目的とする施設を利用している者
業務内容	相談援助（助言、指導） 連絡調整（＝コーディネート） その他（＝地域福祉の増進）	地域相談支援の利用に関する相談（略）その他の社会復帰に関する相談に応じ、助言、指導、日常生活への適応のために必要な訓練その他の援助
主治医との関係	連携を保つ	指導を受ける ＊医療従事者のように「指示に従う」ではないことに注意。
義務・責務	誠実義務（第44条の2） 信用失墜行為の禁止（第45条） 秘密保持義務（第46条） 連携（第47条） 資質向上の責務（第47条の2） 名称の使用制限（第48条）	誠実義務（第38条の2） 信用失墜行為の禁止（第39条） 秘密保持義務（第40条） 連携等（第41条） 資質向上の責務（第41条の2） 名称の使用制限（第42条）

2 ソーシャルワーク専門職のグローバル定義

（1）ソーシャルワーク専門職のグローバル定義

　日本社会福祉士会は、国際ソーシャルワーカー連盟（IFSW）が 2014 年に改訂した「ソーシャルワーク専門職のグローバル定義」をその実践の拠り所としています。

■ソーシャルワーク専門職のグローバル定義■

> 　ソーシャルワークは、社会変革と社会開発、社会的結束、および人々のエンパワメントと解放を促進する、実践に基づいた専門職であり学問である。社会正義、人権、集団的責任、および多様性尊重の諸原理は、ソーシャルワークの中核をなす。　ソーシャルワークの理論、社会科学、人文学および地域・民族固有の知を基盤として、ソーシャルワークは、生活課題に取り組みウェルビーイングを高めるよう、人々やさまざまな構造に働きかける。　この定義は、各国および世界の各地域で展開してもよい。

（2）「グローバル定義」のポイント

　日本社会福祉士会では、改定内容を 10 点にまとめました。

■「グローバル定義」改定の 10 のポイント■

> #### 1. ソーシャルワークの多様性と統一性
> 　ソーシャルワークの定義をグローバル（世界的）に統一するだけでなく、アジア、ヨーロッパなど各地域、各国でも定義を展開することとして、多様な定義を可能としました。
>
> #### 2.「先進国」の外からの声の反映
> 　それまでの定義は、ヨーロッパ、アメリカの価値観に拠っていましたが、それ以外の発展途上国からの意見を反映して、社会開発の促進などを目的に示しました。
>
> #### 3. 集団的責任の原理
> 　個人の人権だけではなく、人々が集団においてお互いに尊重できる範囲で、

また環境を壊さない範囲での人権であることを重視しています。

4. マクロレベル（政治）の重視

　ミクロレベルのソーシャルワークだけではなく、社会変革・社会開発・社会的結束を目的とするなど、マクロレベルの政策・政治的な働きかけを行うソーシャルワークを重視しています。

5. 当事者の力

　ソーシャルワークは、「人々のため」というより、「人々とともに」働くことであると考えています。

6.「ソーシャルワーク専門職」の定義

　2000年の定義は「ソーシャルワーク専門職は…」と定義されていましたが、グローバル定義では「ソーシャルワークは…」として定義されました。

7. ソーシャルワークは学問でもある

　グローバル定義ではソーシャルワークは「専門職であり学問である」として、実践と研究の両輪に支えられるものであるとしています。

8. 知識ベースの幅広さと当事者関与

　グローバル定義では、「地域・民族固有の知（indigenous knowledge）」として、特に、先住民の知を基盤とすることを強調しています。これは、西洋中心主義や近代主義を乗り越えようとする姿勢の現れです。そして、当事者との共同作業であるとの認識を示しています。

9.（自然）環境、「持続可能な発展」

　自然環境を保全することや、将来にわたる持続可能な発展ができるようにすることは、ソーシャルワークにおいて非常に重要である、と考えています。

10. 社会的結束・安定

　ソーシャルワークの目的として、社会変革、社会の一体性や安定、社会的結束を目指しており、社会的包摂（ソーシャルインクルージョン）と社会的結束を促進するように努力する、ということにより、社会的安定の維持にも強く関与するものであるとしています。

（3）「グローバル定義」の日本における展開

　なお、2017年には「グローバル定義」が日本（「グローバル定義」にいう「各国」）とアジア太平洋地域（「同各地域」）において展開されました。下記の「日本における展開」では、民生委員によるソーシャルワーク、日本国憲法、少子高齢化の進展、自然災害の多発、地域包括ケアの推進などのわが国の独自の事情が織り込まれました。「アジア太平洋地域における展開」は次のURLをご一読ください。
http://www.jasw.jp/news/pdf/2017/20171113_agian-exp.pdf

　　日本におけるソーシャルワークは、独自の文化や制度に欧米から学んだソーシャルワークを融合させて発展している。現在の日本の社会は、高度な科学技術を有し、めざましい経済発展を遂げた一方で、世界に先駆けて少子高齢社会を経験し、個人・家族から政治・経済にいたる多様な課題に向き合っている。また日本に暮らす人々は、伝統的に自然環境との調和を志向してきたが、多発する自然災害や環境破壊へのさらなる対応が求められている。
　　これらに鑑み、日本におけるソーシャルワークは以下の取り組みを重要視する。

・ソーシャルワークは、人々と環境とその相互作用する接点に働きかけ、日本に住むすべての人々の健康で文化的な最低限度の生活を営む権利を実現し、ウェルビーイングを増進する。
・ソーシャルワークは、差別や抑圧の歴史を認識し、多様な文化を尊重した実践を展開しながら、平和を希求する。
・ソーシャルワークは、人権を尊重し、年齢、性、障がいの有無、宗教、国籍等にかかわらず、生活課題を有する人々がつながりを実感できる社会への変革と社会的包摂の実現に向けて関連する人々や組織と協働する。
・ソーシャルワークは、すべての人々が自己決定に基づく生活を送れるよう権利を擁護し、予防的な対応を含め、必要な支援が切れ目なく利用できるシステムを構築する。

　　「日本における展開」は「グローバル定義」及び「アジア太平洋地域における展開」を継承し、とくに日本において強調すべき点をまとめたものである。

---

3 社会福祉士の倫理綱領を通してソーシャルワークの考え方を学ぼう

　社会福祉士は、日常生活に課題を抱える人びとを、専門的な知識と技術を駆使して支援する専門職です。支援対象の人びとは社会的に弱い立場に立たされやすい人びとです。社会福祉士は、業務上、その人びととの個人的な事柄に深く関与することになります。したがって、社会福祉士には、専門職としてのしっかりとした価値観と倫理観が要求されます。もし、専門職としての価値・倫理を持たずに専門職として関われば、支援を受ける人びとが危うい立場に立たされ、さらに傷ついてしまいます。

　このため、社会福祉士の専門職団体である日本社会福祉士会では、会員が守るべき倫理綱領と行動規範を定めています。

 社会福祉士に求められる基盤は、専門職としての倫理・知識・技術の3点です。

（1）社会福祉士の倫理綱領（前文）

　日本社会福祉士会では、1995年に「ソーシャルワーカーの倫理綱領」を改定し、2005年に総会において採択しました。2014年に、国際ソーシャルワーカー連盟（IFSW）国際会議において、新たに「ソーシャルワーク専門職のグローバル定義」（以下、「グローバル定義」）が採択されたことを受け、倫理綱領の見直しが行われ、改定版が2020年6月に社会福祉士の倫理綱領として採択されました。倫理綱領は、前文、原理、倫理基準の3部に分かれています。ここでは、このうち、前文をみてみましょう。

　社会福祉士を目指す皆さんは、ぜひ、下記URLから倫理綱領全文を読んでください。

https://www.jacsw.or.jp/citizens/rinrikoryo/documents/rinrikoryo_kodokihan21.3.20.pdf

　われわれ社会福祉士は、すべての人が人間としての尊厳を有し、価値ある存在であり、平等であることを深く認識する。われわれは平和を擁護し、社会正義、人権、集団的責任、多様性尊重および全人的存在の原理に則（のっと）り、人々がつながりを実感できる社会への変革と社会的包摂の実現をめざす専門職であり、多様な人々や組織と協働することを言明する。

　われわれは、社会システムおよび自然的・地理的環境と人々の生活が相互に関連していることに着目する。社会変動が環境破壊および人間疎外をもたらしている状況にあって、この専門職が社会にとって不可欠であることを自覚するとともに、社会福祉士の職責についての一般社会及び市民の理解を深め、その啓発に努める。

　われわれは、われわれの加盟する国際ソーシャルワーカー連盟と国際ソーシャルワーク教育学校連盟が採択した、次の「ソーシャルワーク専門職のグローバル定義」（2014年7月）を、ソーシャルワーク実践の基盤となるものとして認識し、その実践の拠（よ）り所とする。

ソーシャルワーク専門職のグローバル定義

　ソーシャルワークは、社会変革と社会開発、社会的結束、および人々のエンパワメントと解放を促進する、実践に基づいた専門職であり学問である。社会正義、人権、集団的責任、および多様性尊重の諸原理は、ソーシャルワークの中核をなす。ソーシャルワークの理論、社会科学、人文学、および地域・民族固有の知を基盤として、ソーシャルワークは、生活課題に取り組みウェルビーイングを高めるよう、人々やさまざまな構造に働きかける。

　この定義は、各国および世界の各地域で展開してもよい。

（IFSW;2014.7.）　※注1

　われわれは、ソーシャルワークの知識、技術の専門性と倫理性の維持、向上が専門職の責務であることを認識し、本綱領を制定してこれを遵守することを誓約する。

注1. 本綱領には「ソーシャルワーク専門職のグローバル定義」の本文のみを掲載してある。なお、アジア太平洋（2016年）および日本（2017年）における展開が制定されている。
注2. 本綱領にいう「社会福祉士」とは、本倫理綱領を遵守することを誓約し、ソーシャルワークに携わる者をさす。

(2) 社会福祉士の倫理綱領（原理）

　日本社会福祉士会では、倫理綱領において、次の原理を明記しています。じっくりと読んでみてください。これまでに学んできた「日本社会福祉士会の倫理綱領の前文」、「グローバル定義」と呼応していることがわかります。

　なお、改正前はこの部分に相当するのは「価値と原則」とされていましたが、「ソーシャルワーク専門職のグローバル定義」で挙げられた「諸原理（principles）」に沿って、より絶対的でゆるがない「原理」に改称されました。

■社会福祉士の倫理綱領（原理）■

I　人間の尊厳	社会福祉士は、すべての人々を、出自、人種、民族、国籍、性別、性自認、性的指向、年齢、身体的精神的状況、宗教的文化的背景、社会的地位、経済状況などの違いにかかわらず、かけがえのない存在として尊重する。
II　人　権	社会福祉士は、すべての人々を生まれながらにして侵すことのできない権利を有する存在であることを認識し、いかなる理由によってもその権利の抑圧・侵害・略奪を容認しない。
III　社会正義	社会福祉士は、差別、貧困、抑圧、排除、無関心、暴力、環境破壊などの無い、自由、平等、共生に基づく社会正義の実現をめざす。
IV　集団的責任	社会福祉士は、集団の有する力と責任を認識し、人と環境の双方に働きかけて、互恵的な社会の実現に貢献する。
V　多様性の尊重	社会福祉士は、個人、家族、集団、地域社会に存在する多様性を認識し、それらを尊重する社会の実現をめざす。
VI　全人的存在	社会福祉士は、すべての人々を生物的、心理的、社会的、文化的、スピリチュアルな側面からなる全人的な存在として認識する。

(3) 社会福祉士の倫理綱領（倫理基準）

　日本社会福祉士会では、倫理綱領において、原理を受けて倫理基準を定めています。倫理基準は、①クライエントに対する倫理責任、②組織・職場に対する倫理責任、③社会に対する倫理責任、④専門職としての倫理責任、の4つに分けられています。

4つの局面について述べられている項目は、下記の通りです。

なお、日本社会福祉士会では、2021年3月に倫理綱領を行動レベルに具体化した規範として「行動規範」を採択しました。以下よりご一読下さい。
https://www.jacsw.or.jp/citizens/rinrikoryo/documents/kodokihan.pdf

■社会福祉士の倫理綱領（倫理基準）■

局　面	項　目
❶クライエントに対する倫理責任	①クライエントとの専門的援助関係を最も大切にする。 ②クライエントの利益の最優先 ③クライエントをあるがままに受容する。 ④クライエントに対してわかりやすい表現で説明責任を果たす。 ⑤クライエントの自己決定の尊重 ⑥クライエントに決定や行動のすべての局面に関与と参加を求める。 ⑦意思決定が困難なクライエントに対して、常に最善の方法を用いて利益と権利を擁護する。 ⑧プライバシーの尊重と秘密の保持 ⑨記録の開示（正当な理由がない限り） ⑩差別や虐待の禁止 ⑪権利擁護 ⑫情報処理技術の適切な使用
❷組織・職場に対する倫理責任	①最良の実践を行う責務 ②同僚などへの敬意 ③倫理綱領の理解の促進 ④倫理的実践の推進 ⑤組織内アドボカシーの促進 ⑥人々のニーズや社会状況の変化に応じた組織改革
❸社会に対する倫理責任	①ソーシャル・インクルージョン（社会的包摂）を目指す。 ②人権と社会正義の増進にむけた社会への働きかけ ③人権と社会正義に関する国際的問題を解決するため、全世界のソーシャルワーカーと連携し、国際社会に働きかける。
❹専門職としての倫理責任	①専門性の向上 ②専門職としての実践を伝え、社会的信用を高める（啓発）。 ③信用失墜行為の禁止 ④他の社会福祉士が社会的信用を損なう場合には、本人に必要な対応を促す（社会的信用の保持）。 ⑤不当な批判に対して、専門職として連帯しその立場を擁護する。 ⑥教育・訓練・管理において、相手の人権を尊重し成長を促す。 ⑦調査・研究の過程で研究対象の人権を尊重し倫理性を確保する。 ⑧自己管理

社会福祉士が包摂的な社会を目指すことは、社会に対する倫理責任として明記されています。

4 精神保健福祉士の倫理綱領を読もう

　社会福祉士と同様に、精神保健福祉士も、その専門職団体である公益社団法人日本精神保健福祉士協会が「ソーシャルワーカーの倫理綱領」を採択していますが（2020年6月）、日本精神保健福祉士協会では、同協会が2018年に制定した「精神保健福祉士の倫理綱領」が優先されるとしています。そこで、「精神保健福祉士の倫理綱領」について、簡単にみておきましょう。

　前文では、精神保健福祉士が「共生社会の実現」をめざすこと、クライエントの社会的復権・権利擁護と福祉のための専門的・社会的活動を行う専門職であること、そのために資質向上に努めることが記されています。

■精神保健福祉士の倫理綱領（前文）■

> 　われわれ精神保健福祉士は、個人としての尊厳を尊び、人と環境の関係を捉える視点を持ち、共生社会の実現をめざし、社会福祉学を基盤とする精神保健福祉士の価値・理論・実践をもって精神保健福祉の向上に努めるとともに、クライエントの社会的復権・権利擁護と福祉のための専門的・社会的活動を行う専門職としての資質の向上に努め、誠実に倫理綱領に基づく責務を担う。

注）波線は筆者が加筆。

　前文に続き、目的が記され、倫理原則と倫理基準が①クライエントに対する責務、②専門職としての責務、③機関に対する責務、④社会に対する責務の4点に分けて記されています。

　ぜひ、下記URLから、全文を読んでみてください。

https://www.jamhsw.or.jp/syokai/rinri/japsw.htm#2

PART 2

支援対象となる人・環境・社会について学ぼう

対応試験科目

◆ 医学概論
◆ 心理学と心理的支援
◆ 社会福祉の原理と政策
◆ 権利擁護を支える法制度
◆ 障害者福祉
◆ 刑事司法と福祉　　◆ 高齢者福祉
◆ 児童・家庭福祉　　◆ 貧困に対する支援

支援対象の人びとを理解するためには、出生から死に至るまでの発達・老化の過程、心身の構造と機能、疾病と治療法、後遺症などを知ることが必要です。

1 人間の成長と発達について知ろう

（1）スキャモンの発達曲線

　人は、受精のときから生命活動が始まります。子宮内で10か月の胎児期を過ごし、およそ体長50cm、体重3,000gに成長してから、出生を迎えます。

　出生後の成長を系統によって分けると、次のような発達のパターンがみられます。これをグラフ化したものがスキャモンの発達曲線です。

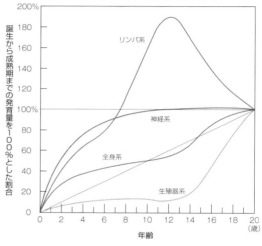

■スキャモンの発達曲線■

■系統に分けてみた身体の成長・発達■

系	部位	発達の特徴
神経系	脳・脊髄・感覚器官	乳幼児期に急速に発達。脳は幼児期に成人の脳の重量の9割程度まで成長する。
全身系	身長・体重 心臓・筋肉など	乳幼児期に急速に発達。その後、成長が緩やかになり、12歳以降の思春期に再び急激な発達をみせる。
生殖器系	生殖器	思春期に著しく成長する。
リンパ系	扁桃腺・リンパ腺	思春期初期に成長がピークになり、後に縮小。

(2) 老化

　「老化」とは何でしょう？　ごく簡単に言えば、生物として完成したあと、様々な働きが低下して、死に至るまでの変化のことです。

　老化には、環境因子と遺伝因子が関与しています。老化によって、ホメオスタシス（身体が一定の状態であるようにする働き）は低下し、全体的に体調を崩しやすくなります。ただし、個人差が非常に大きいです。また、心身機能の低下とともに、生活不活発病（廃用症候群）が起こりやすくなります。生活不活発病（廃用症候群）は、安静にしすぎたことや、身体を動かせなかったことによって、心身の様々な機能が低下した状態をいいます。

●老化による主な身体機能の低下

- 細胞の減少と不整化
- 脾臓・肝臓・脳・腎臓などの重量の低下と機能低下
- 心臓のポンプ機能の低下
- 動脈硬化と血圧上昇
- 体内水分の減少
- 骨密度の低下
- 筋力の低下
- 内分泌の減少
- 感覚器の感受性の低下（下表参照）
- 予備能力の低下

■老化に伴う感覚機能の変化■

視　覚	視力や焦点を合わせる調整力が低下し老眼（老視）になる。視野が狭くなる。色の識別能力が低下する。
聴　覚	高音域の感度が低下する（感音性難聴）。
嗅　覚	においを感じる感覚が低下する。
味　覚	味蕾が減少し、味覚が低下する。渇きを感じにくくなる。
皮膚感覚	痛みの感じ方、温度の感じ方が低下する。

●**主な生活不活発病（廃用症候群）**

- 廃用性筋萎縮
- 骨粗鬆症（廃用性骨萎縮）
- 起立性低血圧
- 関節拘縮
- 心機能低下
- 誤嚥性肺炎
- 褥瘡
- 静脈血栓
- 認知機能低下
- 精神機能低下

2 人のからだの構造と機能について知ろう

（1）血液

　血液は、健康な成人の場合、骨髄で作られます。全身に栄養や酸素を送る媒体で、赤血球、白血球、血小板と血漿（血清、フィブリノーゲン）からできています。白血球の顆粒球は細菌等を殺し、リンパ球はウイルスやがん細胞などに対処して、病原体から身体を守ります。

（2）循環器

　心臓は、全身に血液を送り出すポンプの働きをします。心筋と呼ばれる不随意筋でできていて、正常の場合、安静時は1分間に60〜70回収縮しています。心臓を中心とした血液の流れは、次のようになっています。

■**心臓の構造**■

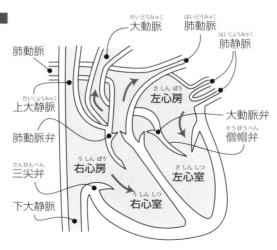

■心臓を中心とした血液の流れ■

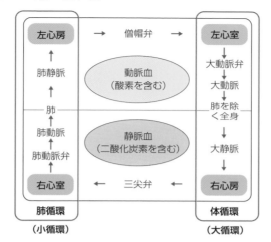

（3）呼吸器

　呼吸器の役割は、身体に必要な酸素を取り入れ、不必要な二酸化炭素を吐き出すことで、これをガス交換といいます。構造としては、空気は気道（鼻腔→咽頭→気管→気管支）を通って肺に達し、肺においてガス交換が行われます。

（4）消化器

　消化器は、口から取り入れた食物を人の身体で必要な成分に分解し、吸収する働きをするところです。消化器は、口腔→咽頭→食道→胃→小腸（十二指腸・空腸・回腸）→大腸（結腸・直腸）→肛門の順につながっています。

（5）肝臓

　肝臓は全身の代謝機能の中心です。胃・小腸・大腸・膵臓・脾臓から門脈を通して栄養素が入ります。肝臓では、これを蓄え、必要に応じて供給します。また、脂肪を消化する胆汁を分泌します。

（6）膵臓

　膵臓では、消化に関与する膵液を分泌し（外分泌）、インスリン（血糖値を下げる働きをする）などのホルモンも分泌します（内分泌）。

2
①
医学を学ぼう

（7）泌尿器

　腎臓は、身体に取り込まれなかった水分と老廃物を尿にします。腰椎の背側の左右にあり、成人で 1,000 ～ 1,500 mL /日の尿を排出します。腎臓で作られた尿は、膀胱にためられ、尿道を通って排出されます。

（8）脳

　脳は、大脳、間脳、小脳、脳幹からできています。

①大脳

　大脳には、大脳皮質・大脳辺縁系、大脳基底核があります。大脳皮質は、右半球と左半球に分かれます。全身の器官の司令塔となるほか様々な機能を担っています。特に、前頭葉は、高次精神活動　（計画、判断、評価、創造など）を司っており、思考や創造性を担う脳の最高中枢となっています。ここが障害を受けると、社会生活に困難が生じます。

　部位ごとの機能は次の図のように分布しています。

■大脳半球の機能分布図■

運動中枢

前頭葉
感情、思考、創造、
知性に関する機能

頭頂葉
皮膚、知覚など
の感覚の中枢部

大脳

運動性言語中枢
話す言葉の調節

後頭葉
視覚の中枢部

側頭葉
聴覚、記憶
などの中枢部

小脳

感覚性言語中枢
言語理解

脳幹

　大脳辺縁系は、大脳皮質の内側にあり、食欲・性欲などの本能的な行動や怒りや恐怖など情動行動の中枢になっています。

　大脳基底核は、大脳辺縁系のさらに内側にあり、間脳や脳幹、小脳とともに人間の動きを調節します。脳内出血が多い場所です。

②間脳（大脳の内側にあり、脳幹の一部とする分け方もある）

間脳には視床と視床下部があります。視床は嗅覚以外のすべての感覚を伝達する中継点であり、視床下部は自律神経系・内分泌系などの中枢です。

③小脳

小脳は、歩く、飲むなどの意識的な運動（随意運動）がスムーズにできるように調節しています。

④脳幹

脳幹は、中脳・橋・延髄からできています。呼吸運動や心臓血管運動、体温調節など、生命の維持に関わります。

⑤脳の保護膜

脳は頭蓋骨と髄膜に守られています。髄膜は、外側から硬膜、くも膜、軟膜の３層あり、豆腐のパックの中の水のように髄膜間の髄液で外からのショックを吸収します。

（9）脊髄

脊髄は、脳幹の延髄の下に続き、首にある頸椎から腰にある腰椎まで脊椎に囲まれています。体幹と体肢（手足）の運動と感覚の神経の連絡路で、脳からの指示を体中に伝え、外からの情報を脳に伝えています。脳と体中の神経をつなぐほか、反射運動を司っています。

脊髄が損傷すると、傷ついた部分から下の神経が麻痺します。

（10）末梢神経

末梢神経は、脳と脊髄の先に全身に伸びている神経で、脳から直接頭部にいく脳神経が12対、脊髄から出る脊髄神経が31対あります。

末梢神経には、身体の各部分から脳へ知覚情報を伝える流れと、脳から全身に対して運動指令を送る流れの２つの流れがあります。

（11）自律神経

自律神経は、すべての内臓、内分泌腺などの器官にあって、脳からの指令なしに交感神経と副交感神経によって制御され、身体が一定の状態にあるように保ちます（ホメオスタシス）。このうち交感神経は、危機的な状況に対

して、血圧を上げ、脈拍を増加させ、末梢血管を収縮させて、闘争（あるいは逃走）体制を作ります。これに対し、副交感神経は交感神経の働きを抑えて、血管を拡張させ、血圧を下げ、心拍や呼吸を緩やかにします。

（12）内分泌

　分泌物（ホルモン）は内分泌腺から血液中などに分泌され、心身を良好な状態に保ちます。

■特に重要なホルモン■

内分泌器	分泌される主な ホルモン	主な働きなど
副腎 （ふくじん）	副腎皮質ホルモン	数種類のステロイド。抗炎症作用、免疫抑制作用、血圧上昇作用があり、ストレスに対抗する。
	副腎髄質ホルモン	アドレナリンとノルアドレナリンで、血管の収縮など交感神経と同じ作用がある。
膵臓	インスリン	ランゲルハンス島で分泌される。血糖値を下げる働きがある。分泌低下は糖尿病の原因となる。
	グルカゴン	ランゲルハンス島で分泌される。血糖値を上げる働きをする。分泌低下で低血糖になる。
卵巣	エストロゲン	女性ホルモンの一つ。子宮内膜の増殖などのほか、骨や脂質の代謝にも関与。 分泌低下で骨粗鬆症になりやすい。

3 主な疾患について知ろう

（1）生活習慣病

　生活習慣病とは「食習慣、運動習慣、休養、喫煙、飲酒等の生活習慣が、その発症・進行に関与する疾患群」のことをいいます。糖尿病、高血圧、脂質異常症、悪性新生物（がん）、脳血管疾患、心臓病などの疾患が含まれます。

悪性新生物（がん）

　がんとは、悪性の腫瘍のことです。がんの死亡率は 1981（昭和 56）年以降、全死亡中の第 1 位となっています。2022 年のがんによる死亡者は、約39 万人で死亡総数の 24.6％です（令和 4 年人口動態統計〔確定数〕の概況）。

　なお、介護保険制度において、40 歳以上 65 歳未満の被保険者が末期がんのために介護を必要とする状態となった場合は、給付の対象となります。

■**死因順位別死亡率と死亡総数に占める割合（令和 4 年）**■　（人口 10 万対、（％））

第 1 位	第 2 位	第 3 位
がん 316.1（24.6％）	心疾患 190.9（14.8％）	老衰 147.1（11.4％）

資料：厚生労働省「令和 4 年人口動態統計（確定数）の概況」

（2）難病

　いわゆる難病とは、原因不明で、治療方法が確立していない希少な疾病であって、その疾病にかかることにより長期にわたって療養を必要とすることになるものをいいます。主な疾患には、関節リウマチ、パーキンソン病、脊髄小脳変性症、筋萎縮性側索硬化症（ALS）などがあります。

　2014（平成 26）年に、難病の患者に対する医療等に関する法律（「難病法」）が成立し、医療助成の対象となる指定難病が規定されました。2021（令和 3）年には、338 疾病に拡大されました。なお、2011（平成 23）年の障害者基本法の改正で、難病患者が障害者福祉の対象として明記され、障害者の日常生活及び社会生活を総合的に支援するための法律（以下、「障害者総合支援法」）では、2024（令和 6）年 4 月以降 369 疾病が対象とされています。

 **POINT**　難病患者は、障害者に含まれます。

（3）高齢者に多い疾患

　高齢者は、老化によって体の機能が低下しているため、様々な疾患にかかりやすく、また、転倒などによってけがをしやすくなります。

　人口の著しい高齢化を背景に、社会福祉士の支援対象のうち高齢者の占める割合は高くなっていますので、代表的な疾患は覚えておきましょう。

■高齢者に多い疾患■

❶心筋梗塞	心臓に栄養を送る冠状動脈の血流が止まり、心筋の一部が壊死を起こす疾患。激しい胸痛が30分以上続く。顔面蒼白、嘔吐、呼吸困難。ニトログリセリンは無効。
❷狭心症	冠状動脈の血流が滞り、心筋の一部が一時的に酸素欠乏状態に陥る疾患。5分程度の胸痛と胸の圧迫感が生じる。ニトログリセリンが有効。
❸心不全	心臓のポンプ機能が低下し、血液を全身に十分に送れず、チアノーゼや呼吸困難などが生じる。
❹高血圧	最高血圧（収縮期血圧）140mmHg以上、最低血圧（拡張期血圧）90mmHg以上になるもの（診察室測定）。後期高齢者（75歳以上）については、最高血圧150mmHg以上。老人性高血圧は、最高血圧が高く、最低血圧は低くなる。
❺脳梗塞	脳動脈が血栓で詰まり血流が止まる疾患。
❻脳出血	脳の血管から出血する疾患。高血圧症に多い。
❼骨粗鬆症	骨の密度と強度が低下する疾患。女性に多く骨折の原因になる。
❽骨折	高齢者では脊椎（背骨）の圧迫骨折、橈骨遠位端（腕の親指側の手首）、大腿骨頸部（太ももの付け根）の骨折が多い。
❾白内障	水晶体が白濁して、視力が低下する疾患。色の見分けも困難になるが、手術により改善される可能性が高い。
❿パーキンソン病	神経系の難病で、中脳の黒質におけるドーパミン産生の低下によるといわれる。振戦(安静時におけるふるえ)・固縮（関節が固くなる）・寡動（動きにくくなる）・姿勢反射異常（体のバランスがとりにくくなる）などが主な症状。
⓫関節リウマチ	自己免疫疾患。関節の炎症で、朝、手足がこわばり、症状は天候や気温に左右される。女性に多い。

4 精神疾患について知ろう

（1）精神疾患の診断基準

　わが国でよく用いられる精神疾患の診断基準には、アメリカ精神医学会が定めた「精神障害の分類と診断の手引（DSM-5-TR）」とWHO*が定めた「疾病及び関連保健問題の国際統計分類（ICD-10）」があります。ICDは、全ての疾患について分類したものです。2019年に第11版がWHOで採択され、2022年2月に発効しました。日本への適用が進められています。

WHO（世界保健機関）
国連の専門機関の一つ。健康を基本的人権の一つであるととらえ、情報の収集・公開や疾病に関する国際基準の設定、感染症対策等を行っている。

（2）統合失調症

　「令和2年患者調査の概況」（厚生労働省）によれば、統合失調症は、精神障害による入院患者の6割を占め、青年期に発症しやすい疾患です。

■統合失調症の主な症状■

陽性症状	幻視・幻覚・幻聴などの知覚障害、妄想などの思考障害
陰性症状	感情鈍麻などの感情障害、自発性の低下などの行動障害

（3）うつ病

　うつ病は、気分障害（躁うつ病）のうち、うつ状態のみが続く疾患です。不安、抑うつ気分が強く、喜びや関心が失われます。朝は調子が悪く夕方に軽快するという日内変動があります。また、回復期に自殺をしようとすること（自殺企図）があります。身体症状として不眠、頭痛、食欲不振などが生じ、高齢者のうつ病では、身体症状が強く出やすいといわれています。

（4）認知症

　高齢化の進展に伴って、認知症の高齢者を支援することが増えています。

認知症は、その原因疾患によって症状に特徴があります。

■認知症の主な原因疾患と症状の特徴■

アルツハイマー型認知症		脳血管性認知症
約70%	患者の割合	約20%
脳の萎縮	原　因	脳梗塞、脳出血のため脳細胞が壊死
ゆっくり	病状の進行	段階的に進行
良好	身体症状	高血圧、動脈硬化、心疾患、片麻痺、失語症を伴うことが多い
認知能力が全般的に低下 BPSD[★]を伴う	症状の特徴	まだら認知症 感情失禁（情動失禁）

レビー小体型認知症		前頭側頭型認知症（ピック病）
脳にレビー小体が付着	原　因	前頭葉、側頭葉の萎縮 初老期に多い
パーキンソン症状 幻視	症状の特徴	人格変化（衝動的になる）

 **★用語★**

BPSD（Behavioral and Psychological Symptoms of Dementia）

行動や感情・意欲など心理的な障害のこと。周辺症状。

認知症は治らないのですか？

原因となる病気によって、症状が改善することもあります。
例えば、慢性硬膜下血腫、正常圧水頭症などによる認知症は、脳が萎縮したり壊死したりしていないので、病気の治療によって改善されます。

Chapter ❷ 心理学を学ぼう

支援対象の人びとを理解するためには、人間の心の働き、発達やストレスなど心理学の問題についての知識と、主な心理療法を理解することが必要です。

1 心の働きについて学ぼう

（1）欲求と動機とは

　欲求とは、人間をある行動に駆り立てる心の動きで、要求・衝動・欲望などのことです。人間を行動に駆り立て、方向づけ、持続させる一連の過程を「動機づけ」といいます。目標に到達しようとする達成動機が高い人（やる気のある人）と低い人（やる気のない人）は、成功や失敗の原因をどこに求めるか（原因帰属）が異なります。

■達成動機の高い人と低い人■

達成動機	原因帰属	行動・考え方の特徴	生育環境
高い人	**成功**➡自分の努力・能力 **失敗**➡努力不足	失敗を恐れずに挑戦する	個人の努力が報われやすい社会 支持的な養育者
低い人	**成功**➡課題の容易さ、運のよさ **失敗**➡課題の難しさ、運の悪さ、素質の無さ	努力は報われると考えにくいため、挑戦できない	個人の努力が報われにくい社会 否定的な養育者

（2）マズローの欲求段階説

　マズローは、人間の欲求には5段階の階層性があると考えました。人間は低次の欲求が満たされると次の欲求が生じると考え、1～4段階の欠乏動機がある程度充足されると、より高次な成長動機が5段階目に出現するとしました。

また、欲求を基本的欲求と社会的欲求に分ける考え方もあります。5段階の欲求のうち、生理的欲求と安全の欲求は人間の生物としての基本的な欲求であり、それより高次の所属と愛情の欲求、承認の欲求、自己実現の欲求は、人間が社会的な存在であるために起きる社会的な欲求であると考えます。

■欲求の階層（マズロー, A.H.）■

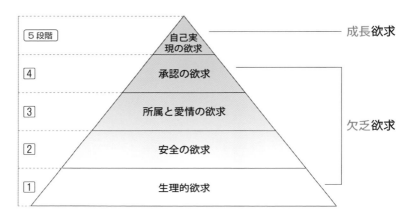

小さい子が暗いところをすごく怖がったりするのはどうしてですか？

マズローの考えによれば、安全の欲求が満たされていなくて、不安がむき出しになっているからだといえます。

（3）認知

　認知とは、人間が自分を取り巻く様々な事柄を「とらえる」ことです。「認知」という行動は、感覚・知覚・認知の3段階に分けて考えることができます。

①感覚
　感覚は、環境からの一定範囲の刺激を、目や耳、皮膚などの感覚器官の感覚受容器で受け取り、脳や脊髄へと送る段階です。視覚、聴覚、嗅覚、味覚、触覚と運動感覚、平衡感覚、有機感覚（内臓感覚）があります。

②知覚

　知覚は、脳や脊髄が、受け取った感覚が何であるかを知る段階です。
次のような現象が生じます。

■知覚にみられる主な現象■

知覚の体制化	物事や出来事を知ろうとするときに、近くにあるもの、共通の性質を持つもの、つながりのあるものなどを、できるだけ単純な方向にまとまりのあるものとしてとらえる働き。 例：見ようとするもの「図」とその背景になるもの「地」を分別する。	 ルビンの盃[★]
知覚の恒常性	見え方などが変化しても、そのものは変わらないと理解しようとする知覚の働き。 例：あるものが遠ざかるとき、次第に小さく見えるが、同じ大きさであると認識する。	
錯視	実際の状態と視覚がずれること。 例：同じ長さの直線でも、矢印の書き方によって長さが異なって見える。	

★用語★ **ルビンの盃（さかずき）（エドガー・ルビン）**
白い部分を見ると盃が見え、黒い部分を見ると人の顔が向き合っているように見える。「図」と「地」の反転により、人は違う図を知覚する。両方を同時に見ることはできない。ルビンのつぼともいう。

③認知

　認知は、知覚された事柄を自分にとってどのようなものか意味づけて理解する段階です。同じものを知覚しても、その認知は人により異なります。

④アフォーダンス

　「アフォーダンス」とは「環境がそこに生活する動物に対してアフォード（提供）する「価値」や「意味」のこと」とされています。

　これまでは、人間や生物が、環境が与える情報を自分の中に取り込んで意味づけをし、その意味づけに応じて行動する、と考えられてきましたが、そ

心理学を学ぼう

うではなくて、情報の意味づけは、環境の側が与えるものである、という考え方です。言い換えると、環境の側が、それに対してどのような行動を起こすかを人間に提案し、人間がそれに応える、という考え方といえるでしょう。

(4) 学習

　学習とは、経験によって身につく行動の変化をいいます。行動の変化には、望ましいものばかりではなく、生活を送る上で支障をきたすような変化も含まれます。それも含めて「学習」と呼びます。
　学習理論には、次のようなものがあります。

■主な学習理論■

古典的条件付け（レスポンデント条件付け）	パブロフが提唱。生理的な条件反射。 例：犬が音を聞いた後に餌を与えられ続けると、音を聞いただけで唾液が出るようになる。
道具的条件付け（オペラント条件付け）	スキナーが提唱。自発的な反応に対しほうび（強化子、動因）を与えることでその行動をするようにしむける（強化）。 例：犬が手を出すたびに餌を与えるようにすると、「お手」を仕込むことができる。
観察学習（モデリング）	バンデューラが提唱。学習する子ども自身が強化を受けるのではなく、他の人（モデル）が強化を受けるのを見て強化される（代理強化）。
馴化（じゅんか）	同じ刺激を与えられ続けることで、その刺激に対して鈍感になること。馴れること。逆に、同じ刺激を与えられ続けると、その刺激に対して敏感になり、反応が大きくなることを鋭敏化という。

(5) 記憶

　記憶は、覚えること（記銘）、覚えていること（保持）、思い出すこと（再生）の3段階でできています。
　保持する期間の長さによって、感覚記憶、短期記憶、長期記憶に分けることができます。

記憶の種類	記憶保持期間	概要
感覚記憶	瞬間的	感覚器官から入った情報をそのままほんのわずかの間保持する。
短期記憶	一時的	電話番号を覚えるように、短期間保持する。このうち、暗算の繰り上げ数字を覚えるように、頭の中のメモ書きになる短期記憶を作動記憶（作業記憶）という。
長期記憶	永続的	短期記憶から移行して永続的に保持する。 意味的記憶、エピソード記憶、手続き記憶など（後述）。 遠い過去の記憶を遠隔記憶、最近の記憶を近時記憶、未来についての記憶（予定を覚えるなど）を展望記憶という。

■主な長期記憶の特徴■

意味的記憶	ものの名前や一般的な知識など、意味を持つ情報。
エピソード記憶	「いつ」「どこで」「誰が」「どうした」ということに関する記憶。特に自分自身の生活史に関わる場合を自伝的記憶という。 エピソード記憶のうち、遠い過去の記憶は遠隔記憶、最近の記憶は近似記憶と分類できる。
手続き記憶	身体で覚えているような記憶。自転車の乗り方、スキーの滑り方、泳ぎ方、ピアノの弾き方など。

（6）知能

　知能とは、①抽象的な思考能力、②学習または経験によって獲得していく能力、③新しい環境への対応能力と定義されます。

　学習・文化・経験によって磨かれる知能を結晶性知能といい、老化によって低下しにくい知能であるとされています。これに対し、新しい環境に対応する能力を流動性知能といい、老化によって低下しやすい知能とされます。

 **POINT** 流動性知能は加齢により低下しますが、結晶性知能は低下しにくいとされています。

（7）社会における人間の心理

　他人に対する心理としては、その人の目立ちやすい特徴に引きずられて他の面も評価してしまうハロー効果（後光効果ともいう。例：身なりがきちんとしている人は優秀な人のように見える）や、相手に対して何がしかの期待を持つことによって、相手からそれを引き出すピグマリオン効果（教師期待効果ともいう。例：この子はできる子、と思って教えるとできるようになる）などが重要です。

　また、集団においては、多くの人がいるときに、誰かが倒れるなどの状況が起きると、かえって誰も援助の手を差し伸べなくなる、という傍観者効果や、自分の意見とは異なっていても集団の大勢を占める意見に賛同する、という同調などの現象がみられます。

2 心の発達の仕方を知ろう

（1）発達に関する理論

　発達の仕組みについては、多くの説があります。これまでには、生物的に発達の過程が組み込まれていると考える成熟優位説（生得説、ゲゼルが提唱）、環境から得られる経験によって規定されると考える環境優位説（学習優位説または経験説、ワトソンが提唱）、遺伝と経験がそれぞれ独立して発達に関係すると考える輻輳説（シュテルンが提唱）などが提唱されました。

　現在は、ピアジェの発達理論など、遺伝と経験の相互作用によって発達が規定されると考える相互作用説が中心です。

（2）発達段階説

①ライフステージと発達課題
　エリクソンは、人格の発達段階について、人生を通して8段階に分け、それぞれの段階において成し遂げるべき課題を考えました。

　発達課題のうち、乳児期における基本的信頼感の獲得、青年期におけるアイデンティティの確立は、特に重要です。

発達段階	年齢の目安	発達課題	課題を達成して得るもの	失敗した場合の状況
乳児期	0 ～ 1歳	母親などの養育者との関係を通した基本的信頼感	基本的信頼感、希望	不信感
幼児期前期	1 ～ 3歳	自分の身体を自分でコントロールする自律感	自律性	恥・疑惑
幼児期後期	3 ～ 6歳	自発的に行動する快感を覚える	自発性	罪悪感
児童期	6 ～ 12歳	様々な活動を通した勤勉性	勤勉性	劣等感
青年期	12～ 20歳	アイデンティティ（同一性）の確立	自我同一性	同一性拡散
成年期初期	20～ 30歳	親密な人間関係の構築	親密性・愛	孤立
成年期（壮年期）	30～ 65歳	子育て・仕事など社会的な役割を通した次世代の育成	生殖性	停滞
老年期	65歳 ～	人生の意味をまとめる	自我の統合	絶望

②アタッチメントの理論

　「アタッチメントの理論」は、ボウルビィ（Bowlby,J）が提唱した概念です。

　乳幼児と養育者との間に築かれる基本的な信頼感、心理的な絆のことを「愛着（アタッチメント）」といいます。

　乳幼児が困って（＝たとえばお腹が空いて）要求したら（＝泣いたら）、養育者がちゃんと助けてくれた（＝ミルクや母乳をくれた）、という経験の積み重ねによって、乳幼児は、養育者に対して、自分に愛情を持っており自分を守ってくれる存在だ、という基本的信頼感を持つようになります。これ

が「愛着」です。

　この基本的信頼感を身につけた子どもは、「内的作業モデル」が働くようになります。世の中の人は、自分を助けてくれる、信頼できる人だと思い、また、自分は、助けてもらえる、価値のある人間だという、自分に対する肯定感も身につくので、社会と自分を好意的に受け止めることができる、と考えられます。

（3）高齢者の心理

　よくお年寄りは頑固だ、などといいますが、加齢のみによって人格が変化することはありません。しかし、個々人の性格傾向が強く出ること、高齢期においては社会的役割、経済力、健康、身近な人などを失う喪失体験をすることから抑うつ的になりやすいことなどは指摘されています。

 **POINT**　高齢者には、喪失体験が非常に大きい影響を与えています。

3 ストレスと対処方法について学ぼう

（1）ストレスとは

　ストレスとは緊張関係のこと、ストレッサーとはストレスを与えるもののことをいいます。
　セリエは、人はストレスに次のような反応をすると考えました。

警告反応期 … ショックを受けた状況に身体が対応しようとする。
　　　　　　　　（初期は機能が低下し、後にストレスに適応する。）
　　　↓
抵　抗　期 … 問題となっているストレッサーに全力で適応し、その分、他のストレッサーには対応できない。
　　　↓
疲（ひ）憊（はい）期 … 適応が限界を超えて、心身に悪影響が出る。

　ストレスによる心身への悪影響としては、胃潰瘍、十二指腸潰瘍、過敏性

腸症候群、ナチュラルキラー細胞の減少、抑うつ状態などがあります。

(2) ストレスへの対処

人は、自分の心を守るために無意識に適応機制という心の動きをします。

■主な適応機制（防衛機制）■

抑圧	自分が認めたくない欲求や感情を意識しないように無意識の領域に抑えつける **例**：夫が、妻の死後に営まれた通夜や葬式のことを思い出せない。
合理化	自分に都合の良い理屈をつけて、自分の考えや行為を正当化する **例**：不登校中の中学生が、「学校に行っても意味がない」と言う。
投影	実は、自分の中にある認めたくない欲求や感情を、他人の中に見出して攻撃する **例**：障害者が外出を拒否し「近所の人に変な目で見られる」と言う。
反動形成	自分の本当の欲求とは正反対の行動をとる **例**：父親を憎んでいる高校生が、父親に対して極端な気遣いや配慮を示す。

また、意識的にストレスとうまく付き合うにはストレスマネジメントが必要です。ストレスマネジメントのうち、積極的にストレスと向き合い対処することをストレスコーピングといいます。さらに、家族・同僚・友人など周囲の人によるソーシャル・サポート・ネットワークなどの資源を用いることもできます。

■コーピングのタイプ■

問題解決型（問題焦点型）コーピング	問題そのものを解決しようとする。
情動焦点型コーピング	物事の受け取り方を変えようとする。

●ソーシャル・サポートの種類

- 情緒**的サポート**：慰め・励まし
- 評価**的サポート**：頑張りなどを評価
- 道具**的サポート**：具体的な援助
- 情報**的サポート**：情報を提供

（3）ストレスが引き起こす心の問題

　ストレス反応が強くなり不適応状態になると、燃え尽き症候群、適応障害、うつ病、アルコール依存症、PTSD（心的外傷後ストレス障害）などを生じやすくなります。また、孤独感や不安や焦りからアルコールや薬物、ギャンブルなどへの依存症が始まる場合もあります。

　このうち燃え尽き症候群は、対人援助職が陥りやすいもので、熱心に仕事をしていた人が、燃え尽きたかのように仕事への気力を失い、心身共に疲れた不適応状態になるものです。個人の問題にせず、組織全体で対応します。

（4）健康生成論

　近年は、以上のように、心身に悪い影響を与える原因を考えるのではなく、自分で健康を作り上げていくことを考える「健康生成論」が注目されています。

①首尾一貫感覚（SOC）

　健康生成論の主要な構成要素として、「有意味感（自分にとって関わることは価値のあることだと思う）」「処理可能感（自分で何とかできる）」「把握可能感（自分で見通しがつく）」という３要素が挙げられます。この３要素があるとき、健康でいやすい、と考えられます。

②レジリエンス

　何かが起きたときに、打たれ強いこと、回復できること、へこたれないことをレジリエンス、といいます。これも、健康でいられるために大事な要素です。

4 心理アセスメントに用いる検査を知ろう

心理アセスメントにおける心理検査には知能検査や人格検査を用います。

●主な知能検査
❶ビネー式知能検査
　　　　…知能指数（IQ）＝精神年齢／生活年齢×100

❷ウェクスラー式知能検査
　　　　…①言語理解指標、②ワーキングメモリー指標、③知覚推理指標、
　　　　④処理速度指標の4因子から、全検査IQ（知能指数）を把握する。
　　　　現在は
　　　　幼児用＝WPPSI-Ⅲ（2歳6か月～7歳3か月）
　　　　児童用＝WISC-Ⅴ（5歳0か月～16歳11か月）
　　　　成人用＝WAIS-Ⅳ（16歳0か月～90歳11か月）　の3種類
　　　　　　　がある。

❸改訂長谷川式簡易知能評価スケール（HDS-R）
　　　　…認知症のスクリーニングテスト

●主な人格検査
❶投影法　…ロールシャッハ・テスト（インクの染みを見せる）、TAT（絵
　　　　　　画統覚検査）、SCT（文章完成検査）、バウム・テスト（木を
　　　　　　描かせる）など、その人のとらえ方や表現から心理的傾向や
　　　　　　深層心理を把握する。

❷質問紙法…Y-Gテスト（矢田部・ギルフォード性格検査）など、質問紙
　　　　　　による人格特性検査。
　　　　　　集団で行いやすいので学校などで用いられる。

❸作業検査法…内田・クレペリン検査など、単純な作業を行うことで心理的
　　　　　　な特性を探る。

5 主な心理療法を知ろう

　心理療法には多種多様な種類がありますが、社会福祉士として、まず次のような療法を知っておきたいと思います。

①精神分析療法

　フロイトが創始者です。人間の無意識の領域を重視する療法で、ソーシャルワークでは診断派の基盤となりました。カウンセリングを通して、無意識領域に抑圧された葛藤を意識化し、欲望の解放と自我の強化によって不適応状態を改善しようとします。

　葛藤の原因をクライエントの幼児期まで遡って追求し、時間をかけて、問題を根本から解決しようとする点が特徴的です。

②クライエント中心療法

　ロジャーズが創始者です。クライエントに内在する自己治癒力を引き出すことで、問題解決を目指すもので、カウンセラーには、自己一致（＝自己覚知）、無条件の肯定的関心、共感的理解の3つが求められます。

③行動療法

　適応性の教育訓練です。不適応の原因を求めず、学習理論を応用して、誤って学習された不適切な行動を変えようとします。

④認知療法

　物事のとらえ方（＝認知）の歪みを修正しようとします。例えば、おまんじゅうを半分もらった時に、半分‘しか’くれないと思うか、半分‘も’くれたと思うかで、心持ちは変わります。この認知を変えようとするのです。このように、認知の枠組みを作りかえることを「認知的再体制化」といいます。

　なお、③④を併せて行う療法を認知行動療法といいます。

⑤社会生活技能訓練（SST）

　認知行動療法の一つです。小集団で、コミュニケーションが必要な日常生活等のロールプレイを行うことによって、社会適応能力を強化します。精神障害者、特に統合失調症の陰性症状の改善に有効です。

⑥応用行動分析

　学習理論を応用して、ある行動を増やそう、または減らそうとするものです。

　ある行動を増やす手続きを強化、ある行動を減らす手続きを弱化といいます。ABC理論では、次のような過程で問題行動を分析し、強化したい、あるいは弱化したい行動に影響を与えていきます。

事前の出来事・先行条件（Antecedent）
↓
行動（Behavior）
↓
結果（Consequence）

⑦家族療法

　問題行動を起こしている人だけではなく、その人の家族を一つのシステムとしてとらえ、家族全体を援助の対象とみなす療法です。

⑧遊戯療法（プレイセラピー）

　遊びを表現媒体としてクライエントの表現を引き出します。主に言語表現が難しい子どもを対象とした心理療法で、箱庭療法などがあります。援助者は、遊びで見せるこどもの行動の背景を考察し解釈します。

社会福祉士の支援対象は、社会的に不利な人びと＝
ヴァルネラブルな人びとです。どのような課題を抱
えているのか、学びましょう。

1 社会福祉士の支援対象を確認しよう

　社会福祉士及び介護福祉士法で規定された支援対象は、具体的には、どの
ような状況の人々でしょうか？

　まず、身体に障害がある場合、知的な障害がある場合、精神に障害がある
場合、などがあります。また、年をとって心身の働きが衰えて日常生活をし
にくくなることもあります。

　また、その人の心身には弱い点がなかったとしても、貧困の状態や民族な
どを理由に差別されている、あるいは虐待されているなど、その人を取り巻
く状況が弱さを招いていることもあります。

　社会福祉士及び介護福祉士法において、社会福祉士が支援する対象は、「身
体上若しくは精神上の障害があること又は環境上の理由により日常生活を営
むのに支障がある者」ですね。社会福祉士が支援する対象というのは、一言
でいえば、社会的に不利な人々であるということができます。「社会的弱者」
と訳されることもあります。

2 貧困の問題を抱える人びとについて知ろう

（1）貧困と福祉政策の歴史

　非常に乱暴な言い方をすれば、福祉政策の歴史は貧困対策の歴史です。も
ちろん、社会福祉の対象には様々な社会的に不利な人々がいますが、障害者
や高齢者、児童などの抱える日常生活における問題については、お金があれ
ば、何とかなることが多いのです。十分なお金があって、介助や保育の人を
雇用すること、適切な福祉用具を購入すること、住居を改修することなどに
よって、生活環境を整えることができれば、その人の抱えている生活のしに
くさを相当な部分解消することができます。

　しかし、お金がなければ、その人が心身に弱点を抱えていなかったとして

も生活がしにくくなります。ですから、歴史的に福祉政策は貧困者を対象に行われてきたのです。

　例えば、わが国で、高齢者の介護の問題が福祉課題としてクローズアップされたのはごく最近のことです。聖徳太子まで遡（さかのぼ）る長い福祉の歴史の中では、福祉政策の対象となる高齢者は、ずっと貧困高齢者に限定されていました。

　また、世界中で最も早く福祉制度が発展したのはイギリスでした。これは、イギリスは、最も早く産業化が進んだため、産業化の影の部分として貧困問題が深刻化し、それに対処する必要から福祉制度が発展したためです。

 古来、社会福祉の中心課題は貧困問題でした。

（2）貧困の考え方

　では、貧困とはどのような状況をいうのでしょうか。貧困の考え方には、生存そのものが難しくなるという意味での絶対的な貧困と、何らかの水準と比較して貧しいという意味での相対的な貧困があります。主な貧困の考え方を提唱した人・機関とその主張をまとめると次のようになります。

提唱者	概要
ブース, C. （イギリス）	19世紀末のロンドンにおける調査において、市民を8つの階級に分け、下4階級を貧困と考えた。上4階級との間を「貧困線」とした。
ラウントリー, B. （イギリス）	19世紀末のヨーク市における貧困調査で貧困を定義。 第1次貧困を、「総収入で身体を維持できない水準」とし、第2次貧困を「他の支出がなければ、何とか身体を維持できる水準」とした。
ルイス, O. （アメリカ）	1950年代以降。文化人類学の観点から、貧困者が貧困生活を次の世代に受け継ぐような生活習慣や世界観を文化として伝承していると考え、これを「貧困の文化」と名づけた。
タウンゼント, P. （イギリス）	1960年代以降。その社会で、広く行われているような程度の食事や社会活動、快適さなどの生活条件を享受するだけの生活資源を欠いているときに、全人口の中では貧困の状態にあるという「『相対的剥奪（はくだつ）』としての貧困」の概念を提唱した。

セン, A. （インド）	1980年代以降。貧困を、実際にどのような生活を実現することができるかという意味での潜在能力（ケイパビリティ）が欠如していたり、それを獲得する機会がないことと考えた。
フランス〜EU （欧州連合）	1980年代後半以降。経済的な困窮だけでなく、社会的関係を失い、社会の周縁へと追いやられてしまった人びとの問題を「社会的排除」として、政策課題ととらえた。
OECD （経済協力開発機構）	加盟各国の貧困世帯の割合を「相対的貧困率」（等価可処分所得の中央値の半分に満たない家計の割合）によって計算。

　EU統合の過程でフランスで生まれた「社会的排除」（Social Exclusion）という概念は大変重要な考え方なので、少し、説明しておきたいと思います。

　「社会的排除」とは、貧困や障害、宗教、人種などのために、社会の主流をなす集団には入れず、働きかけたり参加したりすることもできずに、社会生活上孤立し、社会の周縁へと追いやられてしまうことをいいます。

　ヨーロッパにおける研究によれば、社会的排除の状態に陥りやすいグループとしては、失業中の家庭、貧困家庭、少数民族、若すぎる親、施設で育った者、心身に障害がある若者、精神疾患のある者、ドラッグやアルコール常用による犯罪歴のある者、などがあります。これらの人たちは、低学歴であることが多く、経済的にも困窮しています。社会的排除という考え方では、貧困という経済的な状態だけでなく、社会的・政治的な関係という他の面でも不利であること、また、そこに至る過程も重要です。

貧困というのは生死に関わるような貧しい状態をいうのですか？

そのような絶対的な貧困だけでなく、その社会において相対的な貧困という視点から、様々な貧困のとらえ方があります。

（3）公的扶助制度の対象になる人びと

　わが国において、公的な救貧制度は、1874（明治7）年の恤救規則から始まりました。相互扶助による私的救済が原則で、公的救済の対象は非常に制限されており、貧困で頼る人がなく労働能力がない13歳以下の子ども、70歳以上の高齢者、障害者など「無告の窮民」のみでした。次いで、1929（昭和4）年に制定された救護法では、対象は老衰者、幼者など労働能力のない貧民でした。第二次世界大戦直後に制定された旧生活保護法（1946〔昭和21〕年）では、対象は、怠惰、素行不良を除くすべての貧民に拡大されました。

　1950（昭和25）年に制定された現行の生活保護法では、貧困の原因を問わず、すべての生活困窮者が法による救貧を求める権利を保障しています。

■わが国の公的扶助の対象の変化■

恤救規則	「無告の窮民」。頼る人がいない貧民のうち、13歳以下の子ども、70歳以上の高齢者、障害者
救護法	老衰者、幼者
旧生活保護法	すべての貧民（ただし、欠格条項として、怠惰、素行不良の者は除く）
現行の生活保護法	生活に困窮する全ての国民（欠格条項なし。保護請求権を保障）

　ただし、生活保護は本人などによる申請に基づいて実施されるので、生活に困窮しており保護が必要な人びとであっても、本人や扶養義務者などが保護の実施を申請しなければ、原則として保護の実施対象となりません（急迫した状況にある時は申請がなくても保護できます）。

　生活保護を受けている人びとは、2022（令和4）年度の1か月平均では約164万世帯、約202万人で、実人員数は前年度と比べ減少しましたが、世帯数は若干増加しました。生活保護受給者の約6割は高齢者世帯で最も多く、次いで、障害者・傷病者世帯が約25％となっています。

POINT　現行の生活保護法の対象者は、原因を問わず生活に困窮するすべての国民です。保護の実施は原則として申請によります。

2 3 ソーシャルワークの支援対象となる人びとについて知ろう

（4）ホームレスの人びと

　わが国において、ホームレスは「ホームレスの自立の支援等に関する特別措置法」において、「都市公園、河川、道路、駅舎その他の施設を故なく起居の場所とし、日常生活を営んでいる者」のことです。2024（令和6）年1月現在の調査では、2,820人が確認され、減少傾向にあります。その9割以上は男性で、居住地を都道府県別にみると大阪府が最も多く、次いで東京都でした。

　生活の基盤となる住居を失っている状態ですから、まさに、社会的に不利な人びとです。住居支援だけでなく就労支援など、多面的な支援を必要とします。

3 障害に伴う問題を抱える人びとについて知ろう

（1）「障害者」とは

　障害者基本法では、障害者について次のように定義しています。

> 　身体障害、知的障害、精神障害（発達障害を含む。）その他の心身の機能の障害（以下「障害」と総称する。）がある者であって、障害及び社会的障壁（障害がある者にとって日常生活又は社会生活を営む上で障壁となるような社会における事物・制度・慣行・観念その他一切のもの）により継続的に日常生活又は社会生活に相当な制限を受ける状態にあるもの。

　心身に機能障害があるためだけでなく、社会の制度、慣行、観念などが障壁＝バリアとなり、その人が日常生活や社会生活に制限を受けることが、障害者の定義です。つまり、障害者基本法では、障害があるということは、医学的な問題としてだけでなく、社会的な問題として考えるべきだ、と表明しているのです。この考え方を「社会モデル」といいます。

（2）身体に障害がある人びと

　身体障害者福祉法では、「身体障害者」とは身体障害者障害程度等級表（身体障害者福祉法施行規則別表第5号）に示されている身体上の障害がある18歳以上の者で、都道府県知事から身体障害者手帳の交付を受けた者のこ

とをいいます。

　身体障害者障害程度等級表において、障害程度は 1 ～ 7 級に分類され、身体障害者手帳は 1 ～ 6 級に交付されることになっています。

　「平成 28 年生活のしづらさなどに関する調査（全国在宅障害児・者等実態調査）」によれば、身体障害者手帳を所持している人は約 429 万人で、そのうち 65 歳以上の高齢者が約 7 割を占めています。

Check　身体障害者の定義には「都道府県知事から身体障害者手帳の交付を受けた者」という限定があります。

（3）知的な障害がある人びと

　知的障害者福祉法では、知的障害者について明確な定義をしていません。厚生労働省が調査する際には、「知的機能の障害が発達期（おおむね 18 歳まで）にあらわれ、日常生活に支障が生じているため、何らかの特別の援助を必要とする状態にあるもの」が用いられてきました。

　「平成 28 年生活のしづらさなどに関する調査」によれば、知的障害者の手帳（療育手帳など）を有する人は約 96 万人となっています。

（4）精神に障害がある人びと

　精神保健及び精神障害者福祉に関する法律では、「精神障害者」とは、「統合失調症、精神作用物質による急性中毒又はその依存症、知的障害、精神病質その他の精神疾患を有する者」をいいます。

　「平成 28 年生活のしづらさなどに関する調査」によれば、精神障害者保健福祉手帳を有する者は約 84 万人となっています。また、医師から発達障害と診断されたものは約 48 万人でした。

　ただし、『令和 5 年版障害者白書』（内閣府）によれば、患者調査を基に把握される精神障害者は約 615 万人となっており、精神障害者保健福祉手帳の所持者の割合が低いことがわかります。また、精神障害者のうち、入院患者は約 4.7％です。

　なお、発達障害者は、発達障害者支援法によって「発達障害がある者であって発達障害及び社会的障壁により日常生活又は社会生活に制限を受けるもの」と定義され、障害者基本法において精神障害者に含まれるとされています。

(5) 障害の受容過程

　障害者やその家族が障害を受け入れることは、非常に困難な過程です。

　健常であった人が、何らかの疾病や事故によって中途障害者になった場合には、障害を受け入れることに、かなりの時間と過程が必要です。また、知的障害や発達障害の場合、本人だけでなく、親が子どもの障害を受け入れることが非常に重要であり、かつ困難な過程となります。

　障害の受容は、次のような一進一退の過程を通ると考えられています。

ショック期 ⬌ 否認期 ⬌ 混乱期 ⬌ 努力期 ⬌ 受容期

---

4 問題を抱える高齢者について知ろう

(1) 加齢に伴い心身機能が低下した人びと

　加齢に伴い心身の機能は低下します。疾患とはいえないけれど、生活の質（QOL）を低下させる身体的症状、精神的症状のことを老年症候群といい、軽度認知症、尿失禁、転倒・骨折、低栄養、足のトラブル、睡眠障害などが生じます。筋力強化運動や地域活動への参加などで進行を遅らせることができますが、さらに加齢が進むと、要介護、要支援の状態になってきます。健常と要介護等の中間の虚弱な状態を「フレイル」といいます。

　わが国の高齢者人口は増加を続け、「令和2年国勢調査」によれば、65歳以上の高齢者人口の割合は28.6％でした。総務省の人口推計では、2023（令和5）年10月1日現在、約29.1％になっています。介護保険制度における要介護者等は、2022（令和4）年3月末で690万人となりました（p.294参照）。

(2) 認知症の高齢者

　近年、認知症高齢者の増加が問題となっています。社会福祉士及び介護福祉士法の2007（平成19）年の改正は、認知症高齢者の増加が背景の一つでした。厚生労働省の推計（2012〔平成24〕年）によれば、全国の65歳以上の高齢者では認知症の有病率は15％、有病者数約462万人とされています。また、全国のMCI（正常と認知症の中間状態の者）の有病率は推定値13％、MCI有病者数は約400万人と推計されています。

Check ✓　要介護等高齢者は約 690 万人となり、認知症有病者は推計約 462 万人に上っています。

(3) 高齢者への虐待

　高齢化に伴う要介護の高齢者の増加、それに伴う家族介護者の負担増加は社会的な問題となりました。介護疲れなどが原因となる高齢者に対する虐待の発生は大きな問題となっています。

　高齢者虐待の防止、高齢者の養護者に対する支援等に関する法律（「高齢者虐待防止法」）に基づく調査によれば、2022（令和 4）年度における、養護者による高齢者虐待件数は 1 万 6,669 件で、虐待された高齢者は男女別では女性が約 4 分の 3、年齢別では 80 歳代が約 2 分の 1、要介護認定を受けている者が約 7 割となりました。そのうち約 7 割が認知症でした。

 POINT　✎　虐待を受けやすい高齢者像　性別：女性
　　　　　　　　　　　　　　　　　　　年齢：80 歳代
　　　　　　　　　　　　　　　　　　　要介護者、認知症患者

■養護者による高齢者虐待～覚えておきたい数値（2022 年度）■

相談件数	38,291 件	相談・通報者…警察 34.0%、介護支援専門員 25.0%、家族親族 7.5%
虐待認定数	16,669 件 17,091 人	被虐待者…女性 75.8%、「80 〜 84 歳」25.3%、「85 〜 89 歳」20.7% 要介護定済み 69.2% 認知症高齢者の日常生活自立度 II 以上 73.5%
		虐待原因…被虐待者の「認知症の症状」56.6%、虐待者の「介護疲れ・介護ストレス」54.2%
		「身体的虐待」65.3%「心理的虐待」39.0%、「介護等放棄」19.7%「経済的虐待」14.9%

5 課題を抱える子どもと家庭について知ろう

（1）児童の権利

　児童は、保護を必要とする発達途上の存在であると同時に、人権を有する一個の人間です。このため、国連が 1989 年に採択した児童の権利に関する条約では、教育を受ける権利などの児童の受動的な権利だけでなく、意見表明権など能動的な権利も重視しています。

（2）児童福祉法における児童の定義とこども基本法におけるこどもの定義

　児童福祉法では、児童を満 18 歳に満たない者と定義しています（p.231 参照）。一方、2023 年 4 月に施行されたこども基本法では、「こども」とは、心身の発達の過程にある者をいう、とされており、年齢で定義していません。この定義によって、こども基本法は広く柔軟に多くのこどもを対象とすることになりました。

（3）障害がある子どもとその親

　「平成 28 年生活のしづらさなどに関する調査」によると、18 歳未満の身体障害児は約 6 万 8,000 人です。また、18 歳未満の知的障害児は約 21 万 4,000 人となっています。障害児については、本人だけでなく、障害児の親への支援が非常に重要です。これは、子どもの障害を受け入れ、養育を行うことができるように、子どもの障害を受容することが、心理的に困難なケースが多いためです。児童相談所で障害児の判定をすることから、児童相談所における相談の種類では、障害相談が 4 割弱を占め、虐待などの養護相談に次いで 2 番目に多くなっています（令和 3 年度福祉行政報告例）。

（4）社会的養護を必要とする子ども

　社会的養護とは、保護者のない児童や、虐待を受けた児童など保護者に監護させることが適当でない児童に対し、公的な責任で社会的に養護を行うこと、そして、養育に大きな困難を抱える家庭への支援を行うことをいいます。
　社会的養護の現状（こども家庭庁「社会的養育の推進に向けて」令和 6 年 4 月）によれば、要保護児童数は約 4 万 2,000 人で、うち、児童養護施

設の入所児童数は2万3,008人（令和4年3月末）で要保護児童の約5割以上となっています。児童養護施設への入所理由は、父母の虐待が最も多く45.6%となっています（令和4年2月1日現在）。

（5）児童への虐待

「児童虐待の防止等に関する法律」では、児童虐待を身体的虐待、ネグレクト、心理的虐待、性的虐待に分類しています。2022（令和4）年度に全国の児童相談所で対応した児童虐待件数は21万9,170件で、最多記録を更新しています（令和4年度 児童相談所における児童虐待相談対応件数（速報値））。

児童虐待は、自分を守ってくれるはずの養育者からの虐待であるために、児童の心身の発達に非常に強い悪影響を与えます。乳児期の発達課題である、養育者との間におけるアタッチメント（愛着）が形成されにくく、基本的信頼感を得ることが困難なことから、自己肯定感を育むこと、人間関係を結ぶことが難しくなると指摘されています。

児童虐待相談件数は毎年増加しています。児童虐待は、虐待を受けた子どもの心身の発達に重大な負の影響を与えます。

■児童虐待の定義■　令和4年相談件数219,170件（過去最多を更新）

身体的虐待	児童の身体に外傷が生じ、又は生じるおそれのある暴行を加えること（令和4年度51,679件（全体に占める割合：23.6%））
ネグレクト	心身の正常な発達を妨げるような著しい減食または長時間の放置、保護者以外の同居人による虐待などの放置、その他保護者としての監護を著しく怠ること（同35,556件（16.2%））
性的虐待	児童にわいせつな行為をすることまたは児童にわいせつな行為をさせること（同2,451件（1.1%））
心理的虐待	児童に対する著しい暴言または著しく拒絶的な対応、児童が同居する家庭における配偶者に対する暴力その他の児童に著しい心理的外傷を与える言動を行うこと（同129,484件。令和4年度最多数（59.1%））

利用者をより深く理解し、支援するために、社会と人との関係（ミクロ社会学）、家族（家族社会学）、社会全体の動き（マクロ社会学）などについて学びます。

1 ミクロ社会学を学ぼう

（1）ミクロ社会学の視点

　人は、自分の欲求を満たすために何かしらのことをします。これを「行為」と呼びます。ミクロ社会学では、「社会」というものを人間の「行為」のレベルから考えます。したがって、ミクロ社会学では社会において人がどのように自我を形成し、どのように社会化していくか、社会の中でどのように行為するか、などが中心的な問題となります。

（2）自我の形成

　人は、生まれてから常に他者との関係の中で生きていきます。

　最初に出会う他者は、母親や父親などの家族であることが多いです。人は、多くの場合、最初に家族という集団の中で社会化されます。成長とともに、人が関わる集団は、地域、学校、職場、と変化していきます。そして、これらの社会的な集団の中で自我を形成していきます。

　クーリーは、人は、他人の目に自分がどのように映っているか、他人が自分をどう評価しているかを想像し、それを自分がどう思うかによって、初めて自分自身を知ることができる、と主張しました。これを「鏡に映った自我」という言葉で表しました。

　ミードは、これを発展させて、人間は他人が自分に期待する役割を自らのうちに取り込むことによって自我を形成する、と考えました。このことを「役割取得」といいます。

　役割取得において担う「役割」は、特定の個人ではなく、何人もの他人の期待を総合的に理解し、応えることが要求されている社会的な役割です。

　また、一人の人間は父であり、会社員であり、息子であるなど、いくつもの役割を同時に持っています。例えば、子どもの運動会がある日に出勤を命じられるなど、それらの役割の間で起きる葛藤を「役割葛藤」と呼びます。

(3) 自己と他者の関係

　ゴッフマンは、他者との関係を適切に作っていくために人々が行う秩序を
もたらす行為を「相互行為儀礼」と呼びました。例えば他者から良い印象を
もたれるように外見を整える「印象操作」や、混んでいる電車の中などで他
の人に対する無関心を装う「儀礼的無関心」などの演劇的な振る舞いのこと
です。

(4) 社会的行為

　ヴェーバーは、社会的行為を、その本人にとっての意味（主観的意味）に
よって４つの理念型に分類しました。

■ヴェーバーの社会的行為の類型■

目的合理的行為	目的を実現するための手段としての行為。経済活動など
価値合理的行為	規範的な価値を実現するための行為。宗教活動など
伝統的行為	慣習に基づく行為
感情的行為	感情に基づく行為

(5) 集団の中の個人

　人は、集団の中にいると集団からの影響を受け、一人のときとは異なる行
動をとりやすくなります。集団からの影響には主に次のようなものがありま
す。

同　調	自分の判断に反することであっても、集団の標準的な行動に合わせてしまうこと
社会的促進	単純な作業課題のときは集団の方が速度や量が促進されること
社会的手抜き	集団で共同作業をする場合、自分一人くらいは手を抜いてもかまわないだろうと考えること

人は、他者との関係によって自分を見出し、他者から期待される役割を果たして生活します。生まれたときから、人は社会的な存在であるといえます。

2 家族社会学を学ぼう

（1）家族とは何か

　人にとって、最も基本的な集団は家族です。森岡清美によれば、家族とは、「夫婦関係を中心として、親子、兄弟、近親者によって構成される第一次的な福祉追求の集団」と定義されています。

　パーソンズは、家族の機能のうちで最も基本的で最終的に残るものは次の2点であると主張しました。

> ❶子どもの基礎的な社会化（パーソナリティの形成）
> ❷成人のパーソナリティの安定化

　なお、家族は、「福祉追求の集団」とあるように、「自分たちは家族である」と思っている主観的な概念です。これに対して、行政上、「住まいと生計を同じにする人達の集まり」、または「一人で住んでいるか、あるいは自分だけで生計を営んでいる単身者」のことを「世帯」といいます。

> 統計をみるとき、あるいは、生活保護や児童手当など政策対象について考えるときには、「世帯」を単位としますので、注意してくださいね。

（2）家族制度

　家族については、いくつかの分類方法があります。

　家族の機能に着目すると、子世代にとって、自分が生まれ育った核家族のことを「定位家族」または「出生家族」といいます。これに対し、親世代にとって、自分が結婚して作る家族を「生殖家族」または「創設家族」といいます。

　核家族に親または兄弟が同居する家族を「拡大家族」などといいます。

（3）ライフサイクルとライフコース

　ライフサイクルとは、もともと、生命体の一生にみられる規則的な過程のことをいいます。その応用として、ファミリーライフサイクルでは家族の発達の過程を子どもの成長を中心にしてとらえます。新婚期・育児期・教育期・排出期（子どもの独立期）・子の独立後（向老期・退隠期・孤老期）等のように段階に分けて考えます。それぞれの段階に特有の家族の発達課題があり、共通のパターンがあると考えられました。

　しかし、家族形成の多様化が進んだことから、ファミリーライフサイクルのような家族の「標準的」なパターンを追求するのではなく、各個人が人生をどのような道筋で歩むか、というライフコースが注目されるようになりました。

3 マクロ社会学を学ぼう

（1）マクロ社会学の関心

　マクロ社会学では、「社会」という集団を分析の対象とします。

　「社会」は複数の人が「相互行為」によって関係しており、個々の人の寄せ集めではなく、人びとの集まり「全体」として存在するものです。そのような「社会」は、個人の意思を超えて、それ自体の性質を持ちます。このように、集合になったために持つようになった新たな性質は創発特性と呼ばれ、マクロ社会学の関心事となります。

　例えば、個人がそれぞれ自分にとって都合がよいように行動すると、利益が相反して、全体的にみればマイナスが生じることがあります。これを社会的ジレンマといいます。

　一方で人びとが功利的に（＝利己的に）行為を選択するときに、集合であるところの「社会」の秩序を維持することが可能なのはなぜでしょうか。

　ホッブズが提唱したこの問題、「ホッブズ問題」を解く鍵が、社会全体として持つ創発特性にある、と考えられます。

（2）社会システムの理論

　パーソンズは、人々が社会の共通の価値に基づいて社会的行為を行う（主意主義的行為）と考えることによって、また、社会全体をシステムととらえることで、「ホッブズ問題」に対する答えを出そうとしました。

マクロ社会学では、社会をシステムとしてとらえています。つまり、社会を要素の集合として理解します。それぞれの要素はお互いに影響し合っており、かつ、全体としての創発特性を持ちます。また、システムの結果やサブシステムはフィードバックによってシステムに影響を与えます。

パーソンズは、社会システムを、A:適応、G:目標達成、I:統合、L:パターン維持の機能を持つ4つのサブシステムの相互連関によって維持されるものと考えました。この理論をAGIL理論といいます。

 POINT それぞれの要素にはみられないが、集合になったために全体が持つようになった新たな性質を創発特性といいます。

（3）社会集団の分類

社会集団については、いくつかの分類の方法があります。

代表的なものはクーリーらによる第1次集団と第2次集団という分類、テンニースによるゲマインシャフト★とゲゼルシャフト★という分類、マッキーバーによるコミュニティ★とアソシエーション★という分類などです。

社会集団の分類をまとめると次のようになります。

■社会集団の分類■

クーリーらの分類	第1次集団	・メンバーの間に直接的・親密なつながりがある。 ・人間の自我や、愛・自由など理想を形成する基礎となる。 ・家族、遊び仲間、地域集団など。
	第2次集団	・一定の目的・利害関心に基づいて意図的に形成。 ・集団内部の人間関係は合理的。 ・企業、学校、政党、国家など。
テンニースの分類	ゲマインシャフト（共同社会）	・「本質意志」によって結びついた集団。 ・感情的で全人格的なつながり。　・家族、村落など。 ・ゲゼルシャフトに移行していく。
	ゲゼルシャフト（利益社会）	・「選択意志」によって結びついた集団。 ・目的合理的で、人格の一部でのみ結びつく。 ・大都市、国民社会など。

マッキーバーの分類	コミュニティ	・一定の地域で人びとの共同生活が営まれる社会。 ・人びとの間に「われわれ意識」、一体感、帰属感などが生み出される。 ・村落、都市、国家など。
	アソシエーション	・コミュニティの内部で、特定の目的・関心のために作った集団。 ・青年団、教会、家族、労働組合、会社など。

ゲマインシャフト
「本質意志」によって結びついた感情的で全人格的なつながりを持つ集団。

ゲゼルシャフト
「選択意志」によって結びついた目的合理的で人格の一部でのみ結びついた集団。

コミュニティ
一定の地域で人びとの共同生活が営まれる社会。

アソシエーション
コミュニティの内部で、特定の目的・関心のために作った集団。

(4) 社会変動

①社会学初期の分析

　社会学が誕生した当初から、社会がどのように変動するのか、ということが社会学の主要な関心事でした。

　19世紀に、フランスの哲学者コントは、社会が軍事的段階から法律的段階へ、さらに産業的段階へ進化すると考え、イギリスのスペンサーも軍事型社会から産業型社会へと進化すると考えました。ダーウィンの生物における進化論の影響を受けた、このような考え方を社会進化論といいます。

　19世紀後半に、フランスのデュルケムは、産業化によって、社会の結びつき方が同質な人びとによる結合（機械的連帯）から、異質な人びとによる分業による結合（有機的連帯）へと進化すると分析しました。また、近代化に伴って、社会規範が揺らいだ「アノミー」状態が生じると主張しました。

　一方、同じ頃、ドイツのマルクスは、資本主義社会を、生産手段を持つ資

本家階級と生産手段を持たない労働者階級の対立構造としてとらえ、社会は、最終的には労働者階級の勝利によって共産主義体制に至ると考えました。

> **POINT** デュルケムは機械的連帯から有機的連帯へ社会が進化すると考えました。

②都市化と過疎化

　都市化については、1920年代以降、主にアメリカのシカゴ学派によって研究されました。都市化とは、社会の中で都市部に住む人口の割合が増加し、都市の規模が大きくなると同時に、本来は都市部に特有の生活の仕方、社会関係などが都市部以外の地域にも広がることをいいます。

　バージェスは、代表的な理論の一つである「同心円地帯理論」を提唱し、「都市は、中心部のビジネス地区→労働者の居住区→中流階級居住区、と同心円的に発展する。富裕層が郊外へ流出するため、中心部は老朽化・スラム化が進み、郊外は豊かな住宅地となる」としました。

　一方、都市化と表裏一体の問題として農村の過疎化の問題があります。

　わが国では、1960年代の高度経済成長期に多くの労働力人口が都市部に流出しました。この結果、農村部に若・壮年層がいなくなって高齢化が進みました。現在では、65歳以上の高齢者が住民の50%を超えて、人口の再生産が難しく、冠婚葬祭など住民生活の維持が困難な「限界集落」の存在も指摘されています。

4 近年の社会的な問題

（1）少子高齢化の問題

　わが国の人口構造は少子化と高齢化が顕著です。重要点をまとめると、次の点が挙げられます。

> ❶ 1970（昭和45）年に65歳以上の老年人口割合（高齢化率）が7%を超え、高齢化社会となった。その後わずか24年後の1994（平成6）年には、高齢化率が14%を超え高齢社会に至った。

❷ 2000（平成 12）年調査時において、65 歳以上人口が 15 歳未満人口を初めて上回った。

❸ 2005（平成 17）年に、厚生労働省人口動態統計の調査開始（1899〔明治 32〕年）以来初めて自然減となり、高齢化率は初めて 20％を超えた。

❹ 2007（平成 19）年には、高齢化率が 21％を超え超高齢社会になった。

❺ 2008（平成 20）年をピークに、日本の総人口は減少局面に入った。

❻ 2022（令和 4）年に、高齢化率が約 29％に上昇した。

❼ 今後、総人口が減少する中で高齢者のみが増加し、生産年齢人口の割合は 2065 年には 51.4％に減少すると予測される。

❽ 1974（昭和 49）年以降、子どもの出生数の減少傾向が続いている。合計特殊出生率は 2023（令和 5）年の概数では 1.20 と前年よりも 0.04 ポイント低下している。

（2）ジェンダーをめぐる問題

　ジェンダーとは、生物学的な性差ではなく、文化的・社会的に作られた性差のことです。

　社会的な男女差別は依然として根深いものがあります。とりわけ、わが国では、先進国の中で女性の登用が進んでいないことが問題視されています。

　しかし、国連で女子差別撤廃条約が締結されるなど、女性の権利を擁護し、女性が社会において活躍する動きは、世界的にみれば、着実に進んでいます。

　わが国では、法律の上では、男女雇用機会均等法が 1986（昭和 61）年に、男女共同参画社会基本法が 1999（平成 11）年に、女性活躍推進法が 2015（平成 27）年に制定されるなど、女性の社会進出を促す整備が図られています。わが国の女性の労働力率をグラフにすると、20 歳代後半から 30 歳代にかけて結婚・育児のために家庭に入ることが多いことから、M 字型曲線となることが指摘されてきました。しかし、近年は、女性の労働力化が進み、女性の就労曲線の落ち込みは小さくなってきています。

　また、非常に大切な概念に「シャドウ・ワーク」という考え方があります。これは、イリイチが提唱した概念で、産業社会において不可欠ではあるけれども、賃金が支払われないので労働として認識されない家事や育児などの労働のことです。賃金が支払われないので、アンペイド・ワークともいいます。

シャドウ・ワークは**女性**の役割とされ、社会貢献として取り上げられず社会保障の対象ともされないできましたが、近年は、実は非常に重要な労働だと主張されるようになりました。

わが国で女性の社会的な進出には何が必要ですか？

女性が働き続けやすい環境の整備と、目に見える形での地位向上が必要だと考えられます。

　今、政府では、男女ともにワーク・ライフ・バランスを推進しようとしています。父親の育児休業取得率を、現在の **17.13**％（2022〔令和4〕年度。調査以来過去最高）から増加させるキャンペーンも行っており、男性の仕事中心の生き方を是正し、子育て支援を充実することによって、女性が社会で働きやすいようにしようとしています。

　また、女性の管理職への登用を進めようとしています。

母親の育児休業取得率が約80％なのに対して、父親は17％程度しかないんだね。

（3）自殺者の問題

　わが国では、1998（平成10）年から2011（平成23）年まで、年間の自殺者が3万人を超えていました。2012（平成24）年に15年ぶりに3万人を下回り、以降は3万人を下回っています。その後も、年々減少傾向でしたが、2020（令和2）年に11年ぶりに増加しました。新型コロナウイルス感染拡大の影響が考えられています。2023（令和5）年には自殺者が2万1837人と前年に比べて約0.2％減少しました（厚生労働省・警察庁「令和5年中における自殺の状況」）。そのうち、約**7**割が男性でした。女性の数は4年ぶりに減少しましたが、20歳代以下の若者においては、男性は減少し女性は大きく増加しました。自殺の理由では、健康問題が最も多く、次いで経済・生活問題、家庭問題と続きます。

PART 3

支援の方法を学ぼう

対応試験科目
- ◆医学概論
- ◆社会福祉の原理と政策
- ◆ソーシャルワークの基盤と専門職
  （共通、専門）
- ◆ソーシャルワークの理論と方法
  （共通、専門）
- ◆社会福祉調査の基礎

Chapter ❶ ソーシャルワークの理念を理解しよう

相談援助はソーシャルワークにおける倫理・価値に
基づいて行われます。これは、社会福祉の理念を実
践するための基盤となるものです。

1 福祉の概念を学ぼう

（1）福祉とは

　「福祉」とは、最も広い意味では「幸せ」あるいは「良い状態（well-being，
ウェルビーイング）」のことです。ソーシャルワークにおいては、人びとの「良
い状態」を実現し、社会的に弱い立場にある人びとの悪い状態を改善するた
めの方法のことをいいます。これが、目的概念としての福祉です。
　実体概念としては、大きく分けると「社会福祉」の制度・政策と対人援助
のソーシャルワークによってとらえることができます。

well-being の実現の
ために色々な制度が
あるのね。

目的概念

幸せな社会
の実現

実体概念

・社会福祉の
　制度・政策
・対人援助

福祉

（2）福祉の理念

　では、どのような状態を「良い状態（well-being）」というのでしょうか？
それは「これが幸せ（福祉）である」という価値観（考え方）によって決ま
ります。
　近代以降の社会では、自由、平等などの基本的な価値観があります。福祉
の理念はこうした基本的な価値観を基にしています。そして、ソーシャルワー
クにおいて基盤となる価値・倫理は、福祉の理念をさらに具体的にしたもの
であるということができます。以下に、福祉の理念のうち、最も重要なもの
を取り上げていきます。

72

（3）人権

人権とは、人びとが生まれながらに持っている権利のことです。人びとは、どのような状態であったとしても、侵してはならない誇りを持っており、それを「尊厳」といいます。人権を尊重することは、すなわち、人間の尊厳を守ることになります。福祉の理念のうち最も基本となる思想といえます。

 福祉のあらゆる理念は、「人権」の尊重を基本としています。

人権については、戦争中の様々な出来事への反省から、第二次世界大戦後に国連の「**世界人権宣言**＊」において次のようにはっきりと宣言されました。

世界人権宣言（1948年）（仮訳文）

第1条
「すべての人間は、生れながらにして自由であり、かつ、尊厳と権利とについて平等である」

第22条
「すべて人は、社会の一員として、社会保障を受ける権利を有し、かつ、国家的努力及び国際的協力により、また、各国の組織及び資源に応じて、自己の尊厳と自己の人格の自由な発展とに欠くことのできない経済的、社会的及び文化的権利を実現する権利を有する」

 **世界人権宣言**
第二次世界大戦後の1948年に、国際連合（国連）が宣言した。人権及び自由を尊重し確保するために、すべての人民とすべての国とが達成すべき共通の基準である。

国連では、「世界人権宣言」の採択後も、人権尊重の理念を拡げていくために、いくつもの宣言や条約などを採択しています。主なものを挙げると次の通りです。

■「世界人権宣言」後の主な国際的な宣言、条約等■

年	国際規約等	特徴
1959	児童権利宣言	「人類は、児童に対し、最善のものを与える義務を負う」
1966	国際人権規約	「世界人権宣言」を条約化したもの A規約…経済的・社会的・文化的権利に関する規約（労働権、社会保障権等） B規約…市民的・政治的権利に関する規約（私生活への不干渉、児童への差別禁止等）
1971	知的障害者の権利宣言	知的障害者も他の人間と同等の権利を有することを宣言した
1975	障害者の権利宣言	知的障害、精神障害、身体障害のある者のすべての包括的な権利を宣言した
1979	女子差別撤廃条約	あらゆる分野における男女の完全な平等
1989	児童の権利に関する条約	子どもに受動的権利だけでなく能動的権利があることを明記
1991	高齢者のための国連原則	各国が取り入れるべき原則として「自立」「参加」「ケア」「自己実現」「尊厳」を定めた
2006	障害者の権利に関する条約	障害者を権利の主体とし、あらゆる差別の禁止、障害者の社会への参加と包容を促進

また、わが国では日本国憲法において、次のように規定されました。

日本国憲法（1946年）

第11条「国民は、すべての基本的人権の享有を妨げられない」
第13条「すべて国民は、個人として尊重される」

（4）生存権

　「生存権」は、人間らしく生きる権利のことです。基本的人権のうち、国家が介入し人びとを保護することによって実現される社会権の一つです。

　わが国では、日本国憲法の第25条において次のように規定されていて、生活保護（公的扶助）の根拠となっています。

日本国憲法

第25条第1項
「すべて国民は、健康で文化的な最低限度の生活を営む権利を有する」
第25条第2項
「国は、すべての生活部面について、社会福祉、社会保障及び公衆衛生の向上及び増進に努めなければならない」

　憲法第25条に規定されている「生存権」が、生活保護制度などの社会福祉制度の根拠となっています。

（5）自立

　「自立」には、経済的自立、身体的自立、精神的自立等があります。

　社会福祉制度・政策、実践において、自立は重要視されており、生活保護法、児童福祉法、身体障害者福祉法など多くの法律で目的としています。1960年代から70年代にアメリカ西海岸の障害のある大学生から始まった自立生活運動によって、自己決定を重視する精神的な自立が重視されるようになりました。

（6）共生、社会的包摂（ソーシャル・インクルージョン）

　「共生」と「社会的包摂」は同じような考え方で、障害者、少数民族、貧困の人など、差別・抑圧・社会的な排除の対象とされやすい人びとを社会の一員として包みこみ、共に生きられる社会を目指すことをいいます。

　**ソーシャル・インクルージョン**
社会的包摂。障害者など社会的な排除の対象とされやすい人びとを社会の一員として包み支え合い、共に生きられる社会を目指すこと。

（7）ノーマライゼーション

　「**ノーマライゼーション**」とは、障害がある人も障害がない人と同様に、誰もが暮らしたい場所で、普通の生活ができることを目指す考え方です。

　1950 年代に、デンマークにおいて、知的障害児の親の会が始めた運動に端を発しています。これを受けて、バンク–ミケルセンが同国の「1959 年法」に結実させ、スウェーデンのニィリエが理論化を進めました。

■ニィリエによるノーマライゼーションの 8 つの原理■

・1 日のノーマルなリズム	・1 週間のノーマルなリズム
・1 年間のノーマルなリズム	・ライフサイクルでのノーマルな経験
・異性との生活	・ノーマルな要求の尊重
・ノーマルな生活水準	・ノーマルな環境水準

　その後、ヴォルフェンスベルガーは、北米において、障害者が社会的な役割を果たすことをノーマライゼーションの目標とすべきであると提唱しました。この考え方を「社会的役割の実践」（ソーシャル・ロール・バロリゼーション）といいます。

　(3)「人権」で学習した障害者に関する宣言や条約等はノーマライゼーションの実現を目指したものです。

★用語★　**ノーマライゼーション**
障害がある人も障害のない人と同様に、普通の生活ができるよう目指すこと。

（8）参加

　「参加」とは、あらゆる人が社会から排除されることなく構成員として社会に関わることです。特に当事者が福祉政策の過程や福祉サービス供給などに関わることが重要である、とされます。

（9）意思決定支援

　意思決定は、憲法第 13 条（幸福追求権）に基づく基本的な人権です。あらゆる人が自らの意思を自分で決定することができるように、ソーシャルワーカーは、支援対象者の意思決定を支援する能力が求められています。

2 「ソーシャルワークにおける倫理─原理に関する声明」について学ぼう

　この声明は、2004年10月に国際ソーシャルワーカー連盟（IFSW）と国際ソーシャルワーク学校連盟（IASSW）の総会で承認されたものです。

　「グローバル定義」策定の10年前の声明ですが、これまでに皆さんと学習してきた福祉の理念などを記載しており、それをさらに具体化する方法を表明しています。声明の序文は「倫理に関する認識は、全てのソーシャルワーカーの専門的実践に不可欠な要素である。」という一文から始まります。そして、ソーシャルワークの質は、ソーシャルワーカーの倫理的に行動する能力と意欲によって左右されるとしています。

　IFSWによるソーシャルワークの定義（2000年）は、ソーシャルワークの原理を人権と社会正義に求めました。

　これを受けて「ソーシャルワークにおける倫理─原理に関する声明」では、原理に「人権と人間の尊厳」と「社会正義」を明記しています。

> PART1のChapter②「社会福祉士・精神保健福祉士とは」を復習してくださいね！

（1）人権と人間の尊厳

　「ソーシャルワークにおける倫理─原理に関する声明」では、ソーシャルワークの基盤は、すべての人が生来持っている価値と尊厳、そして、それによって生じる権利を尊重することだ、としています。

　そのためには、一人ひとりの人間が、あらゆる面、つまり、物質的にも、心理的にも、感情面においても、霊的（スピリチュアル）にも、欠けていない状態を実現し、かつ守らなければなりません。

　具体的には、次のことが求められています。

①自己決定権を尊重すること

　ソーシャルワーカーは、利用者が、自分で選択し決定する権利を尊重しなければなりません。その人の価値観や生活上の選択がどのようなものであっても、他の人の権利や利益を侵害しない限りはその人の選択と決定を尊重します。

②利用者が参加する権利を促進すること

　ソーシャルワーカーは、利用者が、自分たちの生活に影響する決断や行動に関与し、参加し、自ら解決する力を持つことができるように、**エンパワーメント**しなければなりません。

③個々の人間を全体としてとらえる

　ソーシャルワーカーは家族・コミュニティー・社会と自然の環境の中で、人間を様々な側面で丸ごととらえて、わかろうとしなければなりません。

④ストレングスを認識し発展させる

　ソーシャルワーカーはあらゆる個人・グループ・コミュニティーが持っているストレングス（＝強み）に焦点を当てます。それによって、自分で問題を解決する力を向上させ、エンパワーメントを促進します。

 POINT

ソーシャルワークの第一の理念は人権の尊重です。具体的には次の４点です。

❶利用者の自己決定権の尊重
❷利用者の参加の促進
❸人間を全体的にとらえること
❹強みを認識することで現実的な力をつけること

　ここで、「エンパワーメント」について復習しましょう。

　エンパワーメント（エンパワメント）とは、社会的に抑圧された状況に置かれたためにパワーが欠如した状態にある利用者が、自らの抑圧された状況と本来の力を自覚し、自ら問題を解決していけるようにすることをいいます。

　1960年代にアメリカの公民権運動（黒人差別に対する反対運動）の中で発達した考え方です。ソーシャルワークにおいて、重視されます。

 ★用語★

エンパワーメント
社会的に抑圧されパワーレス状態にある人が自らの問題解決力をつけること。

（2）社会正義

　「ソーシャルワークにおける倫理―原理に関する声明」では、ソーシャル
ワーカーには社会正義を促進する責任がある、としています。
　それは、一般社会と利用者に関連する責任であり、次の4点があります。

①差別への挑戦

　ソーシャルワーカーは、不当な理由によって生じている差別に挑戦する責
任があります。ここでいう「不当な理由」とは、能力・年齢・文化・性別・
結婚しているか否か・社会経済的地位・政治的意見・肌の色・人種・その他
の身体的特徴・性的志向や精神的信条などです。こうした理由による差別に
対して声をあげなくてはなりません。

②多様性を認識すること

　ソーシャルワーカーは、自分たちが実践する社会での民族的・文化的な多
様性を認識し、尊重しなければなりません。個人・家族・グループ・コミュ
ニティーには違いがあることを考慮しなければなりません。

③資源の公正な分配

　ソーシャルワーカーは、資源が公正にニーズに従って配分されるように保
証しなければなりません。

④不当な政策や実践に挑戦すること

　ソーシャルワーカーには、資源が不適切であることや、資源の配分・政策・
実践が抑圧的であること・不公平であることもしくは有害な状況にあること
に、雇用者・政策決定者・政治家・一般市民の関心を向けさせる責務があり
ます。

　以上のような「ソーシャルワークにおける倫理―原理に関する声明」に述
べられた社会正義を貫く責任は、社会福祉士の支援する対象が社会的に不利
な人びとであることを思い出していただくと、よくわかると思います。
　人びとに対する差別や抑圧は社会正義に反するのだ、ということを、ソー
シャルワーカーは、その人びとの代わりに主張しなければならないのです。

 **POINT**

> ソーシャルワーカーには、社会正義を推進する責任があります。具体的には、次の4点を行います。
>
> ❶ 差別をなくすよう働きかけること
> ❷ 多様性を認めること
> ❸ 資源を公正に配分すること
> ❹ 不当な政策や実践を是正するよう働きかけること

　このように、人びとの権利を擁護すること、とりわけ、援助者が利用者の代わりに利用者の権利を主張することを**アドボカシー**★といいます。アドボカシーもソーシャルワークの役割として、非常に重要な理念です。

 **用語**

アドボカシー
権利擁護。自らの権利を主張しにくい利用者の権利を支援者が代弁すること。

そうか！　2004年の「ソーシャルワークにおける倫理－原理に関する声明」について学習したら、2014年の「ソーシャルワークのグローバル定義」がもっとよく分かるようになったぞ！

　ソーシャルワークを実践するための原則は、1950 年代にバイステックによって 7 原則にまとめられています。

■バイステックの 7 原則■

❶個別化	利用者その人が持つ、様々な事情を尊重する。
❷意図的な 感情表出	利用者が自分自身の感情を（負の感情も含めて）率直に表現することができるように、意図的に働きかける。
❸統制された 情緒関与	援助者は、自分の感情をコントロールし、利用者の訴えや感情を汲み取り、共感をもって理解しようと努力する。
❹受容	利用者の言動や態度をそのまま受け入れること。ただし、安易な同意ではない。
❺非審判的 態度	利用者自身の価値観や考えを尊重すること。 援助者は自分の価値観で利用者の行動を批判しない。
❻自己決定	利用者自身が何を選択するかを決める。 援助者の役割は、利用者が自ら決定できるように支援をすること。
❼秘密保持	利用者に関する情報は、本人の承諾なしには他者に開示しない。

バイステックの 7 原則は、70 年も前に提示されたものですが、社会福祉士の倫理綱領とともに、国家試験における事例問題を解く根拠となりますので、よく理解してくださいね。

3
❶
ソーシャルワークの理念を理解しよう

Chapter ❷ ソーシャルワークのモデル・アプローチを知ろう

ソーシャルワークの方法は COS の友愛訪問から始まり、様々な改善・進歩を加えて、現在までに多くのモデルが考案され実践されています。

1 ソーシャルワークの形成過程を知ろう

ソーシャルワークの形成過程については多くの研究があります。例えば、第一人者である元関東学院大学教授の副田あけみ氏は、形成過程を 4 期に分けています。その分類に従って、発展過程をみてみましょう。

(1) ケースワークの体系化と発展（1910 ～ 1960 年）

ケースワークは、19 世紀後半にイギリスで始まった慈善組織協会（COS：Charity Organization Society）の友愛訪問を源流とします。イギリスでは、当時、民間慈善団体が救貧活動をしていましたが、それぞれの団体がばらばらに活動していたために、あちらこちらの団体から救済を受けることを職業としているような貧困者が出てくるなどの問題が生じていました。COS は、こうした濫救や必要な人に援助が届かない漏給を防ぐ目的で設立されました。COS では、貧困の原因を貧困者個人に求め、その人びとを訪問して正しい生活の方法を指導していました。これが友愛訪問です。

リッチモンド, M. は、アメリカの慈善組織協会の職員で、友愛訪問を行い、1910 ～ 1920 年にその援助過程を「ケースワーク」として理論化・体系化しました。そして、ケースワークを「人間と社会環境との間を個別的に、意識的に調整することを通してパーソナリティを発展させる諸過程から成り立っているもの」と定義しました。ケースワークは、リッチモンドによって確立されたので、リッチモンドは「ケースワークの母」と呼ばれています。

Check　ケースワークは、COS の友愛訪問から生まれました。生みの母はリッチモンド, M. です。

1920 年頃から、ケースワークは、精神分析学（心理学 p.50 参照）の影響を受けました。「診断派」と呼ばれ、利用者の抱えている問題の原因を利

用者自身の内面に求め、その治療を行おうとするものです。

　1930 年頃になると、診断派への批判から、援助者が、自分が属する機関の機能を活用して、利用者自身が問題を解決する過程を助ける、という「機能派」が出現しました。機能派では、利用者が、その機関を選んだという意志を尊重します。両派を比較すると次のようになります。

■診断派と機能派の比較■

	背景となる理論・人	援助者の役割	援助過程の特徴	主な論者と著書
診断派	精神分析学・フロイト	治療的な働きかけ	• 医学モデル（調査→社会的診断→治療） • 援助者と利用者との内面的な関係を重視	ハミルトン, G.『ケースワークの理論と実際』（1940 年）
機能派	意志心理学・ランク	側面的な援助（主役は利用者）	• 援助者の属する機関の機能に沿った援助 • 援助過程を初期の局面→中期の局面→終結の局面と区分した	ロビンソン, V.『ケースワーク心理学の変遷』（1930 年）

POINT　診断派は問題の原因を利用者の適応に求めて治療しようとし、機能派は利用者の意志を尊重して援助機関の機能を用いて側面的な援助をしようとしました。

　1950 年代になると、機能派ではアプティカー、診断派ではパールマンが中心となって、機能派と診断派の折衷の試みが行われました。

　結局、パールマンが主張した、利用者を自ら解決する力を持つ主体的な存在ととらえて、利用者の**ワーカビリティ**を重視する「問題解決アプローチ」が主流になることで収束しました。

　ここで、「ワーカビリティ」について、少し説明を加えます。ワーカビリティとは、利用者の問題解決能力のことで、パールマンらの MCO モデルによれば、①利用者の動機づけ（問題を解決しようとする意欲、Motivation）、②能力（サービスを利用して、問題解決に取り組む力、Capacity）、③機会（サービスを利用する上の条件、Opportunity）の 3 点によって決まります。

POINT 診断派・機能派論争は、パールマンの問題解決アプローチなどによって、利用者を主体的な存在ととらえる方向で収束しました。

★用語★ **ワーカビリティ**
ワーカーの働きかけに応じてクライエントが問題解決を図る能力のこと。①意欲、②取り組む力、③機会の3点で決まる。

(2) ソーシャルワークの統合化（1960年代）

　1950年代は、アメリカで人種、犯罪、公害、失業、貧困の問題があらわになった時代でした。黒人への差別に反対する公民権運動が激しくなり、また、経済的な繁栄の中で根深く存在する貧困が再発見されて、貧困との戦いが政策課題となりました。

　こうした中で、「ソーシャルワークが社会問題としての生活問題を個人のパーソナリティの問題にすり替えてしまって、社会的解決を求めるクライエントを抑圧している」という批判が強くなり、ケースワークの限界が意識されました。

Check パールマンはこうした状況を「ケースワークは死んだ」と表現しました。

　久保紘章・副田あけみ『ソーシャルワークの実践モデル』（2005年）（川島書店）によれば、こうした混迷を打破する方法として、2つの試みが行われました。

　一つは、ケースワーク、グループワーク、コミュニティ・オーガニゼーションを統合化しようとする試みです。バートレットは、価値・知識・介入の3点をいずれのソーシャルワークにも共通する要素であるとしました。

　もう一つは、ソーシャルワークの対象は個人か社会（環境）かという二元論の克服の試みです。心理社会的アプローチ、問題解決アプローチ、機能派アプローチ、行動療法アプローチ、危機介入アプローチ、家族療法アプローチなどの様々な方法が誕生しました。

（3）システム論に基づくソーシャルワークの誕生（1970年代、80年代）

　1960年代に出てきた「ソーシャルワークの対象は個人か社会（環境）かという二元論の克服の試み」の結果、「個人と社会（環境）は相互に関係しており、その相互作用こそが焦点」という考え方に変わっていきました。

　その背景にあるのは、システム論や生態学、サイバネティックス理論などです。こうした理論を取り入れることで、利用者個人やその家族だけを対象とするのではなく、利用者とその家族を取り巻く環境との相互作用を視野に入れた支援を行うように変化しました。

　例えば、ジャーメインとギッターマンが提唱した「生活モデル」などがあります。

 　1970年代以降のソーシャルワークモデルは、利用者と環境との相互作用を視野に入れています。

　ここで背景となった理論について、ごく簡単に学んでおきましょう。

①システム理論

　システム理論は、様々な要素の集まりとして一つのものをとらえる考え方です。いろいろな要素は、お互いに関係し合うことで、その集まりとしての「もの」を維持・存続させます。この「もの」をシステムと呼びます。

　例えば、「家族」をシステムとしてとらえる場合には、構成要素である家族成員（父親、母親、子ども、祖父母など）の相互関係によって「家族」として成り立ち、存在する「家族システム」となります。システムとしてとらえることにより、システムの一つの要素である一人の家族成員に働きかけることで、家族全体に変化を起こす可能性があると考えることができます。

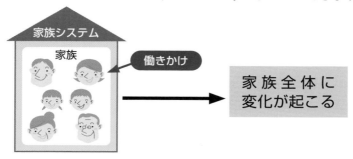

②生態学（エコロジー）

　生態学とは、生物と環境の間の相互作用を考える学問です。生物は、その環境から影響を受けると同時にその環境に対しても影響を与え、その結果としてその生物の置かれた状況が決まってくると考えます。

　これをソーシャルワークに応用すれば、利用者の置かれている状況は利用者と利用者の環境との相互関係の結果であると考えることができます。したがって、利用者に働きかけること、また、利用者の環境に働きかけることによって利用者が置かれている「問題のある状況」に変化をもたらすことができると考えます。

③サイバネティックス理論

　サイバネティックスは情報の自動制御システムです。

　サイバネティックスの考え方を人間に当てはめてみます。人間は、ある状況の中にいます。これをその人のシステムととらえると、この状況には、自分で制御できないもの（外部環境）と、制御できるもの（内部環境）があります。

　システムは、新しい情報がもたらされると、その情報について認知し、評価し、それに対してより良い結果を生じるように行動します。そして、自分の行動の結果を調べて、その結果を評価することによって次の行動を修正します。これをフィードバックといいます。フィードバックが連続的にシステムとして機能することによって、人間の存在システムが自動的に制御され、維持可能となるのです。

 **POINT**　システム理論・生態学・サイバネティックス理論のキーワードは相互作用です。

（4）利用者の強さに着目するソーシャルワークモデルの誕生（1990年代以降）

　1990年代になると、生態学やシステム理論に基づくジェネラリスト・アプローチとは別に、新しいソーシャルワークの実践モデルが発展しました。

　これは、援助者による客観的な評価よりも、利用者自身の主観的な力や強みを尊重する考え方です。ポストモダンの影響を受けています。

　利用者自身、あるいはその家族、地域などが持っていて、利用者が自分の強みだと思い、活用できる強みを「ストレングス」と呼びます。利用者の主

観的な「ストレングス」を活用することで、利用者をエンパワーメントし、問題解決に結びつけようとする考え方です。

　また、問題を援助者が客観的にとらえるのではなく、当事者による主観的な問題の定義づけ、状況の意味づけ、目標の設定を重視します。利用者自身の価値観や生き方、主体性を尊重しようと考えます。

　ストレングス・アプローチ、エンパワーメント・アプローチ、ナラティブ・アプローチなどのモデルが作られました。

　ソーシャルワーク理論の発展をまとめると次のようになります。

■ソーシャルワーク理論の発展・概要■

1910年代	ケースワークの体系化	COSに属するリッチモンド,M.が理論化。
1920年代	診断派の台頭	フロイトの精神分析学の影響。
1930年代	機能派の出現	利用者の意志を重視。援助機関の機能を活用。
1950年代	ケースワークの統合化	パールマン,H.、アプティカーによる診断派・機能派の統合（折衷モデル）。
1960年代	ソーシャルワークの統合化	バートレットが価値・知識・介入をソーシャルワークの共通要素と指摘。
1970〜80年代	システム論に基づくソーシャルワークモデルの誕生	環境と個人との相互作用に注目したアプローチが出現。
1990年代以降	利用者の強さに着目するソーシャルワークモデルの誕生	利用者の考えを重視。利用者の主観的な「ストレングス」を活用することで、利用者をエンパワーメントする。

Check ✓

　　現在の援助の実践において、相互作用と利用者のストレングスに注目することは非常に大切です。

2 ソーシャルワークのモデル

　これまでみてきたように、ソーシャルワークのモデルは様々な考え方に則り、改善・改良が重ねられてきました。ソーシャルワーク独自の理論というよりも、心理学等他の分野での考え方を応用しているモデルが多くなっています。

　主なものをまとめると、次のようになります。

■ケースワークの主な方法■

方法 （モデル、 アプローチ）	提唱 された 年代	主な論者	特　徴	背景にある 理論
問題解決 アプローチ	1950〜 1960 年代	パールマン,H.	診断派と機能派の折衷。 • 利用者を主体的な存在ととらえワーカビリティを重視する。 • 援助を、援助者と利用者のそれぞれの役割を通して進められる問題解決の過程と考える。	自我心理学
心理社会的 アプローチ	1960 年代〜	ホリス,F. ハミルトン,G. トール,C.	心理的社会的な治療を、環境の調整、心理的な支持、明確化、洞察の4類型に分けた（ホリス）。	精神分析、 自我心理学 など
危機介入 アプローチ	1960 年代〜	ラポポート,L. キャプラン,G.	危機に直面している利用者に対して積極的に介入して短期的な効果を求める。	危機理論 （精神保健 分野）
課題中心 アプローチ	1970 年代〜	リード,W. エプスタイン, L.	利用者が問題点だと自覚していることに着目し、その短期での解決を中心的な目標とする。	問題解決ア プローチ
行動変容 アプローチ	1970 年代〜	トーマス,E. フィッシャー, J.	行動療法を応用。 問題の原因を求めず、問題行動そのものを変化させようとする学習理論。	学習理論

生活モデル（エコロジカル・モデル）	1970年代〜	ジャーメイン,C.ギッターマン,A.	利用者を取り巻く環境に注目し、利用者と環境を一体のものととらえる。利用者の生活ストレスに対処する能力を高める。	生態学
エンパワーメント・アプローチ	1970年代〜	ソロモン,B.	利用者が自らの置かれている抑圧状況を認識し、自分の内に秘められた能力を強化して、自ら解決できるようにする。	生態学
解決志向アプローチ	1970年代〜	ド・シェイザー,S.	問題の原因を求めず、解決に役立つ資源（能力、強さ、可能性等）に焦点を当てて、活用する。解決方法を見出すため、ミラクル・クエスチョン（問題が解決した状況をイメージする）などの特徴的な質問をする。	短期療法
ストレングス・モデル	1990年代〜	サリービー,D.ラップ,C.A.ゴスチャ,R.	利用者の長所・強さに着目し、困難を克服することで問題解決を図る。	精神医学
ナラティブ・モデル	1990年代〜	バー,V.ホワイト,M.	利用者が語るストーリーを重視し、援助を通して新たなストーリーを作ろうとする。	社会構成主義

POINT ナラティブ・モデルは、科学主義・実証主義への批判から生まれ、利用者の主観を重視します。

3
❷ ソーシャルワークのモデル・アプローチを知ろう

ソーシャルワークの基本過程は、インテーク→アセスメント→プランニング→介入→モニタリング→事後評価（または再アセスメント）→終結→アフターケアです。

1 ソーシャルワークの「価値前提」を知ろう

　Chapter①で学習した「ソーシャルワークで大切な理念」は、ソーシャルワークの目指すところ、言い換えれば「目的」でした。ここで学ぶ「価値前提」は、ソーシャルワークを実践する上で前提となる考え方のことです。ブトゥリムによれば、ソーシャルワークには3つの「価値前提」があります。ソーシャルワークという、人の生き方に関わる仕事をする上で非常に重要な価値です。

　ブトゥリムの「価値前提」の第1は、人間尊重の原理です。人間は、その能力や行動に関係なく、人間であること自体で価値がある、という前提です。

　第2は、人間の社会性の原理です。人間はそれぞれ独自性を持った生きものですが、その独自性を貫くために、他者に依存する存在である、という前提です。

　第3は、人間の変化の可能性です。人間には変化、成長、向上の可能性がある、という前提です。

　これらの価値前提は、ソーシャルワークに固有のものではありませんが、人びとの生活を支援することができるのは、以上の3つの価値が前提とされるからです。

> **POINT**
> ブトゥリムによるソーシャルワークの価値前提は次の3点です。
>
> ❶人間尊重　　❷人間の社会性　　❸人間の変化の可能性

2 ソーシャルワークの基本的な展開過程を知ろう

（1）6つのPとは

　パールマンによれば、ソーシャルワークの要素は次の6点です。いずれもPから始まる単語ですので、パールマンの6つのPと呼ばれています。

①人（Person）

利用者のこと。生活課題を抱え、施設や機関等の援助を必要とする人。

②問題（Problem）

利用者が抱える生活課題のこと。利用者とその環境の間で生じている問題。

③場所（Place）

具体的に援助が行われる施設や機関のこと。

④過程（Process）

利用者と援助者の間の信頼関係を基盤に進められる専門的援助過程。

⑤専門家（Professional Person）

的確な知識をもつ支援者。

⑥制度（Provisions）

援助を行うために必要な制度。

上記の6点によって、専門的な援助が行われます。

 **POINT**

> パールマンの6つのP（①～④を「4つのP」ともいう）
> ①人（Person）　　②問題（Problem）　　③場所（Place）
> ④過程（Process）　　⑤専門家（Professional Person）
> ⑥制度（Provisions）

（2）基本の展開過程を知ろう

ソーシャルワークの過程は、基本的に次のようになります。

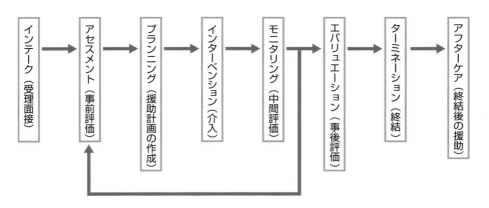

インテーク（受理面接）→ アセスメント（事前評価）→ プランニング（援助計画の作成）→ インターベンション（介入）→ モニタリング（中間評価）→ エバリュエーション（事後評価）→ ターミネーション（終結）→ アフターケア（終結後の援助）

相談援助を行うのには、一定のプロセスがあるのですか？

あります。専門的な援助は、最も効果的な援助ができるように、理論化・体系化された過程に則って行います。

①インテーク（受理面接。エンゲージメントともいう）

初めて利用者と会い、利用者の抱える生活課題について把握する。

利用者の話を傾聴し、利用者の悩みを受け止めながら、問題の把握に努めます。

この過程では、問題の把握・スクリーニング、利用者との信頼関係（ラポール）の形成、利用者の問題解決意欲を高める、援助者の機関では十分な支援ができない場合に適切な他の機関を紹介する、などの機能を果たします。

②アセスメント（事前評価）

情報を集め、利用者とともに問題点を明らかにする。

情報には、利用者の生活歴、家族構成、抱えている問題の内容、利用者の職場や学校の環境など様々なものがあります。情報をばらばらに集めるだけでなく、問題解決に役立つように構成していきます。

また、社会福祉士の行動規範にも書かれていますが、情報の収集は必要最低限度に留めます。

③プランニング（援助計画の作成）

利用者とともに、具体的な援助方法を決定する。

アセスメントの結果、利用者が抱える問題を解決するために、何をしなければならないかが明確になるので、その目標に向かって、適切な援助計画を作成します。

援助計画の作成においては①利用者と環境との相互作用を考慮する、②具体的で実行可能な計画にする、③利用者の参画を得て作成する、④長期的目標の下に短期的目標を設定する、ことが大切です。

④インターベンション（介入）

実際に援助を行う。

　介入には、面接などで利用者に直接働きかける援助と、社会資源を用いて利用者に働きかける援助があります。その両方を活用します。そして、援助者が主導権を握ってしまうのではなく、利用者の主体性を重視します。

⑤モニタリング（中間評価）

援助の経過を観察し、効果があったかを評価する。

　評価の結果、課題が解決されたと評価された場合や、これ以上の効果を望めない場合は、援助は終結に向かいます。課題が未解決である、あるいは新たな問題が発見された場合はアセスメントに戻り、新たによりふさわしい計画を立てて援助を行います。

⑥エバリュエーション（事後評価）

事後的に援助の効果を評価する。

　援助過程が終了する前に、援助の終結段階において、援助の目標が達成されたか、未解決のままの課題や新たな課題がないかを評価します。

⑦ターミネーション（終結）

意図的に援助を終了する。

　終結は、エバリュエーションの結果、課題が解決されたと評価された場合だけでなく、これ以上の援助に効果が期待できない場合にも行います。いずれの場合も、援助の過程をまとめるために、意識的に終結を準備します。

⑧アフターケア（終結後の援助）

　終結後もアフターケアを行い、利用者に何か問題が生じた場合には、相談に来られるようにしておきます。また、利用者に対し、追跡し評価することをフォローアップといいます。

　援助の過程では、どの過程においても、利用者と環境の相互作用という視点を忘れないことが大切です。

3
❸
ソーシャルワークの展開過程を学ぼう

（3） 援助の評価方法を知ろう

　援助について評価するには、大きく分けて、効果測定（アウトカム評価）とプロセス評価の方法があります。

　効果測定とは、援助実践の結果を観察・分析し、援助の効果を評価するもので、主なものをまとめると、次の表のようになります。

■効果測定の種類■

	方法名	特　徴
量的方法	集団比較実験計画法	調査対象を、援助を受ける人々（実験群）と援助を受けない人々（比較統制群）に無作為に分けて、結果を比較する方法。
	グランプリ調査法	いくつかの援助方法を行い、その結果を比較する方法。
	メタ・アナリシス法	ある援助方法についてこれまでに行われた複数の調査を共通の尺度によって統合し、援助効果について検討する方法。
質的方法	単一事例実験計画法	一人の対象者や一つのシステムについて、援助を行う前（A：ベースライン期）の状況と援助を行った後（B：インターベンション期）の状況を比較する方法（ABデザインという）。
	事例研究法	あるケースについて、詳細な記録を基に援助の成果について検討する。

　これに対して、プロセス評価とは、援助がどのような経過を経ているかを評価するものです。援助プランの実施状況をモニタリングして、利用者と援助者の関係やニーズの変化などについて評価します。

 **POINT**　評価には、援助実践の結果を観察・分析する効果測定と、援助の経過を評価するプロセス評価があります。

3 グループワークの展開過程を学ぼう

（1）グループワークとは

　ソーシャルワークのうち、援助をグループで行うことが効果的な場合があります。歴史的には、セツルメント運動や YMCA のような青少年育成プログラムを源流とし、グループワークとして発展してきた方法です。

　コノプカ, G. の定義によれば、グループワークとは「意図的なグループ経験を通じて、個人が社会的に機能する力を高め、個人、集団、地域社会の様々な問題に、より効果的に対処し得るよう人びとを援助するもの」です。

　ケースワークのように援助者と利用者が 1 対 1 で向き合うのではなく、複数の利用者が、援助者と利用者が共同で設定したプログラムに参加することによって行われます。利用者は、グループ活動を通して生じる参加者同士の相互作用である「グループダイナミクス」の効果によって相互援助作用が生じ、社会性の向上や問題解決などを図ることができます。グループワークの理論モデルには、次のようなものがあります。

■グループワークの理論モデル■

モデル	主な提唱者	特　徴
社会的諸目標 モデル	トレッカー、 ギルバート、 コノプカ ,G.	・セツルメント、青少年育成などで伝統的に行われる。 ・グループワークを通して、利用者の社会的適応性を高め、問題解決を図る。
矯正モデル （治療モデル）	コノプカ ,G.、 ヴィンター	・グループ参加者の治療、矯正を目的とする。 ・障害者、犯罪者、社会的に孤立した人などが主な対象。
相互作用 モデル	コイル、 シュワルツ	グループを媒体として、個人と社会組織が相互援助システムとして機能する。背景となる理論はレヴィンの集団力学（グループダイナミクス）。

Check　グループワークは、セツルメント運動、YMCA などが源流です。参加者の相互作用（グループダイナミクス）を活用します。

（2）グループワークの構成要素

　グループワークは、複数の参加者がいる、ということが最も特徴的です。そのために、ケースワークとは異なる原則・展開過程・効果が生じます。

■グループワークの構成要素■

構成要素	内容	援助者が留意すべきこと
❶個々の参加者	グループ援助のニーズを持った利用者	• 家族など関係者のサポートグループも重要。 • 同じ悩みを持つグループ（セルフヘルプグループ）の活動を活発化させるとよい。
❷参加者のグループ	2人以上の利用者からなる相互作用を持つ集団	• 利用者個人を理解すると同時に、集団として理解するように努める。 • 当初は、メンバー間で対立が起こることが多い。その危機を乗り越えるとグループが成長する。凝集性が高くなり、グループへの帰属意識である「われわれ感情」が生まれ、独自の規範ができる。 • グループ生成過程でメンバー間に相互作用が働き、このグループダイナミクスが効果を持つ。
❸プログラム活動	グループワークの媒体	• 利用者に働きかけ、動機づけをし、メンバー間の相互援助機能を引き出すための具体的な手段。 • 基本的には活動の成果よりも過程が重視される。 • プログラムは参加者の興味とニーズに応じて選択されるべきであるため、決定段階から利用者の参加を促す。
❹グループワークの場	グループワークを行う組織と実際の場所	• 施設においては、専門職間で意思疎通を図り、入所者の生活意欲を向上させ施設生活への適応を高めるように配慮する。
❺援助者	援助者は、側面的支援を行う	• 援助者もグループメンバーの一員である。 • 援助者の効果的な働きかけで援助効果が生じる。
❻社会資源	施設、ボランティアなど	• 必要なプログラム活動を行うために他の施設、機関、専門家、ボランティアなどを積極的に活用する。

 グループワークの構成要素は❶個々の参加者、❷参加者のグループ、❸プログラム活動、❹グループワークの場、❺援助者、❻社会資源です。

（3）グループワークの原則

グループワークでは、次のような方法を用います。

> ●**グループワークの原則（コノプカの 14 の原則より主要点）**
>
> ・**個別化**…利用者一人ひとりをみる視点とグループをみる視点の両面での個別化が必要。
>
> ・**受容・共感**…援助者が利用者を受け入れ、共感を持って接する。
>
> ・**参加・協力**…利用者は能力に応じてグループ活動に参加し、協力する。
>
> ・**制限**…利用者が自分や他の参加者を傷つけることなく、安心して参加できるようにする。
>
> ・**自己活用**…援助者は自分自身を援助の道具として活用する。
>
> ・**葛藤解決**…利用者が問題を解決できるように支援する。

（4）グループワークの展開過程

グループワークは、①準備期→②開始期→③作業期→④終結期の順に展開します。

①準備期　～第1回会合までの準備

援助者は利用者のアセスメントを行い、グループワークの中で生じ得る事態を想定しておきます。これを**波長合わせ**[*]といいます。

課題、目標、参加者の人数、開催時間、回数、期間などを明確化します。

②**開始期　～第１回会合から集団として動き始めるまで**

　援助関係を作ります。また、利用者に計画段階から参加してもらい、プログラムを作成します。

③**作業期　～集団活動が展開する時期**

　グループダイナミクスを活用した援助を行います。側面からの援助とします。

④**終結期　～援助関係をまとめ、利用者の次の段階への移行を援助する段階**

　援助過程を利用者とともに評価します。

波長合わせ
シュワルツが提唱した概念。援助者が参加者の生活課題や生活史、感情などについてあらかじめ調べ、理解しておくことをいう。

（5）グループワークの効果

　グループワークには、グループの中のやり取りを見聞きする（＝観察する）ことで自分の状況をとらえなおすことができる観察効果、自分の抱えている問題と似たような問題を他の参加者も抱えていることを知り、気持ちが楽になる普遍化、気持ちや感情を言葉や行動として外部に表出して心の緊張を解消するカタルシス（浄化）などがあります。

 グループワークの効果は❶観察効果、❷普遍化、❸カタルシスなどです。

援助者は、グループの参加者個々人とグループ全体の両方を視野にいれて観察し支援することが必要です。

ソーシャルワークの効果を高める上で、ケアマネジメント、スーパービジョン、リハビリテーションなどの方法や、ICF モデルによる整理、記録技術などが有効です。

1 ケアマネジメントの方法を理解しよう

　ケアマネジメント（ケースマネジメント）とは、利用者の地域における生活を丸ごとサポートするために、利用者の様々なニーズを把握し、それぞれに対応したサービスを組み合わせて利用者に提供する援助方法です。社会資源をコーディネートする技術が求められます。

　1970 年代に、イギリスを中心に用いられるようになりました。

　ケアマネジメントには、次の 2 側面があります。

❶利用者志向モデル（ニーズ優先アプローチ）

…利用者が地域で安定した自立生活を送れるよう、ニーズに合わせて様々な資源を活用することを目的とする。

❷サービス提供者志向モデル（サービス優先アプローチ）

…地域の資源を効果的・効率的、総合的に提供することで入院・入所をできる限り回避し、医療・福祉の費用を節約することを目的とする。

　わが国の介護保険制度におけるケアマネジメントは、施設入所者に対するサービス利用計画作成も含めていますが、もともとは、地域生活をサポートするための技術です。**フォーマルサポート**[★]だけでなく、**インフォーマルサポート**[★]も組み合わせたサービスを提供します。

 ★用語★

フォーマルサポート
公的機関や民間企業の専門職などが措置や契約に基づいて提供する支援。

インフォーマルサポート
家族・近隣住民・ボランティアなどが好意などに基づいて提供する支援。

■フォーマルサポートとインフォーマルサポートの比較■

	サービス供給主体	供給根拠	特徴
フォーマルサポート	社会福祉法人、民間営利事業、行政等	契約、措置	長所：継続的、専門的な安定したサービスを提供できる 欠点：画一的になりやすい
インフォーマルサポート	家族、親戚、知人、隣人、ボランティア	好意	長所：利用者の個別事情に配慮できる 欠点：継続性・安定性が保証されない

 Check ✓

ケアマネジメントは、様々なニーズを持つ利用者の地域生活を丸ごと支援するために、複数のサービスを組み合わせて提供する援助方法です。

2 ネットワーキングについて知ろう

ネットワーキングは、利用者の地域生活を支援するために、親戚・近隣住民・施設・機関などを、連携のとれた一つのまとまりである「ソーシャル・サポート・ネットワーク」に作り上げることです。

ソーシャル・サポート・ネットワークには、ケアマネジメントでみたフォーマルサポートとインフォーマルサポートの両方のサポートを組み入れて、多くの関係者による支援の関係網にします。

 POINT

ネットワーキングにはフォーマルサポートとインフォーマルサポートを組み入れます。

3 スーパービジョンについて知ろう

スーパービジョン*とは、経験豊かな援助者（スーパーバイザー）が、まだ経験の浅い援助者（スーパーバイジー）に対して、援助方法などについて指導することです。

援助者の能力を向上させるだけでなく、燃え尽き症候群を予防するために も有効な方法です。

次のような機能があります。

●スーパービジョンの機能

❶教育的機能…スーパービジョンを受ける未熟な援助者（スーパーバイジー） が、より有効な援助をできるようにする。

❷管理的機能…スーパーバイジーが、組織の目的に沿って援助できるように する。

❸支持的機能…スーパーバイジーの心情を理解しサポートすることで、スー パーバイジーの意欲を高める。

★用語★ スーパービジョン
経験豊かな援助者が、経験の浅い援助者に援助方法などを 指導すること。

4 リハビリテーションについて知ろう

（1）リハビリテーションとは

リハビリテーションは、1982年の国連総会で決議された「障害者に関す る世界行動計画」において次のように定義されています。

リハビリテーションとは、身体的、精神的、かつまた社会的に最も 適した機能水準の達成を可能とすることによって、各個人が自らの人 生を変革していくための手段を提供していくことをめざし、かつ時間 を限定したプロセスである。

（2）リハビリテーションの分類

リハビリテーションには大きく分けて次の4つの領域があります。

①医学的リハビリテーション

　医学的リハビリテーションは、疾病の急性期、回復期、維持期を通して、医学的に、身体的な運動機能の障害などの軽減・回復を図るものです。

　例えば、脳血管疾患の場合、早く始める方が後遺障害が軽くなるので、発症後に危険がなければ急性期からリハビリを始めます。順調に機能が回復するケースばかりではありませんが、関係する医療スタッフ（医師、理学療法士、作業療法士など）の連携によるチームアプローチにより、根気強く可動域を拡げる訓練などを行います。回復期を過ぎ、維持期になってからも続けます。

②教育リハビリテーション

　教育リハビリテーションは、障害児に対して、自立と社会適応のために行う教育的な支援です。障害児には、肢体不自由児、知的障害児、視覚障害児、聴覚障害児、病弱児、重複障害児、発達障害児等が含まれます。

　近年では、特殊教育ではなく、特別支援教育として、特別なニーズを持つ子どもの自立と社会適応のために、個別に対応する考え方が重要になってきました。

③職業リハビリテーション

　1955（昭和30）年の国際労働機関（ILO）の定義によれば、職業リハビリテーションとは、「職業指導、職業訓練、職業選択などの職業的なサービスの提供を含んだ継続的、総合的なリハビリテーションの一部であって、障害者の適切な就職の確保と継続ができるように計画されたもの」です。

　障害者の就職を支援することは、障害者の経済的自立と社会参加を促すことになります。障害者の就労支援は、身体障害者福祉法の制定で重視され、障害者総合支援法においても重要視されています。

④社会リハビリテーション

　社会リハビリテーションは社会生活力（SFA：Social Functioning Ability）、すなわち、社会の中で適応して生活していく能力を高めることを目的としています。

　社会生活がスムーズにできるように、健康管理や金銭管理、介助や住宅の問題、コミュニケーション能力、地域活動や就労、余暇の過ごし方、権利行使などの様々な側面を支援します。それによって、障害者の社会参加を妨げるもの（バリア）を取り除こうとします。

　現在は、運動療法、心理療法、食事指導、薬物療法、禁煙指導等も含めた

総合的なリハビリテーション方法として包括的リハビリテーションも進められています。

リハビリテーションは、身体機能回復のための運動のことですか？

身体機能回復運動もリハビリテーションの一つですが、それだけではなく、全人間的な権利の回復を目指すものです。
医学的リハビリテーションのほか、教育、職業、社会リハビリテーションがあります。

5 国際生活機能分類（ICF）の考え方を理解しよう

国際生活機能分類（ICF）は 2001（平成 13）年に WHO が作成したもので、国際障害分類（ICIDH）の改訂版です。

ICIDH は、1980（昭和 55）年に WHO が発表した国際疾病分類の補助版で、機能障害、能力障害、社会的不利の 3 つのレベルで分類し、

機能障害➡能力障害➡社会的不利

という一方向だけの関係を考えました。身体的な機能の障害というマイナスの側面がまずあって、それが能力障害を引き起こし、結果として社会的不利が生じる、という考え方による分類でした。

これに対し、障害当事者の参加を得て作成された ICF は、障害のある人だけでなく、すべての人の健康状況と健康関連状況を分類したものです。身体、個人、社会という 3 つの視点から、「心身機能・身体構造」と「活動と参加」という 2 つの基本リストに分類し、障害がある状態を次のように考えます。

心身機能・身体構造に障害がある状態＝機能・構造障害
活動に障害がある状態＝活動制限
参加に障害がある状態＝参加制約

障害がない状態として健康な状態をとらえることもでき、心身機能・身体構造、活動、参加という 3 側面を総合して生活機能ととらえます。また、それぞれに影響する背景因子として環境因子と個人因子を考えます。

このように、相互作用を考えることで、あらゆる状態を把握することができる統合モデルになっています。

■国際生活機能分類（ICF）に沿った支援■

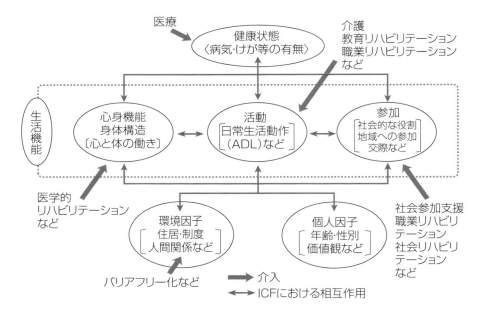

 「ICF の使用に関する倫理的ガイドライン」では、自己決定権の尊重が明記されています。

6 記録の方法を知ろう

（1）記録の目的は

記録には、援助過程における援助者の責任を明確にする、援助過程を見直すときの資料にする、という目的があります。

特に、現在の福祉の実践では契約に基づくサービス提供が中心ですので、サービス提供の内容が契約と合致するものであることを示すために、記録することが必要になります。

（2）記録上の注意事項

　記録は、開示することを前提としており、他の専門職と情報を共有する必要も生じますので、他人にわかりやすい記述にすることが求められます。

　また、客観的な事実と主観的な事柄を混同しないように注意が必要です。援助記録の種類には、次のようなものがあります。

■援助記録の種類■

ケース記録	具体的なケースワークの状況（介入内容、利用者の反応、状況の変化など）を記録。
グループ記録	具体的なグループワークの内容（プログラム内容、グループワークの過程、メンバー同士の相互関係など）を記録。
フェイスシート	利用者に関する基本的な情報。氏名、年齢、居住地、家族構成、主訴など。
ケース・ヒストリー	利用者の問題のこれまでの状況を記録した生活史。問題の背景を把握できる。
マッピング	エコマップ、ジェノグラム、ソシオグラムなど。利用者を取り巻く環境を視覚的に整理できる。

　マッピングについては、次のような技法があります。

エコマップ	ハートマンが考案。生態地図。社会関係地図。クライエントが置かれている状況を図式化するもの。
ジェノグラム	世代関係図。家族関係図。3世代以上の家族の関係を図式化。
ソシオグラム	成員間の選択・拒否関係を図式化したもの。小集団における人間関係の構造を明らかにする。

【マッピング技法の例題】

　A子さん（40歳）は、夫（42歳）、長女（13歳、中学生）、長男（8歳、小学生）、義父（75歳）の5人で暮らしている。義母は死亡。

- -

　夫は仕事中心である。長女は中学生になってから不登校気味である。長男はスクールカウンセラーから注意欠陥／多動性障害の可能性を指摘されている。

- -

　先日、義父が散歩中に迷子になるという事件が起きた。A子さんは、以前から子どもをめぐって関係が良好でなかった義父が認知症が疑われる症状をみせたことで、義父との同居を非常に重荷に思い、地域包括支援センターに相談に訪れた。

- -

【エコマップの作成例】

　なお、近年では、個人情報の保護について厳密に行うことが要請されています。2003（平成15）年に個人情報の保護に関する法律が制定され、個人情報取扱事業者に対して、生存する個人の情報は利用目的を特定し通知すること、情報を適正に取得し管理すること、苦情処理をすることなどが義務づ

けられました。2017（平成29）年には、①マイナンバーなどの特定の個人を識別できる情報を「個人識別符号」として定義、②本人への不当な差別等が生じる可能性のある個人情報を「要配慮個人情報」として定義、③匿名化した情報を「匿名加工情報」として定義、などの改正法が施行されました。

2022（令和4）年には、①氏名等を削除した情報を「仮名加工情報」として定義、②保有個人データの開示方法の本人による指定、などの改正法が施行されました。

さらに、2024（令和6）年にも改正法が施行されました。主な点は下記の通りです。

①個人情報保護法、行政機関個人情報保護法、独立行政法人等個人情報保護法を統合・一本化するとともに、地方公共団体の個人情報保護制度についても改正法を適用し、全体の所管を個人情報保護委員会に一元化。

②国公立の病院、大学等に民間の病院、大学等と同等の規律を適用。

③学術研究に係る適用除外規定について、統合後の法律を適用し、義務ごとの例外規定として精緻化。

④個人情報の定義等を国・民間・地方で統一するとともに、行政機関等での匿名加工情報の取扱いに関する規律を明確化。

7 面接技術を学ぼう

相談援助では、利用者と面接することが非常に重要です。

面接には、あらためて面接の時間をとる場合だけでなく、日常の生活場面で行う生活場面面接もあります。この場合には、利用者がリラックスした状態で面接ができますが、秘密保持には十分に配慮します。

面接においては、次ページのような技術が有効です。

❶利用者が話しやすいように、正面ではなく90度の位置などに座る。

❷時折相づちをうつ、うなずく、利用者の言葉を繰り返す、まとめるなどして、話を傾聴していることを態度で示す（応答技法）。

❸利用者が沈黙した場合は、利用者にとって心理的に重要な話題である場合があるので、無理のない範囲で沈黙を大切にして、利用者の次の言葉や行動を待つ。

❹利用者が自分の言葉で多くを語ることができるように「開かれた質問（オープンクエスチョン）」を心がける。「はい」「いいえ」で答える「閉じた質問（クローズドクエスチョン）」は通常はあまり用いない。

❺利用者の態度や視線、声の調子などの言葉以外の表現をよく観察する。

❻援助者の価値観で面接を方向づけないように注意する。

なぜ「閉じた質問」は
使わないのですか？

利用者から聞ける情報が限られ、利用者の問題解決力を引き出しにくいからです。ただし、利用者に言語障害などがあって話しにくいときには「閉じた質問」を使って、利用者が答えやすいようにすることも大切です。

Chapter ❺ 社会福祉調査の方法を学ぼう

社会福祉士に社会資源の開発が期待されるようになっています。そのためには、まず福祉ニーズを的確に把握することが必要です。そのための手法が社会調査です。

1 社会福祉調査とは

　社会調査とは、社会の状況把握のため、ある関心項目についてデータを収集し分析することです。結果を公表して社会に還元することが求められます。福祉分野でもニーズの把握などに利用されており、それを社会福祉調査とよんでいます。正確に把握するためには、①客観的であること、②データ収集、処理、分析を統計学に基づいて行うことが必要です。

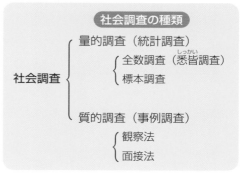

社会調査の種類

社会調査 ┬ 量的調査（統計調査） ┬ 全数調査（悉皆調査）
　　　　　│　　　　　　　　　　└ 標本調査
　　　　　└ 質的調査（事例調査） ┬ 観察法
　　　　　　　　　　　　　　　　 └ 面接法

2 統計法について知ろう

　統計法は 2007（平成 19）年に全部改正されました。公的統計は行政利用だけではなく社会全体で利用される情報基盤とされたため、統計の研究や教育など公益に資するために使用される場合は、調査票情報を二次的に利用することも可能です。また、公的統計のうち、行政機関が作成する統計の中で特に重要な統計（公的統計の中核となるもの）を**基幹統計**★と定めています。

●基幹統計の種類　❶国勢統計（第 2 条第 4 項第 1 号、第 5 条）
　　　　　　　　　❷国民経済計算（第 2 条第 4 項第 2 号、第 6 条）
　　　　　　　　　❸その他総務大臣が指定した統計
　　　　　　　　　　（第 2 条第 4 項第 3 号、第 7 条）

★用語★　**基幹統計**
行政が作成する公的統計の中で、中核となる重要な統計。
国勢統計、国民経済計算のほか総務大臣が指定する。

3 社会調査に求められる倫理を理解しよう

　社会調査を行う場合には、調査の質を維持し、調査対象の人びとのプライバシーを守るために必要な倫理があります。一般社団法人社会調査協会が宣言した「社会調査協会倫理規程」によると、重要な点は次の通りです。

❶社会調査は科学的な手続きに則り、客観的に実施する。

❷社会調査は、国内法規及び国際的諸法規を遵守して実施する。

❸調査対象者の協力は、自由意志によらなければならない。

❹調査者は、調査対象者から求められた場合、調査データの提供先と使用目的を知らせ、調査データが当該社会調査以外の目的には使用されないことを保証する。

❺調査者は、調査対象者のプライバシーの保護を最大限尊重し、社会調査に協力したことによって調査対象者が不利益を被ることがないようにする。

❻調査者は、調査対象者を性別や障害の有無等によって差別的に取り扱ってはならない。

❼調査対象者が年少者である場合には、調査者は特にその人権について配慮する。満 15 歳以下の場合は、保護者、学校長など責任ある成人の承諾を得る。

❽記録機材を用いる場合には、調査対象者に、調査の目的及び記録機材を使用することを知らせ、要請があった場合には、当該部分の記録を破棄または削除しなければならない。

❾調査者は、調査記録を安全に管理する。特に、調査票原票、標本リスト、記録媒体の管理を厳重に行う。

POINT

社会調査を行うにあたっては、対象者の意思、プライバシーなどの対象者の権利を最優先することが必要です。

4 量的調査の方法を学ぼう

(1) 調査対象の選び方

　量的調査には、調査対象（母集団）をくまなく調査する全数調査（悉皆調査）と、調査対象の一部（標本）を抽出（サンプリング）して調査し、統計的手法を用いて母集団全体の性質を推計する標本調査があります。

　全数調査の代表例には全ての日本在住者を対象とする国勢調査があります。調査対象全員について信頼性のあるデータが得られますが、調査に時間・労力・費用がかかり過ぎる欠点があります。また、質問項目が限定されてしまうため、大まかな基礎的事項に関するデータしか入手できない、という欠点も指摘されます。

　その他のほとんどの調査は、標本調査です。

　標本調査には、例えば、テレビの視聴率調査や商品の抜き取り調査などがあります。調査結果は全体を代表するようにしなければなりません。つまり、標本抽出の方法（サンプリング方法）が非常に重要になります。

　最も偏りがないサンプリングの方法は「無作為抽出法（ランダム・サンプリング）」です。「無作為」とは、調査者の意思が働かない、という意味です。母集団に含まれるすべての個体について、それが標本に選ばれる確率が等しくなるように抽出します。確率抽出法ともいいます。

　これに対し、「有意抽出法」とは、調査者の意図によって、つまり主観的に母集団から抽出する方法で、偏りが生じます。確率によらないので、非確率抽出法ともいいます。例えば、かつらの有用性について調べたい場合に、毛髪の薄い人だけを選んで調査するような方法です。

 **POINT**　標本調査は、無作為抽出法（＝確率抽出法）によって標本を抽出します。

(2) 調査回数の選び方

　調査の種類には、1回の調査において様々な種類のデータを収集・分析する「横断調査」と、同一の対象について、複数回の調査（追跡調査）を行う「縦断調査」があります。

横断調査では、様々な種類のデータ（クロス・セクショナル・データ）を収集し分析することにより、異なる条件の下ではどのように異なるデータが生じるかを考察することができます。

縦断調査には、同一集団について、調査対象を替えながら繰り返し調査する「繰り返し調査」と、同一対象に対して繰り返し調査する「パネル調査」があります。パネル調査は同一対象を継続的に調査し、同一個人の時系列の変化を分析します。家計行動などの分析に有効ですが、調査の途中で調査対象が回答しなくなりデータが減少する「パネルの摩耗」の問題が生じます。

縦断調査では同じ対象について時系列データを収集することで、時間的にどのような変化が生じたかを考察することができます。

（3）データ収集の方法

量的調査のデータの収集方法は質問紙法が中心です。アンケート用紙などの調査票を用います。

調査票の作成においては、一つの質問に複数の論点が盛りこまれてしまう**ダブルバーレル質問**[★]や、あらかじめ決まったイメージを持たれているステレオタイプの言葉遣いを避けること、また、質問の並べ方によって、次の答えに影響が生じる**キャリーオーバー効果**[★]が生じないようにすること、などが必要です。

**★用語★**

ダブルバーレル質問
一つの設問に複数の論点が入る質問。
例） たばこやお酒は召し上がりますか？

キャリーオーバー効果
質問の並べ方によって、次の答えに影響が生じること。
例） 老人の孤独死が起きたことを知っているか尋ねた上で、
　　　老親と同居するべきと思うかを質問する。

また、その実施方法には、対象者が自分で記入する自計式の調査と、調査員が記入する他計式調査があります。各々、次ページのような特徴があります。

	方法名	配布・回収の方法	長　所	短　所
自計式	郵送法	対象者に依頼文・質問紙・返信用封筒を郵送し、回答後に返送してもらう。	コストが低い。	回収率が悪い。
	集合法	対象者の集まる場所で質問紙を配布し、その場で回答してもらう。	回収率が高い。	一種の集団効果が生じてバイアスがかかりやすい。
	配票法（留置法）	調査員が対象者の自宅などを訪問して説明し、質問紙を置いていく。対象者に回答してもらい、一定期間後に調査員が再度訪問して回収する。	回収率が高い。	調査対象者ではなく家族が回答する可能性がある。
	インターネット調査	インターネット上で対象者を集め、回答してもらう。	費用・時間・労力の節約になる。	回答者がインターネット利用者に限定される。本人が回答したか確認が困難。
他計式	RDD（Random Digit Dialing）	調査員が対象者に電話で質問し、調査員が回答を記入する。	短時間で調査可能。地理的に離れている場合も実施できる。	多数の質問、複雑な質問がしにくい。調査対象者が偏りやすい。
	個別面接法（訪問面接法）	調査員が対象者の自宅などを訪問し、質問文を読み上げて回答してもらい、調査員が記入する。	最も正確に本人の意見を反映。	調査員の能力で調査の質が変わる。コストがかかる。

3

❺

社会福祉調査の方法を学ぼう

（4）量的調査の進め方

量的調査を行う時には、次のような手順で進めます。

---

❶調査目的・課題の明確化

- 何を知る必要があるのかを明確にし、先行研究・調査を調べて、今回の調査で明らかにすべきことをはっきりさせる。
- 作業仮説を立てる。

❷調査の企画・準備

- 調査単位（個人、世帯、施設など）、母集団、全数調査か標本調査か、標本抽出方法、調査方法の決定。
- 質問項目の作成。ダブルバーレル質問やキャリーオーバー効果に注意。
- 実施にかかる関連費用の算出、調査員の確保などの実施準備。

❸調査の実施

- 調査員が必要な活動をしているか、回収票に記載ミスや記載漏れがないかをチェックする。
- 調査対象者からの苦情への対応、回答者への礼状送付も行う。

❹調査結果の整理・集計・分析

- 回収票が有効であるか、回答内容が論理的に矛盾していないかをチェックする。
- 自由記述の回答を、一定基準により分類して集計可能な形式にする（アフターコーディング。カテゴリーごとに記号〔コード〕を付ける）。
- コンピュータへ入力、入力ミスをチェック。
- 単純集計、クロス集計（複数の変数の場合）で結果を集計する。
- 基本的な分析、仮説検定を行う。

❺結果報告

- 調査と検討の成果を公表し、社会に還元する。

---

5 質的調査の方法を学ぼう

　質的調査は、個別の事例について調べます。個々のデータから仮説を生成する時に有効な方法です。データ収集には、観察法と面接法を用います。

（1）観察法

　観察法は、質問紙を用いるのではなく、調査員が調査対象を観察することによってデータを収集する方法です。

　あらかじめ観察方法や調査内容を決めてそれに沿ってデータを集める統制的観察法と、方法や内容についてあらかじめ決めることなく、状況に応じてデータを収集する非統制的観察法があります。

　非統制的観察法には、調査者自身が対象集団の一員となり、活動に参加しながら観察する方法のほか、ワンウェイ・ミラーなどを用いて、対象集団の外部から観察する方法もあります。

　いずれの場合も、調査者の主観に影響されやすいので、複数の調査者を配置する、ビデオなどを用いて記録する、などの工夫が必要です。

（2）面接法

　面接法は、調査者が自らの関心事項に関する回答が得られるように練り上げた質問項目に基づいて、調査対象者と面接を行い、対話の中で得た回答を記録し、データとして収集・分析するものです。

　構造化面接法では、あらかじめ質問項目や順序を決めておき、どの調査対象者に対しても同じ順序で質問します。

　これに対し、自由面接法（非構造化面接）では、質問項目を1～2項目は準備しますが、対象者の自発的な「語り」を重視するものです。このため、質問の順序は一定ではなく、新たな質問項目が加えられることもあります。

　また、半構造化面接は構造化面接と自由面接の中間に位置づけられる方法で、質問項目を一定数作っておき、調査対象者にある程度その質問項目に沿った回答をしてもらってから、自由に語ってもらうものです。

　なお、面接法には、個別の面接とグループで行う面接があります。

　グループ面接（フォーカス・グループ・インタビュー）では、グループメンバーの相互作用によって、より幅広く、突っ込んだ意見を聴くことができ

3

5

社会福祉調査の方法を学ぼう

る場合があります。非構造化面接や半構造化面接で行われることが多いのですが、その場合も、質問内容や討議ルールなどを示した**インタビューガイド**を準備します。

（3）質的調査のデータの整理と分析方法

①グラウンデッド・セオリー・アプローチ

　グラウンデッド・セオリー・アプローチは、アメリカで、看護学において定着した質的調査の分析手法です。**データ収集**と分析を同時並行で行う点が特徴的です。調査者は、まず、インタビューや観察などによって得られた結果をテープ起こしなどによって文章化します。その文章中にある特徴的な単語などを抽出して**コード化**します（アフターコーディング）。その上で、**コード**をカテゴリーに分類して分析し、**仮説**を構築します。さらに**データ**を収集し、同様の作業を繰り返し、これ以上新しい概念やカテゴリーが出てこなくなったら「理論的飽和」に至ったと考え調査を終了します。

　仮説生成に有効な方法です。

②KJ法

　川喜田二郎の開発による現地調査の結果を整理するための技法です。

　調査やブレインストーミング等で集まった情報を個々にカードに書き出し、内容によってグループ化し、適切な見出しを付けていきます。その後、グループごとの見出しを見比べて、それぞれの論理的な関係性をみつけ、問題の本質や問題解決の糸口をみつけていきます。

③アクション・リサーチ

　アクション・リサーチは、現在ある問題を解決するために、研究者が当事者と協働して行う方法です。調査であると同時に、**問題解決**の実践でもあります。計画➡実行➡内省➡計画改善➡実行➡……を繰り返し、問題の解決を図ります。

POINT　グラウンデッド・セオリー・アプローチではデータを収集しながらデータの**カテゴリー付け**を行って、データの関係について**仮説**を構築します。

PART 4

ソーシャルワークを提供する組織について学ぼう

対応試験科目

◆ 心理学と心理的支援
◆ 社会学と社会システム
◆ 福祉サービスの組織と経営

社会福祉士が利用者を支援するときには、多くの場合、組織に属します。官僚制、ネットワーク型組織などの基本型があり、その中で有効な組織の形成やリーダーシップが求められます。

1 組織の類型を知ろう

（1）組織とは

アメリカの経営者・経営学者であるバーナードによれば、組織とは、2人以上の人々が、ある目的や目標を遂行するために生まれるものです。

そうであるならば、「組織」といえる人の集まりは、多種多様にありそうですね。中学校の部活も、学生時代のサークル活動も、ご近所で行う趣味の集まりも、会社も役所も「組織」であるといえます。もちろん、社会福祉士が属することの多い社会福祉法人やNPOも組織です。

> ●組織の要件
>
> ・共通目標　　　　　・協働意欲　　　　　・コミュニケーション

（2）官僚制

様々な近代の組織の中で、最も効率的な組織であるといわれるのが近代官僚制（以下、「官僚制」と省略）です。

ヴェーバーによれば、官僚制とは、大規模な組織において目標を能率的に達成するための合理的な分業体制です。

特徴として、次の点を挙げています。

> ●官僚制の特徴
>
> ❶明文化された規則によって規制されている。
> ❷権限(責任と命令の範囲)がヒエラルキー(ピラミッド型)の体系になっている。
> ❸構成員や外部の人間との関係が非人格的である。
> ❹構成員が専門知識・技術を持つ。

官僚制というのは、行政だけが用いている組織形態ではなく、効率的であり公平性において優れているため、企業においても採用されています。

　下図のようなピラミッド型の組織になっています。

■**官僚制組織のモデル図**■

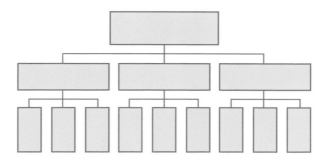

　官僚制においては、人びとは、パーソナルな存在としてではなく、与えられた権限によって組織に存在しています。また、文書による意思伝達が中心となるため、形式にとらわれすぎる傾向がある、と指摘されます。

　官僚制に関する批判については、また後で考察しましょう。

POINT
> **官僚制は、大規模組織が目標を能率的に達成するための合理的・公平な分業体制です。組織の長をトップとするヒエラルキー（ヒエラルヒー）になっています。**

（3）ネットワーク

　官僚制に対して、1970 年代後半から、ネットワークという組織形態が生まれてきました。これは、官僚制のような堅固なヒエラルキーではなく、網の目のような横に広がる緩やかな連帯によって活動する組織です。

　地域活動、社会運動などで広がりました。特徴は次の通りです。

●**ネットワークの特徴**

- **複合**：異質な個人やグループが連携。
- **分散**：情報交換・共同行動などの緩やかな連帯である。
- **平等**：構成員の関係は平等である。

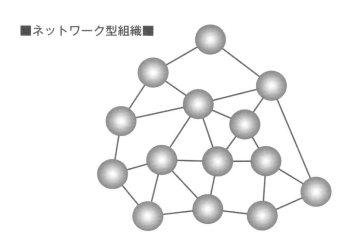

 ネットワーク型組織では、参加者が対等に緩やかにつながります。

2 組織の有効性について学ぼう

（1）官僚制の逆機能

　官僚制は、効率的で公平である反面、非人格的であることなどから、問題が生じる場合もあります。

　本来担うはずの役割を果たさず、マイナスに働いてしまうことを「**逆機能**[★]」といいます。社会学者のマートンが指摘した考え方です。

　官僚制の場合、本来は最も合理的・効率的で公平な組織のはずが、形式的・硬直的になってしまい、融通が利かない組織となってしまう、という逆機能が生じます。また、組織はフォーマルに合理的であるだけでは十分に機能せず、インフォーマルな下位集団が良好な人間関係であるか否か、などが組織の効率性を左右することも指摘されます。

 **逆機能**
本来プラスに働くはずの機能が、マイナスに働くことをいう。本来の機能を果たす場合を順機能という。

　主な批判点をまとめると次のようになります。

形式にとらわれすぎて非効率である。	マートンが官僚制の逆機能として指摘。
合理的な組織であっても、インフォーマルな下位集団が良好な関係でなければ効率性が低下する。	メイヨーらがホーソン調査で実証。インフォーマル集団の重要性を示した。
変化の激しい時代には、硬直的で対応できない。	フィードラーなどが組織の置かれる状況によって有効な組織は異なると主張(コンティンジェンシー理論)。

ホーソン調査とはどういう調査なのですか?

アメリカのウェスタン・エレクトリック社のホーソン工場で行った実験です。
職場の仲間集団の関係が良好なグループの方が、そうでないグループよりも作業効率がよいことが示されました。

(2) 組織と戦略

　1960年代にアメリカのチャンドラー, A. は、「戦略が組織を規定する」という有名な命題を提唱しました。戦略とは、「長期的に考えて、どのような事業を展開しようとするのか」ということです。

　官僚制やネットワーク型などの組織が先にあるのではなく、事業体であれば、どのような事業を展開しようとするのかによって、相応しい組織は変わってくるため、まず、戦略を決める必要がある、と考えます。

　組織が戦略を立てるには、おおむね次の順序で行います。

❶活動の目的を明確にする　➡　❷経営目標の設定
➡　❸環境分析　➡　❹経営戦略の策定

（3）コンティンジェンシー理論（条件適合理論、条件即応モデル）

コンティンジェンシー理論とは、「企業経営が置かれた状況、技術に応じて適切な組織が異なる」という考え方です。環境の変化が激しいか否かで有効な組織は変わります。

- 組織を取り巻く環境の不確実性が低い場合や、環境変化があまりない場合
  ➡官僚制組織が有効。

- 環境変化が激しい場合
  ➡柔軟で水平的な情報交換が行われるネットワーク型組織などが有効。

3 リーダーシップについて学ぼう

（1）コンティンジェンシー理論

コンティンジェンシー理論は、リーダーシップについても当てはまります。
　フィードラーは、環境条件が変わると望ましいリーダーシップも変わる、としてコンティンジェンシー理論を提唱しました。

（2）PM 理論

三隅二不二は、リーダーシップ行動を、課題達成と人間関係の維持という２つの次元に分けて考えました。彼の PM 理論（リーダーシップ PM 理論）は、目標を達成させるための目的達成機能（P 機能、Performance）と、メンバー間の人間関係を良好に保ち、集団のまとまりを維持する集団維持機能（M 機能、Maintenance）の、２つの能力要素に分け、それぞれの高低で４つの型を考え、両方が高い状態で集団生産性が最も高いとしました。

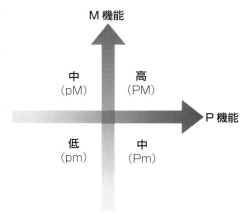

（1）ポーターの経営戦略

経営学において、有名な理論の一つに、ポーターが提唱した経営戦略があります。ポーターは、コストを低くすることで競争に勝つか、品質を良くすることで競争に勝つか、という判断と、ターゲットとする消費者（買い手）を広くとらえるのか、少数に絞るのか、という判断によって、戦略を分けることができるとしました。

まとめると、次のように示すことができます。

- **コストリーダーシップ戦略**＝コスト競争で勝っていく戦略
- **差別化戦略**＝差別化で競争相手より優位に立つ戦略
- **集中戦略**＝特定の分野に的を絞って経営資源を集中する戦略

		競争優位を築く手段	
		コスト	差別化
ターゲット	広い	コストリーダーシップ戦略	差別化戦略
	狭い	集中戦略（コスト）	集中戦略（差別化）

> ポーターは、経営戦略を、コストと差別化という軸とターゲットを広くするか狭くするかという軸によって4通りに分けました。

（2）コトラーの経営戦略

コトラーは、経営戦略はその企業の市場の地位によって決まると考えました。市場シェアが大きいのか小さいのか、という軸と、経営資源の質が高いのか低いのか、という軸によってとるべき戦略が異なる、と考えたのです。

次ページにコトラーのモデル図を書いておきました。読者の皆さんは、ぜひ、ご自分の関心のある産業について企業を分類してみて下さい。理解が深まると思います。例えば、自動車産業であれば、トヨタはどの位置だと考えますか？日産は？ホンダは？スズキは？あるいは、アパレル産業であれば、

4

❶

組織の基礎理論について学ぼう

ユニクロは？しまむらは？シャネルは？コスプレ専門店は？など、考えてみてくださいね。

経営資源		量	
		大	小
質	高	リーダー 全方位・フルライン戦略	ニッチャー 集中戦略
	低	チャレンジャー 差別化戦略	フォロワー

 **POINT** コトラーは、**市場シェアの大小という軸**と、**経営資源の質の高低という軸**によってとるべき戦略を分類しました。

（3）組織と経営〜サイモンの組織論

　サイモンはノーベル経済学賞を受賞した経済学者です。サイモンは、現実の個人は、経済学が前提とするような完全に合理的な存在ではないと考えました。何故ならば、実際には、選択可能な範囲が限定されており、知識が不十分で、選び方に矛盾があり不完全だからです。

　そこで、個人の行動は合理的にならないので、少しでも合理的な決定ができるように組織を作るのだ、と考えました。

　組織があれば、個人が選択するべき事柄を限定し、注意を集中することができます。また、フォーマル、インフォーマルを問わず、コミュニケーションを通して必要な情報を提供することができます。組織として標準的な方法を確立し、1回ごとに方法を考える手間を省くこともできます。こうして、より合理的な意思決定ができるようになる、と考えました。

5 人事管理の理論について知ろう

　経営において、人事管理は非常に重要な事柄です。ここでは、テイラーの科学的管理法と、それに対して提示されたメイヨーらの人間関係理論、ハーズバーグの従業者の動機づけに関する二要因理論、企業内訓練、人事考課に

ついてみておきましょう。

（1）テイラーの科学的管理法とメイヨーの人間関係理論

　テイラーによる科学的管理法とは、標準作業時間を設定し、作業能率に応じた出来高払いとし、職長制度（中間管理職）によって生産を管理すると効率的だという考え方です。機械的な人間観に基づいた理論でした。

　これに対するアンチテーゼ（反対の理論）として、メイヨーなどが人間関係理論を提唱しました。

　メイヨーらは、ホーソン工場での実験（ホーソン調査）により、集団生産性が物理的作業条件よりも人間関係を含む社会的・心理的要因（非公式組織）に左右される、と提唱しました。

　メイヨーらによるホーソン調査では、テイラーによる科学的管理法に対して、インフォーマルな人間関係が生産性を左右することを主張しました。

（2）ハーズバーグの二要因理論（動機づけ・衛生理論）

　ハーズバーグの二要因理論とは、人間の仕事における満足度は、ある特定の要因が満たされると満足度が上がり、不足すると満足度が下がるということではなく、「満足」に関わる要因（動機づけ要因）と「不満足」に関わる要因（衛生要因）は別のものであるとする考え方です。

　満足に関わる要因と不満足に関わる要因は、次のように考えられます。

「満足」に関わる要因 （動機づけ要因）	仕事に関係する。達成すること・承認されること・仕事そのもの・責任・昇進　など
「不満足」に関わる要因 （衛生要因）	作業環境に関係する。会社の政策と管理方式・監督・給与・対人関係・作業条件　など

（3）企業内訓練

　企業内訓練には、大きく分けて2通りのやり方があります。

　一つは、業務以外で研修時間を確保して訓練を行う Off-JT（Off-the-Job

Training）で、もう一つは、業務そのものを通して訓練する OJT （On-the-Job Training）です。OJT による訓練は**暗黙知**[*]を継承するのに適していて、訓練であると実感されにくいですが、実際には非常に有効な訓練の方法です。

暗黙知
経験に基づく知恵のことで言語化されていない知。コツ。
これに対して言語化された知のことを形式知という。

（4） 人事考課

　従業員に対して、法人が求める人材像を基準として評価を行います。

　この時、適正な考課（こうか）ができるように考課者を訓練し客観的な考課方法を用いますが、それでも、完全に客観的な人事考課はできないといわれています。それは、考課者が人間である以上、次のようなことが起きるからです。

　ある人を評価するときに、特徴的な一面に影響されてそのほかの側面に対しても同じように評価してしまう、ということがあります。ある仕事で成功する人は他の仕事もできるように思い込むようなことです。これを「**ハロー効果**[*]」といいます。

　また、考課者がその業務に精通しているときに厳しい評価をしがちであるという「**厳格化の誤差**[*]」も起こりやすいといわれています。反対に、業務に不案内な場合や、相手によく思われたいという意識が働いているときなどに甘い評価をしがちです。これを「**寛大化の誤差**[*]」といいます。

　考課者は、どんなに訓練を積み、精緻（せいち）な考課表を用いても、こうした心理的な影響を免れないといわれています。

ハロー効果
特徴的な一面に影響されて、そのほかの側面に対しても同じように評価してしまうこと。

厳格化の誤差
考課者が業務に精通していると厳しい評価をしがちであること。

寛大化の誤差
考課者が業務に不案内な場合などに甘い評価をしがちであること。

6 福祉サービス供給という事業について考えよう

（1）福祉サービスとは

2000（平成12）年の社会福祉法改正を中心とする社会福祉基礎構造改革によって、社会福祉の供給方法は、原則として措置から契約へと変わりました。

措置制度では、福祉ニーズを持つ人びとに対して、行政機関が行政処分として福祉サービスの供給を「措置」し、社会福祉法人にサービスを委託していました。しかし、契約制度では、本人が自ら必要な援助を選択し、事業者や行政と契約してサービスを得ます。このような契約制度に移行したことで「福祉サービス」は、通常の財・サービスと同様に取引の対象となりました。同時に介護保険サービスや保育サービスに営利企業の参入が促されたことによって、福祉サービス産業は競争原理の働く市場となりました。しかし、福祉サービスは通常の財・サービスと全く同じ性質のものではありません。

（2）福祉サービスの特徴

福祉サービスは、他の財・サービスと比較すると次のような特徴があります。

> ❶対価を利用者だけでは負担できない。
> 　➡国や地方公共団体（＝住民）が負担する。
> ❷利用者は不完全な情報しか持っておらず、選択の範囲が限定される
> （「**情報の非対称性**」）。
> 　➡消費者選択が働かず、質の悪いサービスが利用され続けることがある。
> ❸社会的なニーズに基づいて提供される。
> 　➡直接サービスを利用しない人（＝住民）も負担する。

このため、競争を制限することが必要となります。事業者について法的に最低基準が定められ、監督を受けるなど、サービス内容・価格に行政が関与する準市場（擬似市場）での取引が行われます（p.309を参照してくださいね！）。

★用語★　　**情報の非対称性**
財・サービスを供給する側が情報を持っているのに対して、需要側は不完全な情報しか持っていないこと。

Chapter ❷ 社会福祉事業を行う組織について学ぼう

社会福祉事業を行う組織には、社会福祉法人、NPO法人、医療法人などがあります。社会福祉法人の組織、会計、管理を中心に学びましょう。

1 社会福祉事業を行う組織を知ろう

（1）財団法人と社団法人

社会福祉事業を行う組織には、財団法人と社団法人があります。

財団法人は、資産を活用するために事業を行う法人で、評議員、評議員会、理事、理事会、監事が必ず設置されます。

これに対し、社団法人は、同じ目的・理念を持った人が集まって事業を行う法人です。社員、社員総会、理事が必ず設置されます。

社会福祉事業を行う組織のうち、社会福祉法人と医療法人、特定非営利活動法人（NPO法人）を財団法人と社団法人に分類して表にしてみると、次のようになります。

■社会福祉関連の主な財団法人・社団法人■

	組　織	根拠法
財団**法人**	社会福祉法人	社会福祉法
	医療法人財団	医療法
社団**法人**	特定非営利活動法人	特定非営利活動促進法
	医療法人社団	医療法

社会福祉法人は、社会福祉事業に用いることができる基本財産を持っていることが前提となる財団法人です。地域の地主が、その資産を活用して社会福祉法人を設立し、社会福祉事業を行っている例などを思い浮かべるとわかりやすいでしょう。

 **POINT**　　　社会福祉法人は財団法人で、NPO法人は社団法人です。

（2）社会福祉法人

　社会福祉法人は、社会福祉事業を行うことを目的として、社会福祉法に基づいて設立された法人です。

●社会福祉法人の特徴

❶社会福祉事業の実施を目的としている。
❷「非営利性」が求められる。
❸所轄庁の設立認可、監督を受ける。

　社会福祉法人には、国の代理として福祉事業を行ってきた側面があります。
　日本国憲法は、第89条において、公の支配に属しない慈善事業に対して公金を支出することを禁止しました。しかし、国の別動体として社会福祉事業を提供する民間組織が必要だったので、所轄庁の認可・監督を受けることなどによって、「公の支配に属する事業」である特別の法人として、社会福祉法人を創設し、国庫からの補助金を受けることを可能にしたのです。
　現在、社会福祉法人は、社会福祉法に列挙されている第一種社会福祉事業と第二種社会福祉事業のほか、公益事業と収益事業を行うことができます。また、地域公益的な取組みを行うことが努力義務とされています。

■社会福祉法人が行う事業■

社会福祉事業	第一種社会福祉事業、第二種社会福祉事業
公益事業	社会福祉と関係のある公益を目的とする事業 例：介護老人保健施設、有料老人ホームの経営など
収益事業	収益を社会福祉事業または一定の公益事業に充てることを目的とする事業 例：貸ビル業、駐車場の経営など

　また、社会福祉法人には、次のような機関が置かれます。

役員 （任期2年）	・理事：6人以上。法人の事業の執行機関。理事会において法人の業務に関する意思決定を行う。 ・監事：2人以上。理事の業務執行及び財産状況を監査する。
評議員会	・必置。理事等の選任・解任、定款の変更等の重要事項を決議する。 ・理事の数を超える数（小規模法人には経過措置あり）。

(3) 医療法人

医療法人は、病院、診療所、介護老人保健施設または介護医療院の開設を目的として、医療法に基づいて設立される法人です。設立にあたっては、**都道府県知事**の認可が必要です。2007（平成 19）年の医療法改正により、公益性の高い医療法人である社会医療法人は、一部の第一種社会福祉事業を営むことができるようになりました。ただし、社会医療法人であっても、**特別養護老人ホーム**や**養護老人ホーム**を営むことは認められていません。

(4) NPO 法人

NPO は、営利を目的とせず、公共の福祉の向上を目指す民間組織のことです。レスター・サラモンによれば、NPO の特徴としては、①組織化されている、②民間、③利益分配しない、④自己統治・自己決定、⑤自発的、⑥非宗教的、⑦非政治的の 7 つがあります。

NPO のうち、特定非営利活動促進法（NPO 法）に基づいて法人格を有する団体を特定非営利活動法人（NPO 法人）といいます。法人格の取得のためには、届出により**所轄庁**（原則は主な事務所が所在する都道府県の知事）の**認証**を受けることが必要です。

NPO は社団法人ですので、法人の機関としては、理事（3 人以上。法人の業務を決定する）、社員総会（毎年 1 回以上開催）、監事（理事の業務執行状況・財産状況を監査）が規定されています。役員（理事・監事）は原則として無償で、報酬を得る役員は役員総数の 3 分の 1 以下とされています。

■ NPO 法人の機関■

役員	理事：3 人以上。法人の事業の業務を決定。 監事：1 人以上。理事の業務執行及び財産状況を監査する。
社員総会	毎年 1 回以上開催。

また、NPO 法では、活動分野を 20 分野に規定しています。

次の表のうち、❶の保健・医療または福祉の増進を図る活動を行う団体が最も多く、2024（令和 6）年 3 月末までに認証を受けた 49,944 法人の約❻割に上ります。次いで❷の社会教育の推進を図る活動（50.5%）、❸の子ど

もの健全育成を図る活動（50.2％）となっています（内閣府調べ、複数回答）。

■ NPO 法人の 20 の活動分野 ■

❶	保健・医療または福祉の増進を図る活動
❷	社会教育の推進を図る活動
❸	まちづくりの推進を図る活動
❹	観光の振興を図る活動
❺	農山漁村または中山間地域の振興を図る活動
❻	学術・文化・芸術またはスポーツの振興を図る活動
❼	環境の保全を図る活動
❽	災害救援活動
❾	地域安全活動
❿	人権の擁護または平和の推進を図る活動
⓫	国際協力の活動
⓬	男女共同参画社会の形成の促進を図る活動
⓭	子どもの健全育成を図る活動
⓮	情報化社会の発展を図る活動
⓯	科学技術の振興を図る活動
⓰	経済活動の活性化を図る活動
⓱	職業能力の開発または雇用機会の拡充を支援する活動
⓲	消費者の保護を図る活動
⓳	前各号に掲げる活動を行う団体の運営または活動に関する連絡・助言または援助の活動
⓴	前各号に掲げる活動に準ずる活動として都道府県または指定都市の条例で定める活動

なお、NPO 法人は、社会福祉法人とは異なり、税制上の優遇措置がありませんでしたが、認定 NPO 法人制度が作られ、認定 NPO 法人に寄付をした個人や団体が税の控除を受けられるようになりました。

Check

組織の業務に関する、最高意思決定機関は、社会福祉法人では理事会ですが、NPO 法人では社員総会です。

2 社会福祉法人について詳しく知ろう

（1）社会福祉法人に求められるもの

　2000年頃に行われた社会福祉基礎構造改革などによって、福祉サービスが競争原理の働く市場でも供給されるようになりました。このため、社会福祉法人において「組織の目的達成のためにいかに有効な組織運営と経営を行うか」が重視され、効率的な統治機構（ガバナンス）の構築が求められるようになりました。同時に、社会福祉法人は、公益性という目的のため特に法令遵守（コンプライアンス）を徹底することも求められています。

（2）社会福祉法人の会計基準

　2012（平成24）年4月以降、社会福祉法人の会計処理に新たな会計基準が適用されるようになりました。それまで、社会福祉事業は独特の会計基準が用いられていましたが、法人外部に対する説明責任を果たすために、一般企業の会計基準に準ずるように改正されました。重要な点は次の3点です。

> ❶社会福祉事業、公益事業、収益事業を含め、法人全体で一本の会計単位とする。
> ❷事業ごと（事業区分）、施設・事業所ごと（拠点区分）、福祉サービスごと（サービス区分）という区分を設け、それぞれの収支を明らかにする。
> ❸計算書類（財務諸表）を整備し、資金収支計算書、事業活動計算書、貸借対照表、財産　目録、附属明細書を作成する。

　なお、計算書類のうち、資金収支計算書は、事業が継続可能であるかどうかを示すために、会計年度における支払資金の増減を表します。事業活動計算書は、一般企業の損益計算書に相当するもので、一定期間の活動による収益と費用を表します。また、貸借対照表は、期末時点における資産、負債、純資産によって財産状態を示すものです。2017（平成29）年度からは、内部留保利益から事業継続に必要な資金を引いた残額を「社会福祉充実残額」（「社会福祉充実財産」と呼ばれることもあります）として算定することが義務づけられました。社会福祉充実残額がある場合には使い道を示した「社会福祉充実計画」を作成し、所轄庁から承認を得る義務があります。

Check 社会福祉法人は、社会福祉事業、公益事業、収益事業を一本化した法人全体の財務諸表作成と公表が義務づけられています。

（3）福祉サービスの管理（サービスマネジメント）

　福祉サービスは、サービスの提供過程そのものが契約対象ですので、やり直しがききません。目に見えないため、利用者が事前に品質を知ることは困難ですが、利用者のサービスの品質に対する評価は、期待と実績の差から判断されます。したがって、提供するサービスの管理をいかに的確に行い、顧客である利用者の満足を得るかが非常に重要になります。

　社会福祉法人では、次のような方法でサービスを管理しています。

①福祉サービスの質向上のための組織

　措置制度から契約制度への移行にあたって、サービスの質を確保するため、サービスに関する基準や第三者評価が導入されました。第三者評価制度では、福祉サービスについて基本方針や組織、地域等との関係、実施過程の確立、利用者本位のサービスになっているか、機関の運営管理は確実であるか、等が評価されます。また、自己評価制度も設けられました。

②サービス提供におけるリスクマネジメント

　リスクとは、組織の活動によって「生じ得る困った事態」であり、そのリスクによる損失を最小にすることがリスクマネジメントであるといえます。

　サービスの質を確保するために、下図のようにしてサービス提供における事故や苦情の発生、個人情報の流出、感染症対策などのリスクを管理します。

従業員の参加を得て対策委員会を立ち上げる
↓
事故・苦情が発生しやすい状況（ヒヤリ・ハット事例など）を分析
↓
組織全体として予防策を立てる
↓
実行
↓
検証

（4）人材養成と確保

　福祉サービスでは人材の育成が事業の成否（せいひ）を左右します。このため、職員個々人の能力を向上させるためにOJTやOff-JTによる訓練、ジョブ・ローテーション、人事考課における目標管理などの方法をとります。

　そのほか、組織の在り方を工夫して、多様な採用の方法、職員の希望と組織の戦略が合致（がっち）する人事異動や賃金体系を設定することで職員の動機づけを維持すること等が必要です。

　また、社会福祉施設では、労働安全衛生法に基づいて職場の安全と衛生を確保することが大切です。特に対人援助職は燃え尽き症候群などを生じやすいので、メンタルヘルスについての組織としての対策が重要です。

　組織として、チームアプローチやスーパービジョン、配置転換等によってストレスの軽減に努めます。問題が生じた場合には、事業所は産業医の指導に従って、休職や配置転換等の手立てを講じます。休職者の職場復帰後は、少しずつ仕事に戻れるように事業所全体で支援します。

燃え尽き症候群とは、どのようなものですか？

それまで一生懸命に仕事をしてきた人が、まるで燃え尽きたかのように仕事への気力を失い、心身ともに疲れはてた状況になることです。
個人だけでは対処が難しい問題なんですよ。

　燃え尽き症候群は、利用者に対する援助の効果が見えにくかったり、援助者が評価されにくかったりすることで起こりやすくなります。ですから、適切に援助者を支持したり、教育したりするスーパービジョンや、組織として一人の援助者に負担が行き過ぎないように管理すること等によって、防ぐことが必要になります。

ソーシャルワークを支える法制度と行財政を学ぼう

対応試験科目

◆ 社会福祉の原理と政策
◆ 社会保障
◆ 地域福祉と包括的支援体制
◆ 権利擁護を支える法制度
◆ 高齢者福祉
◆ 児童・家庭福祉
◆ 貧困に対する支援

Chapter ① ソーシャルワーク実践・政策・制度の関係

人間の福利の実現のために行われる福祉政策、福祉制度、ソーシャルワークの関係について理解していきましょう。

1 ソーシャルワーク・福祉政策・福祉制度の関係を理解しよう

ソーシャルワークという「支援を必要とする人に対する専門職による支援」の実践は、主に福祉制度の枠組みの中で行われています。

ソーシャルワーカーは、福祉制度を活用して利用者の生活課題の解決を支援していきます。制度が整っていないときには自ら社会資源を作り出し新しく制度を創設につなげることもソーシャルワークの一つです。グローバルな視点に立てば、途上国など、そもそも制度のないところであっても、工夫をしたり何かしら利用できるものを探したりして支援する方法をみつけることも、ソーシャルワークとして重要です。

それでは、「福祉制度」とは何でしょう。

「福祉制度」は、福祉政策を実現するために法律によって裏付けられた仕組みのことです。

生活保護制度など低所得者を支援する制度、介護保険制度や老人福祉サービスなど高齢者への支援制度、障害福祉サービスなど障害者への支援制度、児童福祉サービス、児童手当など児童・家庭への支援制度はすべて法律に基づく「福祉制度」です。

ソーシャルワーカーである社会福祉士は、ミクロレベル、メゾレベルのソーシャルワークにおいて、こうした制度を使って、利用者の福利の増進のために活動するわけです。もし、利用者の役に立つ制度がなかったら、社会福祉士は、利用者のニーズを満たすための社会資源を作り出します。

歴史的に見ても、民間において作り出された社会資源や、地方において始まった制度が日本全体の制度として結実してきた例は多くあります。

そして、視点を制度を作る側に変えれば、「福祉制度」は、国や地方公共団体などの政府が「福祉政策」を実施する手段といえます。

「福祉政策」とは、政府が人びとの福祉ニーズを満たすための取組みのことです。

政府は政策を行う者、つまり「政策主体」として、福祉政策の目的を設定

し、それを実現するための計画を策定し、そして福祉制度を整えて政策を実施します。

　このような、制度・政策に関わるソーシャルワークをマクロレベルのソーシャルワークといいます。近年、ソーシャルワークにおいて、あらためて、重要視されています。

　福祉制度は、わが国では社会保障制度を中心に作られ、実施されています。

「グローバル定義」ではマクロレベルのソーシャルワークを重視する姿勢が示されたことを思い出してくださいね。

グローバル定義、大事でしたよね。

POINT

ミクロレベル（一対一の個別支援）、メゾレベル（集団、組織、地域に対する支援）のソーシャルワークは、利用者の福利の増進のために、福祉制度の枠組みを活用して実施されます。福祉制度は、政府が福祉政策を実施するための手段であり、マクロレベルのソーシャルワークです。主に社会保障制度として実施されています。

2 わが国の社会福祉の発達史を知ろう

　人間の福利＝ウェルビーイングのためには、貧しさのせいで衣食住に事欠くということがないことが求められます。わが国の福祉の歴史においても、イギリスなどと同様に、救貧が最も重要なテーマでした。欧米からの人権思想の流入や経済発展によって社会が変化するに従い、次第に、防貧や社会サービスの提供が重視されるようになりました。明治時代以降、現在に至るまで、民間（ミクロレベル）の活動や福祉政策でどのような取組みが行われてきたのかをみてみましょう。

（1）明治時代

　明治時代には、貧民に対する初めての国家的な扶助として1874（明治7）年に恤救規則が制定されました。
　また、民間では主に宗教をバックグラウンドとする慈善事業が行われるようになりました。これは後に、社会事業を経て社会福祉事業に発展するもので、児童養護施設、知的障害児施設、セツルメント運動、児童自立支援施設などの芽になりました。

（2）大正時代

　大正時代には、不況のために米騒動が数多く発生するなどの社会不安が起きました。このため、地方において中産階級による貧民救済制度が作られました。1917（大正6）年に岡山県において済世顧問制度、1918（大正7）年に大阪府において方面委員制度が創設されました。いずれも、ドイツのエルバーフェルト制度を手本にして作られた制度で、現在の民生委員制度の前身です。また、1922（大正11）年に低所得の工場労働者等を対象とする健康保険法が制定されるなど、社会保障制度も作られ始めました。
　また、明治時代に民間の慈善事業として始まった福祉実践が、政府の福祉政策となり、社会事業に発展しました。

明治時代	石井十次 (じゅうじ)	1887（明治20）年、岡山孤児院（児童養護施設）を設立。
	石井亮一 (せん)	1891（明治24）年、わが国最初の知的障害児施設である滝乃川学園を設立。知的障害児教育の先駆者。
	山室軍平 (やまむろぐんぺい)	1895（明治28）年、「救世軍」（主に救貧活動を行う国際的なキリスト教団体）に参加。 廃娼運動を指導するなど、日本での発展に尽力。
	片山潜 (せん)	1897（明治30）年、東京・神田に隣保施設（セツルメントハウス）キングスレー館を創設。セツルメント運動に尽力。
	横山源之助	1899（明治32）年に『日本之下層社会』を著し、貧困層の生活実態を明らかにした。
	留岡幸助 (とめおかこうすけ)	1899（明治32）年に東京・巣鴨に感化院（現在の児童自立支援施設）、1914（大正3）年に北海道家庭学校を創設。非行少年の感化教育事業に貢献。
大正時代	河上肇 (はじめ)	1916（大正5）年、『貧乏物語』を執筆。
	笠井信一	1917（大正6）年、済世顧問制度を創設。
	林市蔵 (はやしいちぞう) 小河滋次郎 (おがわしげじろう)	1918（大正7）年、方面委員制度を創設。

（3）昭和初期と第二次世界大戦中

　昭和初期には、世界的な大恐慌を背景に、方面委員による熱心なソーシャルアクションの効果もあって、1929（昭和4）年に救護法が制定されました（1932〔昭和7〕年施行）。また、戦時中には、国家総動員体制の確立のために、健康保険法と国民健康保険法、労働者年金保険法（現：厚生年金保険法）が制定されました。これを戦時厚生体制といいます。

　現在に続く社会保険制度が、戦前の戦時厚生体制の下で創設されたことは覚えておいて下さい。

■社会福祉年表（～第二次世界大戦）■

社会福祉の区分	年次	社会の状況	マクロ～制度～	ミクロ～民間の活動～
慈善事業	1867	大政奉還	――	――
	1874	――	恤救規則	――
	1879	――	――	福田会育児院
	1887	――	――	岡山孤児院（石井十次）
	1891	――	――	岡山博愛会（A.P. アダムス）、滝乃川学園（石井亮一）
	1897	――	――	キングスレー館（片山潜）
	1899	――	――	巣鴨家庭学校 （巣鴨感化院、留岡幸助）
	1900	――	感化法 感化院（法律上、最初の社会福祉施設）	――
社会事業	1911	――	工場法制定	浄土宗労働共済会（渡辺海旭）
	1917	――	済世顧問制度（笠井信一、岡山県）	――
	1918	米騒動	方面委員制度（林市蔵、小河滋次郎、大阪府）	――
	1919	――	――	マハヤナ学園（長谷川良信）
	1922	――	健康保険法制定	――
	1929	大恐慌	救護法制定	――
	1932	――	救護法施行	――
	1936	――	方面委員令制定	――
	1938	――	厚生省設置 国民健康保険法	――
	1944	――	厚生年金保険法（戦時厚生事業）	――
社会福祉	1945	敗戦	――	――

（4）昭和 20 年代 — 福祉三法体制の成立

　昭和 20 年代には、戦争による貧窮者の救済のために旧生活保護法（1946〔昭和 21〕年）、戦争孤児の保護のために児童福祉法（1947〔昭和 22〕年）、戦傷病者の更生（リハビリテーション）を主な目的に身体障害者福祉法（1949〔昭和 24〕年）が制定されました。さらに、旧生活保護法は、1950（昭和 25）年には、国民の権利として保護請求権★を認めた現行の生活保護法へ全面的に改正されて成立しました。

　戦後混乱の収拾（しゅうしゅう）を目的としたこの三法による社会福祉体制を福祉三法体制と呼びます。欧州のように「福祉国家」を目指した歩みが始まりました。

 **用語** **保護請求権**
生活に困窮している国民は、国に対して国民の権利として保護を請求することができるというもの。

（5）昭和 30 年代 — 福祉六法体制、国民皆年金・皆保険体制

　昭和 30 年代になると、国民生活を安定させることが重要になりました。1960（昭和 35）年に精神薄弱者福祉法（現：知的障害者福祉法）、1963（昭和 38）年に老人福祉法、1964（昭和 39）年に母子福祉法（現：母子及び父子並びに寡婦福祉法）が成立して福祉六法体制が整いました。

　また、1961（昭和 36）年に国民皆年金・国民皆保険体制が確立しました。

　なお、現在、介護保険制度に位置付けられている訪問介護（ホームヘルプ）サービスは、この頃に、民間の活動から始まっています。

　1956（昭和 31）年に、長野県で、ボランティア活動から始まった家庭養護婦派遣事業が社会福祉協議会の事業となったのがその源流です。ミクロのソーシャルワークの実践が、制度に結実した例です。

（6）昭和 40 年代 — 高度経済成長下における社会保障の拡充

　昭和 40 年代は、順調な経済発展により社会保障が拡充されました。政府は、1973（昭和 48）年には欧米並みの福祉国家になったとして「福祉元年」を標榜（ひょうぼう）し、老人医療費無料化、高額療養費制度の創設などを行いました。

5
❶
ソーシャルワーク実践・政策・制度の関係

(7) 昭和50年代 — 社会保障制度の改革

　昭和50年代には、石油危機をきっかけにして経済成長が鈍化しました。高齢化の急激な進行もあり、財政的に厳しくなったため、「福祉国家」を目指して拡大一辺倒であった福祉政策が見直されました。

(8) 平成初期 — 少子高齢化への対応、ノーマライゼーション

　急激な少子高齢化に対処するために福祉計画が立てられるようになり、1989（平成元）年に高齢者保健福祉推進10か年戦略（「ゴールドプラン」）が、少子化対策の計画として1994（平成6）年に「エンゼルプラン」が策定されました。また、障害者福祉において「ノーマライゼーション」の理念が重視されるようになり、1995（平成7）年には「障害者プラン～ノーマライゼーション7か年戦略」が策定されました。

　1990（平成2）年には福祉関係八法が改正され、老人福祉などに関する措置権限が都道府県から市町村へと移譲され、市町村が福祉の中心となっていきました。

(9) 平成12年～20年代半ば — 社会福祉基礎構造改革の推進

　1995（平成7）年の社会保障制度審議会勧告を受けて、社会福祉制度の抜本的な改革が行われました。「社会福祉基礎構造改革」と呼ばれる改革です。
　それまでの「措置による福祉」から原則として「契約による福祉」へ転換し、地域福祉の推進が重要な柱になりました。福祉政策に市場メカニズムが取り入れられるようになり、利用者の権利擁護が重要な課題となりました。

(10) 平成20年代後半 — 地域共生社会の実現へ

　現在、政府は、人口減少の中での高齢化を背景に、地域共生社会（制度・分野ごとの『縦割り』や「支え手」「受け手」という関係を超えて、地域住民や地域の多様な主体が参画し、人と人、人と資源が世代や分野を超えて『丸ごと』つながることで、住民一人ひとりの暮らしと生きがい、地域をともに創っていく社会〔厚生労働省HP〕）を作り出そうとしています。
　ソーシャルワーカーの立場で言えば、利用者を直接支援するミクロレベルのソーシャルワークだけでなく、利用者を含む組織におけるメゾレベルのソー

シャルワーク、制度政策に関わるマクロレベルのソーシャルワークまでつなげていく実践が求められている時代となっている、ということができます。

3 福祉国家以降の福祉政策

（1）福祉国家とは

　ここで、あらためて「福祉国家*」という考え方についてまとめてみましょう。
「福祉国家」とは、第二次世界大戦後に欧州を中心に広がった国の政策のあり方で、国民の人間らしい生活を国家が自ら保障しようとするものです。
　第二次世界大戦中の1942年にイギリスで提出されたベヴァリッジ報告が指針となり、国家の支出により所得保障や医療保障、社会サービスの給付などの福祉政策を行い、人びとの生活の必要を充足することを目指しました。
　「人権」との関係でみると、社会的権利である生存権を、社会保障制度によって国家が保障しようとする国のあり方である、ということができます。

★用語★ 福祉国家
福祉国家とは、資本主義国において、経済の安定成長と安全雇用、国民福祉の充実を目指す国のあり方をいう。

（2）小さな政府と民間活力 ── 1980年代の市場重視政策

　福祉国家は、経済が成長し財政の制約がないことを前提として成り立つ制度でした。1970年代以降、石油危機を契機として経済が停滞したため財政がひっ迫し、福祉政策に用いる資源の制約が厳しくなりました。同時に、福祉国家では社会保障支出が増加するために国家財政がひっ迫する、人びとが

5
❶
ソーシャルワーク実践・政策・制度の関係

福祉に依存して働かなくなる、との批判が強まりました。

　このため、1980 年代には、福祉国家の「**大きな政府**」から市場重視の「**小さな政府**」へと政策が転換されました。イギリスのサッチャー首相、アメリカのレーガン大統領、わが国の中曽根首相などによって福祉削減・市場原理活用という政策（新自由主義政策）がとられるようになりました。

　なお、日本では、上記の新自由主義政策に先だって、欧州の国家主導の福祉国家とは一線を画した「**日本型福祉社会**」という考え方が主張されました。

　「日本型福祉社会」は、1979（昭和 54）年、大平内閣が閣議決定した「新経済社会 7 カ年計画」の中で明記されたもので、予想される人口の高齢化に対して、「個人の自助努力と家庭や近隣・地域社会等の連帯を基礎としつつ、効率のよい政府が適正な公的福祉を重点的に保障するという…いわば日本型ともいうべき新しい福祉社会の実現を目指すものでなければならない」とされました。

(3) 第三の道 — 1990 年代以降の就労促進型福祉

　市場重視政策は、一定の成果はありましたが、失業率の増加と貧困層の増大も招きました。

　イギリスのブレア首相は 1990 年代後半から、サッチャリズムを継承して市場の効率性を重視しつつ、国家が市場の条件を整備する政策によって公平性を確保しようという「**第三の道**[★]」を提唱しました。具体的には「福祉から雇用へ」政策を移し、社会保障給付に就労や職業訓練を義務づけるなど、「ワークフェア（Workfare）」と呼ばれる政策を推進しました。

第三の道
イギリスの社会学者ギデンズが提唱した政策方法。市場を活用する一方で政府が条件整備を行い、市場を間接的に調整する政策手法。

福祉政策を実施するには、福祉六法を中心とした法律、厚生労働省を中心とした福祉制度実施体制、社会保障関係費等の財源が必要です。

1 法律の基礎知識

（1）ソーシャルワークと法律の関係を確認しよう

　これまでみてきたように、福祉政策は、福祉制度によって実施されます。

　ソーシャルワークの実践の基本的な部分は、政府によって福祉制度として実施されます。「人権」を国が保障するという観点から、政府が制度的に社会福祉を供給することが必要です。福祉制度は、福祉政策を具体化するための枠組みであり、根拠法によって、財源や実施体制が確保され、安定的に実施されます。

　ですから、福祉制度を理解するためには、根拠法の規定や関係省庁の通知を読むことが大事です。

（2）社会福祉の法的な枠組みを知ろう

　法には、明文化された法である成文法と、慣習法や判例のような不文法があります。

　成文法は、憲法を頂点とするピラミッドのような体系になっており、成文法の中には厳密な序列があります。序列は、次の頁の表のようになっています。

　法律は憲法や条約よりも下位にあり、憲法や条約に反する法律を制定することはできません。わが国は「障害者権利条約」に 2007（平成 19）年に署名し、国内の法律を条約に則したものに改正してから、2014（平成 26）年1月に批准しました。また、地方公共団体が制定する条例は、憲法・条約・法律、さらに行政機関が制定する命令よりも下位にありますので、憲法・条約・法律、命令に反することはできません。

　したがって、成文法の体系としては、上位に位置する法で基本的な事項を定め、下位の法で細かい事項を定めることになります。

　また、成文法と不文法の間には上位、下位の関係はなく、不文法のうち最高裁判所の判決は、事実上強い拘束力を持っています。

条約に反する国内法はどうするのですか？

条約は、誠実に遵守することが必要ですので、国内法の整備を行います。例えば、「児童権利条約」の批准後には「児童虐待防止法」を制定しましたし、「障害者権利条約」では、批准する前に、障害者基本法の改正や「障害者差別解消法」の制定などの法整備が行われました。

■成文法の体系■

	法の形式	意　義	福祉関係の法令等
成 文 法	憲　法	国の最高法規。憲法の条文に反する他の法源は、効力を持たない。	日本国憲法
	条　約	国と国の間、国と国際機関との間の文書による合意。法律よりも優位であり、条約に定められた事項は国内法として効力を持つ。	「児童権利条約」、「障害者権利条約」　等
	法　律	国会（国民の代表）が制定する議会立法。国内法では、憲法に次ぐ効力を持つ。	生活保護法、児童福祉法、知的障害者福祉法、老人福祉法、介護保険法、「障害者総合支援法」　等
	命令・規則	行政機関が制定する行政立法。政令（内閣府が発する命令）は省令（各省大臣が発する命令）、外局規則（各省の外局の長が発する規則）よりも効力が強い。	介護保険法施行令などの各種政令　等
	条例・規則	条例：地方公共団体が議会の議決により制定する議会立法。 規則：地方公共団体の長・各種委員会が制定する行政立法。法律と命令に違反しない範囲で制定できる。	介護保険の市町村特別給付に関する条例などの地方公共団体の条例
	各種通達	行政機関内部のルール。法源ではないが、実際には法律の運用上非常に重要である。	介護保険制度に関する厚生労働省の通達　等

上位

下位

(3) 法律の制定・公布・施行の意味を確かめよう

　まず、法律は、立法府である国会において、衆参両院で可決されて、「法律案」から「法律」になります。これが「法成立」です。

　主務大臣が署名、内閣総理大臣が署名して、天皇が公布して官報に掲載されます。これが「公布」です。

　その後、法律は、決められた日に発効します。これが「施行」です。施行によって、法律が実施されます。例えば、介護保険法は、成立は1997（平成9）年で、施行は2000（平成12）年です。社会保障制度の場合、制度の周知や地方公共団体の事務体制の整備などの準備のために成立後に2〜3年おいてから施行されることは多いです。

(4) 法律の条文の読み方

　法律について、形式を確認しておきましょう。

　法律には名前が付けられています。これを「題名」といいます。例えば「社会福祉法」や「介護保険法」などです。法律の題名が長い場合には省略されることも多く、例えば「障害者の日常生活及び社会生活を総合的に支援するための法律」は「障害者総合支援法」と略称で呼ばれます。

　法律の条文は「第〇条」「第〇項」「第〇号」という呼び方で段階が作られています。

　例えば、国民年金法の第7条をみてみましょう。（被保険者の資格）という見出しがついています。

> 第七条　次の各号のいずれかに該当する者は、国民年金の被保険者とする。
> 　一　日本国内に住所を有する二十歳以上六十歳未満の者であつて次号及び第三号のいずれにも該当しないもの（厚生年金保険法（昭和二十九年法律第百十五号）に基づく老齢を支給事由とする年金たる保険給付その他の老齢又は退職を支給事由とする給付であつて政令で定めるもの（以下「厚生年金保険法に基づく老齢給付等」という。）を受けることができる者その他この法律の適用を除外すべき特別の理由がある者として厚生労働省令で定める者を除く。以下「第一号被保険者」という。）
> 　二　厚生年金保険の被保険者（以下「第二号被保険者」という。）

三　第二号被保険者の配偶者（省略）であつて主として第二号被保険者の収入により生計を維持するもの（（省略）以下「被扶養配偶者」という。）のうち二十歳以上六十歳未満のもの（以下「第三号被保険者」という。）
　2　前項第三号の規定の適用上、主として第二号被保険者の収入により生計を維持することの認定に関し必要な事項は、政令で定める。
　3　省略

　ここでは、第1項に相当するところにローマ数字の「1」が省略されています。
　第7条第1項で、被保険者の要件が述べられていますが、この条文の中に漢数字で「一」「二」「三」とあります。これが「号」で、「第一号」「第二号」「第三号」と読みます。皆さんは、国民年金制度の被保険者として、第二号被保険者は厚生年金保険の被保険者、第三号被保険者は第二号被保険者の被扶養配偶者で20歳以上60歳未満の日本に住む人、第一号被保険者は第二号被保険者でも第三号被保険者でもない20歳以上60歳未満の日本に住む人、ということを学びますが、その根拠はこの条文にあります。

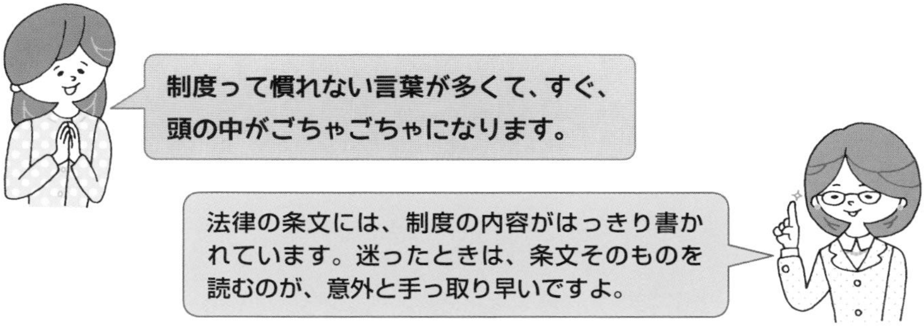

制度って慣れない言葉が多くて、すぐ、頭の中がごちゃごちゃになります。

法律の条文には、制度の内容がはっきり書かれています。迷ったときは、条文そのものを読むのが、意外と手っ取り早いですよ。

2　福祉関係の法律の全体像をつかもう

　福祉制度を規定している法律についてみると、社会福祉法によって共通的基本事項を定め、対象者ごとに6つの法律（生活保護法、児童福祉法、身体障害者福祉法、知的障害者福祉法、母子及び父子並びに寡婦福祉法、老人福祉法）が制定されています。この6法を福祉六法と呼びます。
　全体像をみると次のようになっています。

■主な福祉関係法制度の全体像■

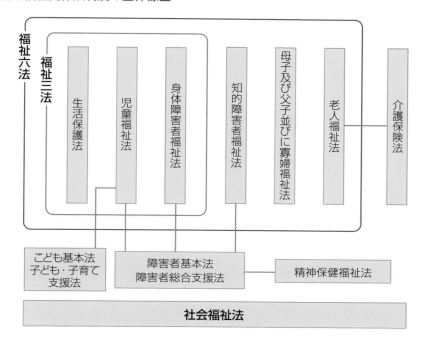

福祉六法

福祉三法

生活保護法

児童福祉法

身体障害者福祉法

知的障害者福祉法

母子及び父子並びに寡婦福祉法

老人福祉法

介護保険法

こども基本法
子ども・子育て
支援法

障害者基本法
障害者総合支援法

精神保健福祉法

社会福祉法

社会福祉法は、すべての福祉関係法の土台となっています。福祉の様々な領域の実践で基本となる事柄について規定する法律です。

福祉三法は、第二次世界大戦後に制定された法律で、戦争による混乱を収拾するために作られました。これに、高度経済成長期に制定された知的障害者福祉法、**母子及び父子並びに寡婦福祉法***、老人福祉法の３法を加えて福祉六法となります。対象者ごとにみると、障害者福祉は、障害者に関する施策全般の基本的な理念を規定する障害者基本法と、福祉サービス供給全般について規定している「障害者総合支援法」、障害児に対する福祉サービスの一部について規定している児童福祉法に基づいて実施されています。

老人福祉については、老人福祉法に基本的なことが規定されており、介護保険法によって社会保険給付としてのサービスが供給されています。

児童については、こども施策全般に関する理念をこども基本法で規定しています。福祉分野に限れば、児童福祉法によってすべての児童の福祉について規定し、とりわけ、子育て支援については、子ども・子育て支援法によってサービスの給付が規定されています。

5

❷

ソーシャルワークの基盤となる法

POINT わが国の福祉制度は、社会福祉法により共通基盤を定め、福
祉六法を中心に作られています。

3 社会福祉法について知ろう

社会福祉法は2000（平成12）年に制定されました。

第二次世界大戦直後に作られた福祉制度を根本的に見直そうとした「社会
福祉基礎構造改革」の一環として、社会福祉事業法（1951〔昭和26〕年制定）
が改正・改題されたものです。

社会福祉法は、老人福祉、児童福祉、障害者福祉、公的扶助など各領域に
共通する基本的な事柄を定めています。

具体的には、①「社会福祉事業」にはどのようなものがあるのかを示し、
②「基本理念」として、社会福祉制度の基本的な考え方を示しています。また、
③行政組織や行政の専門職について定め、④社会福祉事業を行う法人である
「社会福祉法人」、⑤福祉サービスの供給を適切に行うための仕組み、⑥地域
福祉について定めています。

このうち、社会福祉事業、基本理念、福祉サービスの供給をみましょう。

（1）社会福祉事業について

社会福祉事業は、社会福祉法において、第一種社会福祉事業と第二種社会
福祉事業に分けられています。

第一種社会福祉事業は主に入所施設で行われます。入所者の生活に深く関
わるため、入所者の人権を守るために、経営主体は原則として国・地方公共
団体・社会福祉法人に限定されています。

例えば、生活保護法に基づく救護施設、児童福祉法に基づく児童養護施設、
老人福祉法に基づく特別養護老人ホームなどです。

第二種社会福祉事業は第一種以外の社会福祉事業です。在宅サービスや通所施設で主に実施され、第一種社会福祉事業に比べて利用者への影響が小さいため、経営主体の制限はありません。届出によって経営することができます。

　例えば、児童福祉法に基づく保育所、老人福祉法に基づく老人デイサービスセンターなどです。

　ただし、2018（平成30）年の社会福祉法改正では、住居の用に供するための施設を設置して行う第二種社会福祉事業として社会福祉住居施設が規定されました（社会福祉法第68条の2）。これは、実際には無料低額宿泊所のことで、生活保護法において日常生活支援住居施設として位置付けられ、生活扶助が実施されます。都道府県知事に条例で定められた事項を届け出ることが義務付けられました。なお、赤い羽根で知られる共同募金事業は、第一種社会福祉事業と規定されています。

（2）社会福祉法の基本的な理念

　社会福祉法では、利用者の立場に立った社会福祉制度を構築するための基本的な理念が示されています。

●社会福祉法の基本理念

❶「個人の尊厳の保持」が福祉サービスの基本理念
❷措置による福祉から、契約による福祉への転換
❸利用者保護のための制度の創設
❹サービスの質の向上
❺社会福祉事業の充実・活性化
❻地域福祉の推進

この理念は非常に重要ですので、少し説明します。

①個人の尊厳の保持

　個人の尊厳とは、高齢、障害、児童、貧困など、社会的に不利な状態であっても侵されてはならない人間としての誇りをいいます。

　その尊厳を利用者が持ち続けられるようにすることが、福祉サービスの基本的な考え方です。例えば、おむつを利用している高齢者のおむつを交換する際

に、その人の羞恥心（しゅうちしん）に配慮するなど、誇りを守ることを忘れないようにします。

②契約による福祉への転換

　契約による福祉への転換は、「福祉サービスの利用制度化」ともいいます。

　第二次世界大戦後成立した社会福祉事業法では、戦争によって疲弊（ひへい）したわが国の乏しい財源を効果的に配分するため、行政が対象者に対して福祉サービスを割り当てる「措置制度」をとっていました。

　しかし、措置制度では、行政処分として福祉サービスが供給されるだけで、利用者がサービスを利用する権利は十分に保障されませんでした。したがって、サービスの提供が画一的になりやすく、利用者本位のサービスは提供されにくかったといえます。

　高度経済成長を経て国は豊かになり、かつ高齢化が進んで、多様な福祉ニーズが出てきたため、措置制度では応えることが難しくなっていました。

　そこで、企業がサービスの供給主体となることも認めて、多様な福祉サービスを提供し、利用者自身がサービスを選んで契約し、契約の債権者としてサービスを利用するという「契約制度」への転換が図られました。

③利用者保護のための制度の創設

　福祉サービスの提供が措置から契約に変わると、サービスを使えなければ日常生活がままならないなど、もともと弱い立場にいる「福祉サービスを必要としている人びと」が、不利な契約を結んでしまう危険があります。これを防ぎ、利用者が事業者と対等な立場で契約を結ぶことができるように、苦情解決の仕組みなど利用者を保護するための制度が作られました。

④サービスの質の向上

　利用者に提供するサービスの質の向上のため、事業者に対して、自己評価と第三者評価の導入や、事業に関する計算書類や事業報告書の義務づけを行うこと等が定められました。

⑤社会福祉事業の充実・活性化

　利用者の選択の幅を広げるため、社会福祉法人の設立の条件を緩和し、運営において収益事業を認めるなどの規定がなされました。

⑥地域福祉の推進

　社会福祉法の特徴の一つは地域福祉の推進を明記したことです。事業者、

ボランティアなど社会福祉に関する活動を行う者、サービスを必要としている人を含む地域住民を地域福祉の主体としています。また、2020（令和2）年の法改正により、重層的支援体制整備事業が創設されました。市町村は、制度や分野の枠を超えた①相談支援、②参加支援、③地域づくりに向けた支援を一体的に実施することができます。

（3）福祉サービス供給を適切に行うための仕組み

社会福祉法では、社会福祉事業を経営する者に対して、利用者の意向を十分に尊重すること、保健医療などの関連するサービスと連携を図り総合的に福祉サービスを提供することを求めました（社会福祉法第5条）。また、利用者が福祉サービスを適切に利用できるように、社会福祉事業の経営者に対して、次の事柄を定めました。

- 社会福祉事業についての情報提供（努力義務）
- 利用契約の申込み時の契約内容等についての説明（努力義務）
- 利用契約成立時の書面交付（義務）
- 誇大広告の禁止

4 人権を守るための法制度を知ろう

（1）日本国憲法で保障される基本的人権について知ろう

ここまで、国が人々の「基本的人権」を保障するために福祉制度があるということを学んできました。現代憲法の特徴は、国民に自由権や社会権という基本的人権を保障することにあります。

p.74でみたように、日本国憲法第11条には、国民の基本的人権の永久不可侵性を、第13条には、幸福追求権を規定しています。やや詳しくみておきましょう。

> **第11条**
> 国民は、すべての基本的人権の享有を妨げられない。この憲法が国民に保障する基本的人権は、侵すことのできない永久の権利として、現在及び将来の国民に与へられる。

> **第13条**
> すべて国民は、個人として尊重される。生命、自由及び幸福追求に対する国民の権利については、公共の福祉に反しない限り、立法その他の国政の上で、最大の尊重を必要とする。

日本国憲法第12条において「……又、国民は、これ（自由と権利）を濫用してはならない……」とされ、第13条においても、「……国民の権利については、公共の福祉に反しない限り、……最大の尊重を必要とする」としています。すなわち、国民の権利には「公共の福祉に反しない」という制限がついています。

基本的人権のうち、社会福祉と最も関係の深い社会権について取り上げてみましょう。社会権は、資本主義経済を前提とする社会において保障されるべき人間の権利です。資本主義の競争社会では、自ら生活を維持することができない社会的弱者が生じてきます。これらの人びとの生活が保障される権利が社会権であり、その権利を擁護するための法が社会法です。自由権は国家権力から人びとの自由を保障するのに対し、社会権は、国家権力の積極的な介入によって守られるという特徴があります。

日本国憲法に規定されている社会権には、次のようなものがあります。

生存権	国民の生存権 （25条1項）	・「すべて国民は、健康で文化的な最低限度の生活を営む権利を有する」 ・国民の生活保護請求権の根拠となる。 ・法的性格としては、「国民には健康で文化的な最低限度の生活を営むための措置を国に要求する権利がある」とする抽象的権利説が通説となっている。
	福祉増進に関する国の義務 （25条2項）	「国は、すべての生活部面について、社会福祉、社会保障及び公衆衛生の向上及び増進に努めなければならない」
教育を受ける権利	教育を受ける権利（26条1項）	・国民に教育の機会均等と、教育を受ける権利を保障。 ・社会権であると同時に、子どもの成長を妨げるような国家権力の介入を排する自由権でもある。
	教育を受けさせる義務 （26条2項）	・義務教育の規定。保護者に対し、子どもに教育を受けさせることを義務とした。 ・義務教育は無償。

勤労者の権利	勤労の権利と義務（27条1項）	・国民に勤労の権利と義務があると規定。 ・国に対する具体的請求権を規定したものではない。
	勤労条件の法定（27条2項）	・弱い立場に立たされやすい労働者を保護するため、勤労条件を法律で定めることを規定。 ・労働基準法の根拠。
	労働者の団結権・団体交渉権・団体行動権（28条）	・弱い立場に立たされやすい労働者の交渉力を強化するための規定。 ・ただし、公序良俗に反するものは認められず、公務員の権利は制限される。

POINT 社会権は、国家権力による積極的な介入によって、人びとの生きる権利を擁護するものです。

　なお、社会的に不利な立場に置かれやすい人々の基本的人権を守ることを、権利擁護（アドボカシー）といいます。近年、非常に重視されています。
　権利擁護が重視されるようになった背景としては、次のことが指摘できます。

❶福祉サービスの利用が契約に基づいて行われるようになった。2000（平成12）年の介護保険制度の創設など、社会福祉基礎構造改革によって、原則としては、高齢者や障害者などに対する福祉サービスの供給が、措置ではなく、契約に基づくように変更された。このため、高齢や障害のために判断能力が十分でない人々が、契約の当事者になることの問題が意識された。

❷障害者や高齢者、児童などはもともと弱い立場に立たされやすいため、虐待や詐欺などによって人権を侵害される可能性が高い。

❸サービスの供給主体が様々であるため、サービスの質が確保されるとは限らない。

Check 人権を守る「権利擁護（アドボカシー）」は、ソーシャルワークにおいて最も大事な理念の一つです。

（2）民法について少しだけ学ぼう

　民法は普段の生活を含めて、人と人の間のことを規定している基本の法律です。

　したがって、ソーシャルワークも民法において規定される「債権債務」や「親族」などを前提として実施することになります。

　そこで、膨大で複雑な民法の中で、これからの私たちの学習に必要な最低限度のことについて、学んでおきたいと思います。

①民法上重要な概念

　民法において、法的な権利の主体となり得る個人を「自然人」、個人以外の団体などで権利の主体となり得るものを「法人」といいます。

　権利の主体となり得る「人」の行いが法的に有効であるためには、その人が考えたことを他の人に示す、ということを欠かすことができません。これを意思表示といいます。法律用語をまとめると次のようなことが重要です。

意思表示	一定の法律効果を発生させようと意図して意思（思ったこと、考えたこと）を外部に表明すること。
法律行為	当事者の意思表示に従って権利・義務の変動をもたらす事実のこと。契約など。
意思表示の欠缺（けんけつ）	意思表示の過程に問題がある場合のうち、意思表示（外に表れたもの）と内心的効果意思（本当に思っていたこと）が一致しないもの。

②契約

　契約とは、何人かの人の意思表示が一致して、その合意に基づいて成立する法律行為です。その結果として債権・債務が生じます。

　契約には、いくつか分類があります。当事者双方が債務を負担するか、片方だけが負担するかによって双務契約と片務契約に分ける方法、対価的給付が有るか無いかによって有償契約と無償契約に分ける方法、契約が成立するために物の引き渡しを必要とするか否かによって要物契約と諾成契約に分ける方法などがあります。諾成契約が基本です。

　また、贈与、売買、使用貸借、請負など民法上に規定された13種類の契約を典型契約、それ以外のものを非典型契約と分ける方法もあります。

> **例）** 老親が施設入所した後に、親所有の土地・建物を、子ども世帯が
> 使用する場合
>
> これは、民法上「使用貸借」とされている契約です。当事者の一方（こ
> の例では子ども）が相手方（同：老親）から無償で目的物（同：土地・
> 建物）を受け取り、使用・収益した後、その目的物を返還することを
> 約束することで成立します。無償・片務・諾成契約となります。

③契約の履行

契約によって生じた債務は、信義誠実の原則に従って履行されなければな
りません。双務契約の場合は、「当事者の一方は、相手方がその債務の履行
を提供するまでは、自己の債務の履行を拒むことができる」とされています。

契約が当初の目的通りに成立・完了できなくなった場合のうち、債務者が
債務の本旨に従った履行をしないことを「債務不履行」といいます。債務不
履行がある場合、債権者は契約を解除することができます。また、それによっ
て被った損害の賠償を請求できるとされています。

④不法行為責任

不法行為とは、故意または過失によって、他人の権利に侵害を加えること
をいいます。

不法行為に関する民法上の規定は、不法行為をなした者に対して、そのた
めに生じた損害を賠償させる義務を課すことを主な目的としています。

また、他人に使用されている者が、使用者の事業を行う際に他人に違法な
損害を与えた場合に、その使用者や監督者にも賠償責任を負担させます。こ
れを使用者責任といいます。

> **例）** 民間の介護事業所において、事業所の介護職員が、来客者にけが
> をさせた場合には、介護事業所の所長や監督者には使用者責任が
> 発生します。

⑤親族

民法上、親族の範囲とは、「六親等内の血族」（親子や兄弟、おじ、おばな
どの血のつながりのある者）、「配偶者」（結婚相手）、「三親等内の姻族」（婚

姻によって形成された親族で、義父母、義兄弟など）をいいます。

■血族・姻族と親等の数え方（○親等）■

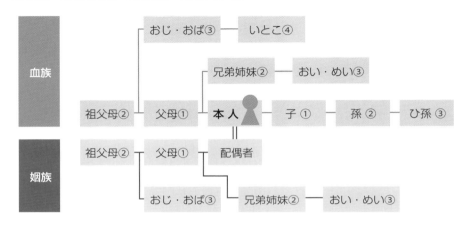

　夫婦については、婚姻意思の合致と婚姻の障害となる事由がないことによって成立します。また離婚については、次のように規定されています。

離婚	協議離婚	夫婦で離婚についての合意と届出により成立。
	調停離婚	協議が調わない場合、家庭裁判所に調停を申し立て、合意成立となれば成立。
	審判離婚	調停によっても合意が成立せず、審判が行われ確定した場合に成立。
	判決離婚	夫婦の一方が離婚に応じず、家庭裁判所の調停が不調であった場合に、民法上の離婚原因があると、家庭裁判所に離婚訴訟を起こすことができ、判決により離婚が成立。

　親子は、自然血族としての実親子と法定血族としての養親子の2種類があります。

　養子には、実方の血族との親族関係が続く**普通養子**と、実方の血族との親族関係が終了し、養親の実子同様に扱われる**特別養子**があります。特別養子では、養親との離縁は原則として認められません。

普通養子
実方の血族との親族関係が続く養子。

特別養子
実方の血族との親族関係が終了する養子。実親の相続人にもならない。原則として15歳未満が対象だが、例外的に、18歳未満も可能。

⑥親権

親権とは、未成年の子を監護教育し、その財産を管理するなどの親の権利義務をいいます。親権に服する者は、未成年の実子と養子です。

なお、民法の改正によって成年年齢が18歳に引き下げられる前（2022〔令和4〕年3月末まで）は、未成年者であっても、婚姻すると成年に達したとみなされ、親権に服しないとされていました（成年擬制）が、成年年齢が18歳に引き下げられ、女性の婚姻開始年齢も16歳から18歳に引き上げられたため、この制度は消滅しました。

（3）成年後見制度について理解しよう

①意思能力と行為能力に対する制限

民法において、意思能力とは、社会生活上、自分の意思を有効に示す能力のことです。平たく言えば、思ったことをちゃんと人に伝えられるということです。

社会における様々な契約は、人びとが意思能力を持っていて、意思表示（p.156）ができることを前提として成り立っています。

しかし、意思能力の有無は明確な基準にはなりません。「思ったこと」は他の人にはわからないので、その人が「思ったこと」とその人がやったり言ったりしたことが同じか違うかを他人は判断できないからです。このため、客観的に意思能力が十分でないと考えられる者や、その契約の相手方の権利を守るために、これとは別に行為能力という概念が民法に規定されています。

行為能力とは、自らの法律行為を自分で確かに引き受ける能力をいいます。

民法では、幼児、知的障害者、精神障害者などについては、行為能力が不十分な者であると規定し、「制限行為能力者」としています。すなわち、未成年者、成年被後見人、被保佐人、被補助人は、制限行為能力者として自分だけで行える法律行為が制限されます。そして、一定の保護者がつけられます。このため、未成年者と成年被後見人の法律行為については、多くの場合、保護者が取り消すことができます。また、被保佐人、被補助人の行為も一定

の場合には取り消すことができます。

　従来は、禁治産・準禁治産制度により行為能力の制限を行っていましたが、契約によるサービス提供を前提とする介護保険制度の施行前の1999（平成11）年に民法の改正に伴い後見・保佐制度に改正され、同時に、新たに補助類型が設けられました。その結果、行為能力の制限制度としては、判断能力の低い順に「後見」「保佐」「補助」の3類型が設けられ、それぞれ、次の表のように行為を制限することになりました。これを法定後見制度といいます。また、将来に備えて本人があらかじめ代理について委任契約を結ぶ任意後見制度が創設されました。

　成年後見制度の利用促進を図るため、2016（平成28）年に成年後見制度の利用の促進に関する法律が施行されました。後見人の事務範囲の拡大、「成年後見制度利用促進基本計画」策定などが進められています。

■制限行為能力者の法律行為と保護者の権限■

類型	対象者		本人に対する法律行為の制限	保護者	主な権限		
					代理権	同意権	取消権
後見	成年被後見人	事理弁識能力を欠く常況 ＝判断能力が非常に低い。	日常生活に関する行為以外は単独で有効になし得ない。 ただし ・婚姻などの身分法上のこと ・日常の買い物 は、単独でなし得る。 ＝後見人が取り消すことができない。	成年後見人	○	×	○
保佐	被保佐人	事理弁識能力が著しく不十分 ＝判断能力がかなり低い。	重要な財産行為など、民法13条に列記する特定の行為だけ、単独で有効になし得ない。	保佐人	△	○	○
補助	被補助人	事理弁識能力が不十分 ＝判断能力に問題がある。	家庭裁判所の審判により決まる特定の行為だけ、単独で有効になし得ない。	補助人	△	△	△

○…付与される
×…付与されない
△…保佐人と補助人に対しては、家庭裁判所の審判により、申立てられた特定の法律行為について権利を付与することができる。

②後見

　成年後見は、法定後見制度の３類型の中で最も判断能力を欠く人を対象とします。基本的には、自分で財産管理ができません（後見人が代理）。

　成年被後見人の要件は次の２点です。

- 精神上の障害により判断能力を欠く常況にある
- 家庭裁判所から後見開始の審判を受けている

　成年被後見人に該当するのは、具体的には、認知症や知的障害、精神障害などのために判断能力を常に欠く状態の者です。

　後見開始の手順としては、

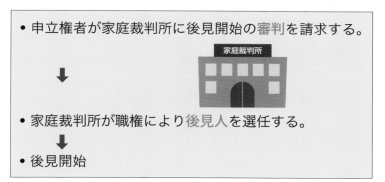

- 申立権者が家庭裁判所に後見開始の審判を請求する。

家庭裁判所

- 家庭裁判所が職権により後見人を選任する。
- 後見開始

となります。

　ここで、後見開始を申し立てることができるのは、本人、配偶者、４親等内親族（いとこまで）、未成年後見人、未成年後見監督人、保佐人、保佐監督人、補助人、補助監督人、検察官です。身寄りのない高齢者等については、市区町村長も後見開始の審判を請求できます。令和５年中の申立ては28,358件でした。家庭裁判所は、申立てなしには審判を行いません。

　また、後見人は、複数でもよく、法人も認められます。このため、日本社会福祉士会や市区町村社会福祉協議会、日本弁護士連合会、日本司法書士会連合会などの専門家集団が後見人となることができます。

　後見人は、代理権と取消権を与えられており、成年被後見人の法律行為を取り消すことができます。ただし、日用品の購入などの日常生活に関する行為や、婚姻、協議上の離婚などの身分法上の行為は、成年被後見人等が単独でできることになっているので、後見人が取り消すことはできません。

　また、代理権が与えられているので、同意権は付与されません。

Check 　成年被後見人は、日常生活に関する行為と婚姻等の身分法上の行為について自分だけで行うことができます。後見人が取り消すことはできません。

③保佐

　保佐は、法定後見制度の3類型の中では後見に次いで判断能力が不十分な人を対象とします。被保佐人の要件は次の2点です。

- 精神上の障害により判断能力が著しく不十分である
- 家庭裁判所から保佐開始の審判を受けている

　被保佐人に該当するのは、まだら認知症のために、判断能力が非常に不十分な場合がある者などです。申立て件数は、増加傾向で令和5年中は8,952件でした。

　保佐人には、一定の行為について同意権・取消権が与えられます。保佐人の同意を必要とする事項は、重大な財産行為に限定されており、民法第13条に列挙されています。主なものは次の通りです。

---

❶元本の領収または利用
- 預貯金の払い戻し
- 貸したお金を返してもらうこと
- お金を貸すこと（利息の定めがある場合）

❷借財または保証
- 借金（金銭消費貸借契約の締結）
- 保証人になること（債務保証契約の締結）

❸不動産その他重要な財産に関する権利の得喪を目的とする行為
- 不動産の売却
- 不動産の賃貸借契約の締結及び解除
- 抵当権設定
- 通信販売（インターネット取引を含む）、訪問販売等による契約の締結
- クレジット契約の締結
- 元本が保証されない取引（先物取引、株式の購入など）

---

❹訴訟行為

- 民事訴訟において原告として訴訟を遂行する一切の行為
  ただし、離婚・認知などの裁判（人事訴訟）は保佐人の同意は不要

❺贈与など

- 贈与とは、自己の財産等を他人に与えること
  ただし、贈与を受ける場合は保佐人の同意は不要

❻制限行為能力者の法定代理人としてすること

- 上記民法第13条に列挙されている行為を制限行為能力者の法定代理人
  としてすること

なお、保佐人は、別途、本人が同意した申立てに基づき、家庭裁判所の審判がなされた場合、特定の行為について代理権が付与されます。

④補助

補助は、法定後見制度の3類型の中では最も判断能力の問題が軽度な人を対象とします。被補助人の要件は次の2点です。

- 精神上の障害により判断能力が不十分である
- 家庭裁判所から補助開始の審判を受けている

被補助人は、具体的には、軽度の精神障害のために重要な財産行為を適切にできるか不安がある者、軽度のまだら認知症の者などです。補助の申立てには本人の同意が必要です。申立ては増加傾向で令和5年中は2,770件でした。補助人の同意権（取消権）は、**本人の同意を得て**申立てた事項のうち家庭裁判所が審判を下した特定の法律行為に限られます。この法律行為については、被補助人が同意を得ずにした行為を補助人が取り消すことができます。

⑤任意後見

任意後見制度は、1999（平成11）年に民法の改正による成年後見制度制定と同時に制定された「任意後見契約に関する法律」に規定されています。

現在は判断能力が十分である人が、将来、判断能力が不十分になった場合に備えて、あらかじめ任意後見人を選定し契約しておく制度です。

任意後見契約は、本人と任意後見の受任者の間の委任契約で、契約内容は、

本人の事理弁識能力（判断能力）が不十分になった時に、自分の生活、療養看護、財産の管理に関する事務を委託し、代理権を付与するものです。

　契約は**公正証書**によって行われて登記され、本人や家族などの申立てによって、家庭裁判所による任意後見監督人の選任が行われると発効します。

　法定後見制度が、家庭裁判所の職権による後見人等の選定によって発効するのに対して、任意後見制度はすでに後見人は決まっており（後見人になるまでは任意後見受任者とよばれる）、その監督をする任意後見監督人の選任によって発効する点が異なります。

公正証書
公証人が当事者の依頼を受けて作成する、契約などを証明する書面。公文書。

　法定後見制度は、現に判断能力が不十分な人を対象とする制度であるのに対し、任意後見制度は、将来判断能力が低下したときに備えてあらかじめ代理権に関する契約を結んでおく制度です。

⑥成年後見関係事件の状況

　2023（令和5）年1月から2023（令和5）年12月までの成年後見関係事件（後見開始、保佐開始、補助開始及び任意後見監督人選任事件）は次のような状況です。

- **申立件数**：合計で40,951件（前年は39,719件）。対前年比約3.1%の増加。うち、後見開始の審判の申立件数は28,358件、対前年比約1.3%の増加。保佐開始の審判の申立件数は8,952件、対前年比約9.2%の増加。
- **終局事件**：合計40,665件のうち、成年後見人等の選任は約95.3%。
- **申立人**：市区町村長が最も多く全体の約23.6%。次いで本人が約22.2%、本人の子が約20.0%の順となっており、前年の2022（令和4）年と順位は変わっていない。
- **後見人等**：選任された後見人は、配偶者、子など親族が約18.1%、親族以外の第三者が増加傾向で約81.9%であり、司法書士、弁護士、社会福祉士の順で多かった。

（4）消費者を守る法律について学ぼう

①消費者契約法

　消費者契約法は、2000（平成12）年に成立し、何度も改正されてきました。

　消費者と事業者の間の契約について、消費者の利益を守ることを目的としています。

　このため、事業者の不実の告知や霊感等による告知を用いた勧誘などのために消費者が誤認し、困惑した場合には、契約の取消しができること、事業者の債務不履行、不法行為、瑕疵担保責任については、免除されないこと、などが定められています。

②特定商取引に関する法律（特定商取引法）

　特定商取引法は、訪問販売や通信販売等の消費者トラブルを生じやすい取引類型を対象に、事業者による違法・悪質な勧誘行為等を防止し、消費者の利益を守るため、事業者が守るべきルールと、クーリング・オフ等の消費者を守るルールを定めています。

　同法では、事業者に対して契約締結時等に、重要事項を記載した書面を交付すること、氏名等の明示、広告制限等を定めています。これは、電子交付も認められます（2023〔令和5〕年6月施行）。

　また、消費者に対してはクーリング・オフを認め、申込み後等に法律で決められた書面を受け取ってから一定の期間（訪問販売などでは8日間、連鎖販売取引〔いわゆるマルチ商法〕などでは20日間）、無条件で解約することができます。

　クーリング・オフ制度に則って契約申込みを撤回する場合は、原則として書面で行うことになっています。

　なお、近年、自宅に押しかけた事業者に貴金属等を強引に買い取られる被害が増加したため、同法が改正され、新たに「訪問購入」が規制されています。

　また、消費者庁では、注文していないのに商品が届けられるという「一方的な送り付け行為」への対応も進めています。商品は直ちに処分可能であること、代金の支払いは不要であること、万一支払い義務があると誤解して支払ってしまった場合も返還を請求することができること、などの周知に努めています。

利用者さんが、訪問販売で高価な化粧品を50万円で購入してしまいました。契約書面はまだ受け取っていないそうですが、すでにその化粧品を使ってしまっています。クーリング・オフ制度が使えますか？

使えます。契約書面を受け取っていませんので、すでに使っていてもクーリング・オフ可能な8日間以内に含まれます。

使えるんですね。

（5）虐待防止法

　ひどい人権侵害の例として、「虐待」があげられます。

　とりわけ、弱い立場にある児童、高齢者、障害者に対する虐待と、主に女性に対する配偶者などからの暴力（ドメスティックバイオレンス）については、防止法が制定されています。

　なお、児童虐待防止法と障害者虐待防止法は、それぞれ「児童権利条約」と「障害者権利条約」への批准を契機として制定されました。児童虐待防止法は、条約批准の後に、障害者虐待防止法は条約の批准に向けた法整備の一環として条約批准の前に制定されたものです。

■権利擁護のための法律〜虐待防止法■

	児童 虐待防止法	高齢者 虐待防止法	障害者 虐待防止法	DV防止法
対象者	18歳に満たない者	65歳以上の者 65歳未満で養介護施設入所、サービス利用の障害者	障害者基本法に規定する障害者	配偶者（元配偶者、生活を共にする交際相手、事実婚を含む）がいる者
加害者	保護者	養護者、養介護施設従事者	養護者、障害者福祉施設従事者、使用者	配偶者（元配偶者、生活を共にする交際相手、事実婚を含む）
虐待の種類	身体的 性的 ネグレクト 心理的	身体的 性的 ネグレクト 心理的 経済的	身体的 性的 ネグレクト 心理的 経済的	身体に対する暴力、心身に有害な影響を及ぼす言動
発見者の通告	児童虐待を受けたと思われる児童を発見した者は、速やかに、市町村、福祉事務所、児童相談所に通告（義務）。 ＊児童委員を介しても可。	高齢者の生命・身体に重大な危険が生じている場合は、速やかに、市町村に通報（義務）。重大な危険以外は通告する努力義務。	障害者虐待を受けたと思われる者を発見した場合（義務） ・養護者による虐待 →市町村に通告 ・施設従事者による虐待 →市町村→都道府県に通告 ・使用者による虐待 →市町村または都道府県。最終的には労働局に通告。	配偶者からの暴力を受けている者を発見した者は、その旨を配偶者暴力相談支援センター（女性相談支援センター）又は警察に通報（努力義務）。
参照ページ	p.233	p.226	p.201	p.234

5

❷

ソーシャルワークの基盤となる法

Chapter ③ 福祉行財政の枠組みを知ろう

福祉制度を実施する体制について行政の枠組みと財源を整理しておきましょう。

1 福祉行政を担っている機関を知ろう

（1）行政事務と地方自治制度

　福祉制度を具体的に運用しているのは、福祉行政です。福祉行政は主に市町村が中心になって行われています。地方自治制度は、憲法に基づき地方自治法に定められていて、都道府県と市町村は普通地方公共団体、東京都に含まれる23区は特別地方公共団体の特別区に分類されます。市のうち、おおむね、人口20万人以上は中核市、人口50万人以上の市は指定都市となります。

　福祉行政の実施については、権限の地方への移譲（地方分権化）が進められています。

　現在の地方公共団体の事務は法定受託事務と自治事務に分けられます。

■地方公共団体の事務■

法定受託事務	第一号法定受託事務	本来国が行うべき事務を都道府県、市町村、特別区が処理する。 例：生活保護法に基づく保護の実施 ・児童手当、児童扶養手当、特別児童扶養手当等の支給 ・社会福祉法人や社会福祉施設の認可
	第二号法定受託事務	本来都道府県が行うべき事務を市町村、特別区が処理する。福祉行政に関するものはほぼない。
自治事務		法定受託事務以外の事務。独自の事業など。 例：生活保護業務のうち、自立助長のための相談・助言 ・児童福祉法、母子及び父子並びに寡婦福祉法、老人福祉法、身体障害者福祉法、知的障害者福祉法に基づく措置 ・介護保険事業　など

168

生活保護に関する事務のうち、保護の実施は第一号法定受託事務、自立の助長のための相談・助言は自治事務です。

（2）社会福祉の実施体制

全体像を示すと、次の図のようになります。

■社会福祉の実施体制■

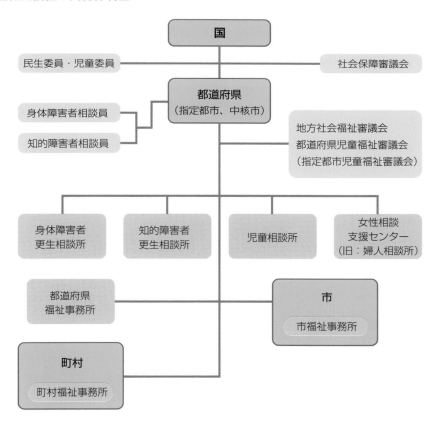

このうち、社会福祉に関する相談機関には次ページのようなものがあります。

相談機関・根拠法	主な業務
福祉事務所 （社会福祉法）	• 都道府県と市に必置、町村に任意設置される、福祉行政の中心となる機関 • 都道府県の福祉事務所では、生活保護法、児童福祉法、母子及び父子並びに寡婦福祉法に基づく事務 • 市町村の福祉事務所では、上に加えて老人福祉法、身体障害者福祉法、知的障害者福祉法に基づく事務
児童相談所 （児童福祉法）	• 都道府県、指定都市に必置、中核市、特別区に任意設置 • 児童・家庭に関する専門性の高い相談、指導調査・判定 • 児童の一時保護　など
身体障害者更生相談所 （身体障害者福祉法）	• 都道府県に必置、指定都市に任意設置 • 身体障害者に関する専門性の高い相談 • 身体障害者に関する調査・判定
知的障害者更生相談所 （知的障害者福祉法）	• 都道府県に必置、指定都市に任意設置 • 知的障害者に関する専門性の高い相談 • 18歳以上の知的障害者に関する調査・判定
女性相談支援センター （困難女性支援法）＊	• 都道府県に必置、指定都市に任意設置 • 困難な問題を抱える女性に関する問題について、その背景や心身の状況などを把握し、本人の立場に立って行う次の支援。 …相談、機関の紹介、一時保護、心身の健康回復のための援助、自立促進のための就労・住宅・制度利用の支援など。
精神保健福祉センター （精神保健福祉法）	• 都道府県と指定都市に必置 • 精神保健・精神障害者福祉に関する知識の普及、調査研究 • 精神保健・精神障害者福祉に関する専門性の高い相談など
地域包括支援センター （介護保険法）	• 市町村が設置可能 • 地域支援事業のうちの包括的支援事業 • 高齢者に対する虐待の防止・早期発見 • 被保険者に対する情報提供　など

＊正式の題名は「困難な問題を抱える女性への支援に関する法律」。2024（令和6）年4月に、根拠法が売春防止法から移された。

どこが必置なのか、任意なのか、しっかり覚えなきゃですね！

2 行政法について少し学ぼう

(1) 行政の行為とは

　行政法とは行政に関する法律の総称です。福祉行政は行政法に則って実施されますので、少しだけ行政法について学んでおきましょう。

　行政が行うこと、すなわち行政行為とは、行政庁が法律の定めに従って、公権力を使って、国民に対して「あれをしろ、これをするな」など一方的かつ具体的に法的な事柄を決定することです。一般的に行政処分といわれます。

(2) 行政行為の効力

　行政の行為は、一般の人による行為とは異なり、強い力を持ちます。法によって社会システムの秩序を維持するためです。

　行政行為は、原則として、書面の交付・送達などによって、相手方がその内容を知りうる状態に置かれたときに、法としての効果（効力）を生じます。

　行政行為の特別な効力として、重要な点は、以下の通りです。

拘束力	行政行為がその内容に応じて、相手方と行政庁を拘束する効力。行政行為の取消しがされるまでは、行政行為に法的な効果があるとする。
公定力	たとえ違法な行政行為であっても、無効でない限り、国家機関（処分庁、上級処分庁、裁判所）によって取り消されるまでは、有効なものとして、行政行為の相手方や第三者、他の国家機関に対して効力を持つ。
不可変更力	行政上の不服申立てに対する決定や、紛争を裁断する行政行為をした行政庁は、その行為を自ら取り消すことができない。
自力執行力（執行力）	国民が行政行為によって命じられた義務を履行しない場合、法律に基づいて、行政庁が義務者に対し強制執行ができる。
不可争力（形式的確定力）	たとえ行政行為が違法であっても、重大かつ明白な瑕疵があるとして無効とされない限り、法律で決められた期限内に処分の取消訴訟を提起しなければその行政行為は有効になる。

「取消し」は「撤回」とは違うのですか？

「取消し」というのは、はじめからその行為が行われなかったのと同じ状態に戻すことをいいます。「この話はなかったことに」するのです。これに対して、「撤回」は、過去に遡ることはなく、将来についてその効力をなくすことです。「これから先はないことに」するのです。

（3）瑕疵ある行政行為

　行政行為のうちには、「瑕疵ある行政行為」と呼ばれるものがあります。「瑕疵」とは傷のことで、行政行為の効力を妨げる事情を持った行政行為です。法律に反する違法な行為や、公益に反する不当な行為など瑕疵ある行政行為についての効力は、次のように分けられます。

無効な行政行為	瑕疵の程度が甚だしく、はじめから行政行為の内容に適合する法的効果が全く生じない行為。公定力が認められない。
取消しうべき行政行為	瑕疵はあるものの公定力が認められ、正当な権限のある行政庁・裁判所によって取消しが行われるまで法的効果がある行為。

（4）行政救済制度

　行政行為によって国民が損害を被ることがありえます。この場合に、その損害を事後的に救済するための制度（行政がやったことに文句を言って、どうにかしてもらうこと）を行政救済制度といい、不服申立て、行政事件訴訟、国家賠償、損失補償の4つの制度があります。次のようになります。

■行政救済制度■

制度名	救済する主体	救済の方法	行政行為の違法性
不服申立て	行政庁	処分の取消し	違法、不当
行政事件訴訟	裁判所	処分の取消し	違法
国家賠償	裁判所	損害の補てん	違法
損失補償	裁判所	損害の補てん	適法

このうち、行政庁に対して行う不服申立ては、かつては処分を下した行政庁に直接行う「異議申立て」と、処分庁の直近上級行政庁に対して行う「審査請求」がありましたが、行政不服審査法の改正により審査請求に一元化されました（2016〔平成28〕年施行）。ただし、不服申立てが大量に見込まれる処分等については、「異議申立て」の代わりに、処分庁の処分の見直しを求める「再調査の請求」が導入されました。

　なお、審査請求の裁決に不服がある場合に行う「再審査請求」が認められる場合もあります。例えば、介護保険制度における処分（要介護認定の結果など）については都道府県に設置されている介護保険審査会に審査請求することができますが、一審制で、再審査請求をすることはできません。これに対し、生活保護に関する処分については、都道府県知事に審査請求を、厚生労働大臣に再審査請求をすることが生活保護法において認められています。

　なお、行政庁に対して行う「不服申立て」と司法（裁判所）に対して行う「行政事件訴訟」は、どちらを選んでも良いのが原則ですが、社会保険や生活保護のように件数が多いような場合には「不服申立て（審査請求）」を先に行って、その裁決の後でなければ訴訟を起こすことができないことになっています。これを「不服申立（審査請求）前置主義」といいます。

3 福祉の財政について少し知ろう

　福祉政策の実施には、費用がかかります。

　たとえば、生活保護制度を実施するには、生活保護費を支給することが必要です。その財源は、全額公費で賄われ、国が4分の3、福祉事務所を設置している自治体が4分の1を負担しています。生活保護法において、そのように規定され、生活保護制度の財源が確保されています。

　このように、福祉制度・政策においては、どのように財源を確保するかが重要です。少しだけ、制度の財源となる財政についてみておきましょう。

（1）国家財政

　国の予算では、社会福祉関係の費用は「社会保障関係費」として計上されます。高齢化に伴い、年金や医療などの社会保険給付が増加しており、国の歳出に占める割合は上昇しています。

2024（令和6）年度国家予算では、社会保障関係費は高齢化と子ども・子育て政策の強化を反映し、前年に比べ2.3％増加し37兆7,193億円になりました。これは、一般会計予算（112兆5,717億円）の33.5％に当たり、最大の項目となっています。

　2023（令和5）年にこども家庭庁が発足するなど、子ども・子育て支援の強化、貧困・格差対策の強化を含んだ全世代対応型の社会保障を目指して改革が進められています。

 Check 一般会計予算の3分の1が社会保障関係費になっています。

（2）地方財政

　財政支出は国のほかに、地方公共団体による支出の比重が大きくなっています。国と地方の財政支出の比は、国4割：地方6割です。

　地方は、歳出の財源が税収だけでは足りない、という構造になっています。このため、足りない財源を、国から地方へお金を渡すことで地方の財政を賄う、という仕組みとなっています。このお金には地方交付税交付金と国庫支出金の2種類があります。

　比較すると下表の通りです。

地方交付税交付金	日本国内のどの地方でも最低限度提供すべき行政サービスのレベルを確保するために、地方ごとの財政的なデコボコをならすことを目的とする。使途の制限無しに国から地方に渡すお金。地方の一般財源となる。
国庫支出金	政策的な意図通りにお金が使われることを目的とする。使途の制限付きで国から地方に渡すお金。

　地方公共団体全体の歳出を目的別にみると、令和4年度決算では社会福祉関係費用である「**民生費**」が25.8％を占め最大費目となっています。

 **★用語★**

民生費
地方公共団体が福祉の充実を図るために支出する費用。民生費の内訳は、社会福祉費、老人福祉費、児童福祉費、生活保護費、災害救助費となっている。

Chapter ④ 福祉計画について学ぼう

近年、福祉政策は福祉計画に基づいて実施されるようになっています。福祉計画はどのように作られ、どのような計画が策定されているのでしょうか？

1 福祉計画とは

　福祉計画は、福祉政策の効率を上げるため、つまり、できるだけ無駄なく福祉を増進するために立てる具体的な計画です。多くの福祉実践は、3年や5年を期間とする計画に沿って行われます。

2 福祉計画の策定方法を知ろう

　福祉計画を立案し、計画にまとめ、実行する過程は次のようになります。

構想計画（plan）
　計画の基本的な考え方。調査によって問題を明確化し、計画の目標を設定する。

↓

課題計画（program）
　計画を策定するための作業。実際にニーズを明確にし、代替案、計画目標、優先順位などを検討する。

↓

実施計画（do）
　計画を実行するための作業。計画期間を設定する、計画実施のための予算をとる、必要な社会資源を開発する、など。

↓

❹評価（see）
　計画の策定主体、実施過程、目標に対する達成度等を評価。評価結果を各計画段階にフィードバックし、改善（action）する。

5

④

福祉計画について学ぼう

3 計画を作る主体を知ろう

（1）行政の計画

　わが国では、第二次世界大戦後に所得倍増計画をはじめとする経済計画が策定されてきましたが、特に福祉において「計画」が注目されるようになったのは、経済成長が鈍化した1980年代以降です。

　財政がひっ迫し、福祉政策に用いることができる財源が限られている中で、福祉政策を効率的に進めるために、計画が策定されるようになりました。

　この時期は、国連を中心として障害者福祉推進の機運が高まり、また、少子高齢化が急激に進んだため、様々な福祉課題が浮かび上がっていました。このため、政府は、期間を区切って、高齢化対策、少子化対策、障害者対策などの分野で、様々な福祉計画を策定しました。

　具体的には、国が基本計画を策定して、期間を区切って政策目標を明示し、それに沿って都道府県・市町村も福祉サービスの整備計画を策定します。こうして、全国的に一定水準の福祉政策の実現を図ります。

（2）民間の計画

　民間による福祉計画には、社会福祉協議会による地域福祉活動計画や、次世代育成支援対策推進法や女性活躍推進法に基づいて一般事業主が作成する一般事業主行動計画があります。

　社会福祉協議会は、社会福祉法において、地域福祉の推進を図ることを目的とする団体であると明記される前から、地域福祉の中核でした。

　また、一般事業主については、少子化対策である次世代育成支援や女性活躍支援には、雇用主による対策が必要なため、従業員101人以上の事業主に、行動計画の策定が義務づけられています（女性活躍推進法では2022〔令和4〕年4月より対象を従業員301人以上の企業から拡大した）。

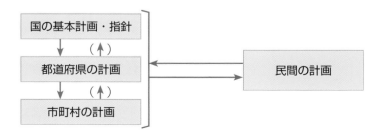

国の基本計画のうち、特に重要なものをピックアップしてみましょう。

（1）これまでに国が策定した基本計画

■国の基本計画■

対　象	策定年	計画名
高齢者	1989	ゴールドプラン
	1994	新ゴールドプラン
	1999	ゴールドプラン21
児童家庭	1994	エンゼルプラン
	1999	新エンゼルプラン
	2004	子ども・子育て応援プラン
	2010	子ども・子育てビジョン
	2013	待機児童解消加速化プラン
	2017	子育て安心プラン
障害者	1982	障害者対策に関する長期計画
	1993	障害者対策に関する新長期計画（＝障害者基本計画〔第1次〕）
	1995	障害者プラン～ノーマライゼーション7か年戦略～
	2002	新障害者基本計画（第2次）　新障害者プラン（重点施策実施5か年計画）
	2007	重点施策実施5か年計画（＝新5か年計画）
	2013	第3次障害者基本計画
	2018	第4次障害者基本計画
	2023	第5次障害者基本計画

5
❹
福祉計画について学ぼう

(2) 地域福祉計画

　地域福祉計画は、地域において福祉ニーズを充足するために策定される計画です。そのうち、民間による地域福祉計画は、「地域福祉活動計画」として、社会福祉協議会が中心となり作成されてきました。

　一方、行政による地域福祉計画は、2000（平成12）年の社会福祉法の成立によって策定されるようになりました。「地域福祉計画」が社会福祉法に規定されたことは、社会福祉において「地域福祉」と「計画」が重視されるようになったことを示しており、非常に大切なポイントです。

　社会福祉法では、市町村地域福祉計画と都道府県地域福祉支援計画の策定が規定され、計画の策定は2018（平成30）年度に任意から努力義務となりました。ここで非常に重要なのは、「住民の参加」が重視されている点です。

　市町村地域福祉計画の策定・変更をしようというときには、あらかじめ、住民、社会福祉を目的とする事業を経営する者、社会福祉に関する活動を行う者（合わせて「地域住民等」）の意見を反映させるために必要な手立てをとることが努力義務とされています。都道府県地域福祉支援計画の策定・変更には、あらかじめ、住民などの意見を反映させるために、公聴会を開催するなど必要な手立てをとることが努力義務とされています。そして、両方とも、その内容を公表することも努力義務とされています。

　2020（令和2）年の社会福祉法改正により、市町村は包括的な支援体制を整備するために重層的支援体制整備事業を実施できることになり、実施する際には、重層的支援体制整備事業実施計画の策定が努力義務とされました。

■地域福祉計画に策定する事項■

市町村地域福祉計画	都道府県地域福祉支援計画
①高齢者福祉、障害者福祉、児童福祉等共通して取り組むべき事項（各福祉計画の上位計画の位置づけ） ②福祉サービスの適切な利用の推進 ③地域における社会福祉を目的とする事業の健全な発達 ④地域福祉活動への住民の参加の促進 ⑤地域生活課題の解決に資する包括的支援体制の整備に関する事項	①高齢者福祉、障害者福祉、児童福祉等共通して取り組むべき事項（各福祉計画の上位計画の位置づけ） ②市町村の地域福祉推進を支援するための基本方針 ③社会福祉従事者の確保、資質向上 ④福祉サービスの適切な利用の推進、社会福祉を目的とする事業の健全な発達のための基盤整備に関する事項 ⑤市町村の包括的支援体制の整備の実施の支援に関する事項

（3）高齢者支援 − 老人福祉計画と介護保険事業計画

　高齢者を支援するための福祉計画は、老人福祉法に規定されている老人福祉計画と、介護保険法に規定されている介護保険事業計画があります。

　老人福祉法では、市町村に市町村老人福祉計画、都道府県に都道府県老人福祉計画の策定を義務づけています。

　また、医療と介護が総合的に確保されることが必要なため、介護保険法では、国（厚生労働大臣）が医療介護総合確保促進法の総合確保方針に基づいて、介護保険事業計画の基本指針を策定することを規定しています。2024（令和6）年4月から第9期計画です。その基本指針に即して、市町村に市町村介護保険事業計画、都道府県に都道府県介護保険事業支援計画を3年を一期として策定することを義務づけています。策定にあたっては、実情を把握し、情報を分析するよう努め、また事後に評価を行うことを義務づけています。

　市町村老人福祉計画と市町村介護保険事業計画、都道府県老人福祉計画と都道府県介護保険事業支援計画は各一体のものとして作成され、かつそれぞれの地域福祉計画などと調和が保たれたものであることが求められます。

■市町村老人福祉計画と市町村介護保険事業計画、
　都道府県老人福祉計画と都道府県介護保険事業支援計画に定める事項（義務）■

市町村老人福祉計画	都道府県老人福祉計画
• 老人福祉事業の供給体制の確保	• 市町村老人福祉計画を支援するために、広い視野で、老人福祉事業の供給体制を確保

市町村介護保険事業計画	都道府県介護保険事業支援計画
• 日常生活の区域ごとに各年度の地域密着型サービスの必要利用定員数等、介護給付等対象サービスの種類ごとの量の見込み • 各年度の地域支援事業の量の見込み • 被保険者の自立生活支援、予防・軽減・悪化の防止、介護給付費用の適正化に関する施策に関する事項と目標　等	• 各年度の介護保険施設等の入所系介護給付等対象サービスの量の見込み • 左記の市町村取組への支援として、都道府県が取り組むべき施策に関する事項と目標　等

POINT 老人福祉計画と介護保険事業計画は一体のものとして策定されなければなりません。

　なお、市町村介護保険事業計画と都道府県介護保険事業支援計画は、医療介護総合確保促進法に基づく都道府県計画、市町村計画と整合性がとれていることが求められます。

（4）障害者支援－障害者基本計画と障害福祉計画

①障害者基本計画

　福祉に限らず、障害者施策の考え方を規定する障害者基本法では国（政府）が障害者基本計画を策定し、それに基づいて都道府県が都道府県障害者計画を、市町村が市町村障害者計画を策定することが規定されています。

　福祉計画のうちで一番早く策定されたのは、障害者支援に関する計画でした。これは、1981年を国連が「国際障害者年」としたことによるものです。

　この動きに対応するために、わが国では、1982（昭和57）年に「障害者対策に関する長期計画」（1983〔昭和58〕年度からの10年間）が初の障害者計画として策定されました。

　その後、数次にわたって基本計画が策定され、2023（令和5）年3月には、2023（令和5）年度から2027（令和9）年度の5年間についての第5次障害者基本計画が策定されました。

②障害福祉計画

　障害福祉計画は、障害者総合支援法に基づいて市町村と都道府県が策定します。市町村は、国（厚生労働大臣）が示す障害福祉サービスの基盤整備に関する基本指針に沿って、市町村障害福祉計画を策定します。都道府県は、市町村障害福祉計画を集約して、都道府県障害福祉計画を策定し、国（厚生労働大臣）に提出します。障害者基本計画と障害福祉計画、地域福祉計画は、お互いに調和が保たれたものでなくてはならないと規定されています。

③障害児福祉計画

　2018（平成30）年度から、市町村と都道府県は、障害児のサービス提供体制について障害児福祉計画を策定することが児童福祉法において義務づけられました。それぞれ市町村障害福祉計画、都道府県障害福祉計画と一体のものとして策定することも認められます（義務ではありません）。

Check ☑

障害者基本計画と障害福祉計画には「調和」が求められます。老人福祉計画と介護保険事業計画のように「一体のもの」という縛りはありません。

　市町村の障害者支援のための計画と都道府県の障害者支援のための計画で定めることが義務づけられている事柄をまとめると、次のようになります。

■**市町村障害者計画と市町村障害福祉計画**
　都道府県障害者計画と都道府県障害福祉計画に定める事項（義務）■

市町村障害者計画	都道府県障害者計画
• 障害者施策に関する基本的な計画	• 障害者施策に関する基本的な計画

市町村障害福祉計画	都道府県障害福祉計画
• 障害福祉サービス、相談支援、地域生活支援事業の提供体制の確保目標 • 指定障害福祉サービス、指定地域相談援、指定計画相談支援の必要量の見込み • 地域生活支援事業の種類ごとの実施	• 障害福祉サービス、相談支援、地域生活支援事業の提供体制の確保目標 • 指定障害福祉サービス、指定地域相談支援、指定計画相談支援の必要量の見込み • 指定障害者支援施設の必要入所定員総数 • 地域生活支援事業の種類ごとの実施

（5）子ども家庭支援

①次世代育成支援行動計画

　次世代育成支援行動計画は、2003（平成15）年から施行されている次世代育成支援対策推進法（次世代法）に基づいて策定されています。国が行動計画策定指針を定め、市町村、都道府県は行動計画を策定することができる、とされています。また、101人以上の従業員を雇用している一般事業主は、一般事業主行動計画を策定することが義務づけられています。該当する事業主は、従業員の仕事と子育ての両立を図るための雇用環境の整備などについて計画期間・目標・目標達成のための対策とその実施時期を定め、届出、公表・周知することとされています。

②子ども・子育て支援事業計画

　子ども・子育て支援事業計画は、子ども・子育て支援法に基づいて策定されます。内閣総理大臣が子ども・子育て会議の意見を聴き、文部科学大臣、

厚生労働大臣等と協議して基本指針を定めます。

　市町村は、基本指針に即して、地域子ども・子育て支援事業の実施主体として、5年を一期とする市町村子ども・子育て支援事業計画を定めることが義務づけられています。

　都道府県は、基本指針に即して、5年を一期とする都道府県子ども・子育て支援事業支援計画を定めることが義務づけられています。

■市町村子ども・子育て支援事業計画と
　都道府県子ども・子育て支援事業支援計画に定める事項（義務）■

市町村子ども・子育て支援事業計画	都道府県子ども・子育て支援事業支援計画
• 教育・保育提供区域ごとの特定教育・保育施設の必要利用定員総数、特定地域型保育事業所の必要利用定員総数その他教育・保育の量の見込みとその提供体制の確保の内容と実施時期 • 教育・保育提供区域ごとの地域子ども・子育て支援事業の量の見込みとその提供体制の確保の内容と実施時期 • 子どものための教育・保育の一体的提供とその推進体制の確保の内容 • 子育てのための施設等利用給付の円滑な実施の確保の内容	左記事項の他 • 子育てのための施設等利用給付の円滑な実施の確保を図るために必要な市町村との連携に関する事項 • 従事者の確保及び資質の向上のために講ずる措置に関する事項 • 保護を要する子どもの養育環境の整備、障害児に対する保護、指導、知識技能の付与その他、子どもに関する専門的な知識、技術を要する支援の実施に関する事項

③こども大綱

　2023（令和5）年に施行された「こども基本法」に基づき、政府は、こども施策を総合的に推進するため、「こども大綱」を定めることが義務付けられました。

　「こども大綱」では、こども施策に関する基本的な方針などを定めることとなっています。その際、少子化社会対策基本法、子ども・若者育成支援推進法、「子どもの貧困対策推進法」に規定されている施策を含み、また、数値目標を示すこととなっています。

　2023（令和5）年12月に最初のこども大綱が閣議決定されました。今回の大綱では、子どもが「権利の主体」であると明記し、貧困や虐待防止対策などについて定めました。また、「こども政策について意見を聴いてもらえている」と思う10～20代の割合を、現在の約2割から5年後には7割に引き上げることなどの数値目標を掲げました。

PART
6

さまざまな福祉課題と包括的な支援について学ぼう

対応試験科目

- ◆ 社会保障
- ◆ 権利擁護を支える法制度
- ◆ 地域福祉と包括的支援体制
- ◆ 障害者福祉　◆ 刑事司法と福祉
- ◆ 高齢者福祉　◆ 児童・家庭福祉
- ◆ 貧困に対する支援　◆ 保健医療と福祉

地域における「包括的な支援」の考え方を知ろう

ソーシャルワークでは、地域における生活が重視されています。地域における福祉、地域生活を支える機関や施設、担い手となる人びとについて学びましょう。

1 地域とは

（1）奥田道大による地域社会モデル

　地域福祉における「地域」は、英語では「コミュニティ（Community）」に当たります。マッキーバーによれば、コミュニティとは、「一定の地域において共同生活が行われている社会」です。

　奥田道大（みちひろ）は、地域社会について「住民の行動における主体性」（地域のことを自分たちの手で行おうとするか行政任せか）という軸と、「住民の意識における普遍性」（地域全体を考える広い視野があるか閉鎖的な視野か）という軸によって４つのモデルを考えました。

■奥田モデル■

「地域共同体」モデル	地縁的な結びつきと一体感が強い社会。まとまりはよいが閉鎖的。
「伝統的アノミー」モデル	住民の地域に対する帰属意識が薄く、無関心。
「個我」モデル	住民の権利意識が強く、関心は利己的である。
「コミュニティ」モデル	住民が地域全体を考える視野を持ち、地域社会の活動に参加する。

　奥田は、上記の表のうち、「地域共同体」モデルから都市化の進展によって「伝統的アノミー」モデルになり、その後住民の権利意識の発達によって「個我」モデルへと変化し、最後に理想的な「コミュニティ」モデルへと発展すると考えました。図にすると右のようになります。

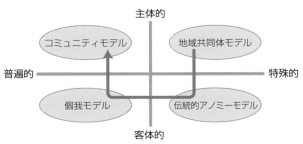

(2) 福祉圏域

　福祉の実践、という点から地域を考える場合、福祉施策を実施するのに有効な範囲を設定することが求められます。

　2008（平成20）年の「これからの地域福祉のあり方に関する研究会報告書」では、重層的な福祉圏域の設定を提唱しています。

　最小の圏域は住民の地域福祉活動である見守り活動や災害時の支援等を行いやすい範囲です。これを単位として、自治会圏域→学区圏域→市町村支所圏域→市町村全域→県域・広域、と課題をより広く共有し、解決していくモデルを例示しています。

> **POINT**　地域における福祉政策の実施のために、住民の主体的な地域福祉活動を基盤として、重層的な福祉圏域を設定することが考えられています。

2 地域福祉の考え方を知ろう

(1) コミュニティ・オーガニゼーションの考え方

　コミュニティ・オーガニゼーション（地域組織化活動）は、地域における福祉の実践方法です。アメリカで発達しました。

　リンデマンは「地域社会における諸問題を民主的に調整する意識的努力を組織すること」と定義し、関係機関の相互協力を重視しました。後にM.ロスは、「組織化説」を提唱し、「共同社会が（福祉的な課題の解決のために）、団結協力して実行する態度を養い育てる過程」のことと定義しました。

(2) コミュニティケア理論

　コミュニティケアとは、慢性疾患や障害がある人が、病院や施設ではなく、地域の中で普通の人と同じように生活できるように支援することです。

　1960年代以降、イギリスにおいてコミュニティケアに関する報告書が多数提出され、それを基に、地域を重視した福祉政策が進められました。

　1968年の「シーボーム報告」を受け、1970年に「地方自治体社会サービス法」が制定され、自治体が社会サービスを提供できるようにしました。

1978 年の「ウォルフェンデン報告」では、福祉多元主義を明記し社会サービスをインフォーマル部門、フォーマル部門、民間非営利部門、民間営利部門に分けコミュニティケアにおける部門間のネットワークの重要性を示しました。

1982 年の「バークレイ報告」では、コミュニティソーシャルワークという言葉が用いられ、コミュニティソーシャルワークの援助方法と展開システムの必要性が指摘されました。また、1988 年の「グリフィス報告」では、コミュニティケア政策の財政責任とマネジメントの責任が明らかにされ、1989 年に「コミュニティケア白書」が策定されました。翌年の 1990 年には、福祉の準市場（擬似市場）の導入を提言した「国民保健サービス及びコミュニティケア法」が制定されました。

このような、イギリスのコミュニティケアの推進は、わが国のコミュニティケアに多大な影響を与えました。

東京都の社会福祉審議会は 1969（昭和 44）年の答申において、「コミュニティケア」を、在宅の対象者に対して地域の社会福祉機関、施設により、住民の参加を得て行われる社会福祉の方法である、と定義しました。

その後、コミュニティケアの考え方が、福祉において重視されていきました。

(3) 福祉コミュニティの考え方

「福祉コミュニティ」という概念は、岡村重夫が提起しました。

福祉コミュニティは、援助を必要とする対象者、対象者の代弁者（家族・支援者など）、福祉サービスを提供する機関・団体・施設（制度を含む）によって成り立ちます。

福祉コミュニティにおいて重要な点は、対象者である要援助者自身が、主体的に、援助や予防的福祉などの福祉活動地域に関わることです。

社会福祉法第 4 条第 2 項において、「福祉サービスを必要とする地域住民が地域社会を構成する一員として日常生活を営み」「あらゆる分野の活動に参加する機会が確保されるように、地域福祉の推進に努めなければならない」と規定しているのは、福祉コミュニティを作っていこうという考えを表明しているのだといえます。

要援助者自身の社会参加なんだね。

（4）地域福祉の進め方

　福祉コミュニティを目指して、地域福祉をどのように推進していくのか、という点について考えると、次のことが原則となります。

●地域福祉推進の原則

❶地域の個別化：地域の独自性を重視。

❷福祉課題の把握：地域においてどのような福祉ニーズがあるかを的確に把握し、その具体的なニーズに対応する。

❸地域住民の主体性の尊重：地域住民が、自分たちの問題として、解決に向けた努力をすることが重要。

❹社会資源への関与：地域の福祉課題を解決するために、社会資源を活用し、必要に応じて開発する。

❺組織化の重視：地域社会の問題を解決するために活動しようとする主体が、個々ばらばらに活動するのではなく、組織として機能するように支援する。

❻公私協働：行政など公的部門とボランティアなど私的部門が協働して問題解決にあたるように支援する。

（5）地域共生社会の実現に向けた取組み

　ますます進む少子高齢化、そして、人口減少社会の福祉を支えていくために、厚生労働省では、地域福祉の一層の推進を目指しています。地域の生活課題を、地域全体で解決していこうという、これまでの取組みとは異次元の取組みです。2016（平成28）年に閣議決定された「ニッポン一億総活躍プラン」では地域共生社会の実現が掲げられました。

地域共生社会とは

制度・分野ごとの『縦割り』や「支え手」「受け手」という関係を超えて、地域住民や地域の多様な主体が『我が事』として参画し、人と人、人と資源が世代や分野を超えてつながることで、住民一人ひとりの暮らしと生きがい、地域をともに創っていく社会。

6
❶
地域における「包括的な支援」の考え方を知ろう

このため、厚生労働省では社会福祉法や介護保険法の改正を中心に法整備を進めています。2024（令和6）年3月までに施行された主な改正点は次の通りです。

①重層的支援体制整備事業（相談支援・参加支援・地域づくりを一体的に実施）の創設（2021〔令和3〕年4月施行）。
②地域福祉計画において包括的支援体制の整備に関する事項の記載を努力義務化（2021〔令和3〕年4月施行）。
③社会福祉連携推進法人制度創設（2022〔令和4〕年4月施行）。
　…社会福祉事業に取り組む社会福祉法人やNPO法人等を社員とし、相互の業務連携を推進。
④介護保険法において、介護保険事業（支援）計画の記載事項として、介護人材の確保及び業務効率化の取組みを追加（2021〔令和3〕年4月施行）。　　　　　　　　　　　　　　　　　　　　　　　　　　　　　など

　このうち、重層的支援体制整備事業は、市町村が包括的な支援体制を整備するために実施することが認められるようになった事業です（社会福祉法第106条の4に規定）。
　内容は、
①包括的相談支援（領域を限定しない相談支援）
②参加支援（社会生活に問題を抱えた人の活動参加を支援）
③地域づくり支援
④アウトリーチ等を通じた継続的支援
⑤多機関協働
⑥支援プランの作成
を一体的に行う、というもので、任意事業であるため、まだ実施している市町村は多くありませんが、国としては地域共生社会推進の中心となる事業と位置付けており、実施の際には交付金を支給するなど支援することとしています。
　また、貧困に対する支援のところで学習する「生活困窮者自立支援制度」による事業も、対象を年齢や所得によって制限していないので、包括的な支援体制の重要な事業となっています。

（6）地域生活を支える日常生活自立支援事業について知ろう

①日常生活自立支援事業とは

　日常生活自立支援事業は、社会福祉法に第二種社会福祉事業と定められた「福祉サービス利用援助事業」の内容を実施しています。認知症高齢者、知的障害者、精神障害者など判断能力が不十分な者が、慣れ親しんだ地域で自立した生活が送れるように、利用者との契約に基づき福祉サービスの利用援助等を行います。本人が契約内容について理解できることを前提とします。

②成年後見制度と日常生活自立支援事業の比較

　成年後見制度と日常生活自立支援事業を比較すると、次のようになります。

成年後見制度		制度	日常生活自立支援事業 （福祉サービス利用援助事業）
法定後見制度	任意後見制度		
民法	任意後見契約に関する法律	根拠法	社会福祉法
判断能力の不十分な成人（認知症高齢者・知的障害者・精神障害者など）	現在は判断能力に問題ないが、将来に備えたい者	対象者	判断能力が不十分だが、事業の契約内容については判断できる者
類型は、後見、保佐、補助がある。	自分の判断能力が衰えたときに備えて、事前に任意後見受任者を決めておく。	内容	・福祉サービス利用援助（相談・助言・手続き・支払いなど） ・日常生活上の金銭管理 ・書類等の預かりなど契約による
後見人等が代理、同意、取消しにより、本人の行為を法的に保護する。 ・財産管理、身上保護（事務）	発効後は、任意後見人が代理で法律行為を行う。		
申立人が家庭裁判所に後見開始の審判を申立て、後見人等が選任される。	本人の判断能力が衰えたときに、申立人が家庭裁判所に任意後見監督人の選任を申立て、選任されると任意後見受任者が任意後見人になる。	利用開始手続き	都道府県社会福祉協議会、指定都市社会福祉協議会に申し込み、契約を結ぶ。

（7）そのほかの地域生活における権利擁護のための制度を知ろう

①社会福祉法に規定する苦情解決の仕組み

　社会福祉法では、福祉サービス利用者の苦情解決のために、事業者に第三者委員会を設置すること、都道府県社会福祉協議会に解決をあっせんする運営適正化委員会を設置することなどの仕組みを規定しています。

　福祉サービスを利用している人は、事業者に対して不利な立場に立たされやすいのですが、このような苦情解決の仕組みを利用することによって、福祉サービスに不満があるときに解決を図ることができます。判断能力が不十分な人の場合は、前のページで学習した「日常生活自立支援事業」の福祉サービス利用援助を利用することによって、苦情解決を図ることが可能です。

　なお、介護保険制度上のサービスについての苦情は国民健康保険団体連合会に申し出ることもできます。

②成年後見制度利用支援事業

　成年後見制度利用支援事業は、成年後見制度の利用を推進するために、制度の周知のための広報活動や申立経費や後見報酬等の制度利用に必要な経費を公的に支援する制度です。

　認知症高齢者については、介護保険制度における地域支援事業の任意事業として、障害者については、障害者総合支援法における市町村地域生活支援事業の必須事業の一つとして行われます。

3 地域生活を支える機関について知ろう

(1) 社会福祉協議会

　社会福祉協議会は、社会福祉法において、地域福祉の推進を図ることを目的とする団体と位置づけられています（第109条〜111条）。したがって、民間組織ではありますが、非常に公益的な組織です。

　市町村社会福祉協議会は、住民の福祉ニーズに対応するサービスを提供する、ボランティアセンターを設置する、福祉関係の情報を提供するなど住民に身近な福祉活動を行い、また住民の活動を支援します。

　都道府県社会福祉協議会は、広域的な見地から、福祉従事者の研修や社会福祉事業に関する助言などを行います。特に、福祉サービス利用者の権利擁護のために福祉サービスに関する苦情を受け付けて解決をあっせんする運営適正化委員会（→ p.190）を設置すること、日常生活自立支援事業（→ p.189）を実施し、その契約の妥当性をみる契約締結審査会を設置することが重要です。

■**市町村社会福祉協議会と都道府県社会福祉協議会**■

市町村社会福祉協議会		都道府県社会福祉協議会
区域内の社会福祉事業経営者または更生保護事業経営者の過半数及び社会福祉活動を行う者（ボランティア団体等）が参加	会　員	区域内の市町村社会福祉協議会の過半数及び社会福祉事業または更生保護事業経営者の過半数が参加
福祉活動専門員を配置	専門職	福祉活動指導員を配置
①社会福祉を目的とする事業の企画・実施 ②社会福祉に関する活動への住民参加の援助 ③社会福祉を目的とする事業に関する調査・普及・宣伝・連絡・調整及び助成など	社会福祉法上の事業	①（市町村社会福祉協議会の事業のうち）広域的見地から行うことが適切なもの ②社会福祉を目的とする事業に従事する者の養成・研修 ③社会福祉を目的とする事業の経営に関する指導・助言 ④市町村社会福祉協議会相互の連絡・事業の調整
• 日常生活自立支援事業の業務を受託 • 生活福祉資金貸付制度を受託	重要事項	• 日常生活自立支援事業を実施 • 生活福祉資金貸付制度を実施 • 契約締結審査会を設置 • 運営適正化委員会を設置

なお、全国社会福祉協議会は、全国の社会福祉協議会の中央組織として、全国的なネットワークによって、福祉サービス利用者と社会福祉関係者の連絡、調整、活動支援などを行っています。

（2）地域包括支援センター

　地域包括支援センターは、2005（平成17）年の介護保険法の改正により創設されました。地域の高齢者を、様々な面から、継続的・包括的にケアするための中核的な存在です。ただし、社会福祉事業に位置づけられてはいません。人員としては、保健師、社会福祉士、主任介護支援専門員等を配置しています。市町村が設定した担当圏域ごとに設置し、直営または委託によって開設できるとされます。

　事業としては、予防給付の介護予防支援（要支援者に対するケアプラン作成）と、地域支援事業のうち包括的支援事業等を行います。

　特に、地域における権利擁護、介護予防が重要な任務となっています。

　なお、地域包括支援センターの運営は、市町村が事務局となる地域包括支援センター運営協議会が行います。地域包括支援センター運営協議会は、事業者、関係団体、被保険者によって構成されています。

●地域包括支援センターの事業

- 包括的支援事業（①介護予防ケアマネジメント事業、②総合相談支援事業、③権利擁護事業、④包括的・継続的ケアマネジメント支援事業、⑤在宅医療・介護連携推進事業、⑥認知症総合支援事業、⑦地域ケア会議推進事業、⑧生活支援体制整備事業）
- 介護予防支援（介護予防ケアマネジメント）

（3）共同募金会

　共同募金とは、都道府県の区域を単位として、毎年1回、厚生労働大臣の定める期間に行われる寄付金の募集です。赤い羽根共同募金、地域歳末たすけあい募金などがあります。集められた寄付金は、地域福祉の推進を図るための区域内の社会福祉事業、更生保護事業など、社会福祉を目的とする事業を経営する者に配分されます。共同募金を行う事業は、第一種社会福祉事

業です。

　共同募金会は、共同募金事業を行うことを目的に設立された社会福祉法人です。共同募金会は、都道府県社会福祉協議会の意見を聴き、配分委員会の承認を得て、目標額、受配者の範囲、配分方法などを定め公告することとされています。

　なお、共同募金会は、災害の発生その他の特別な事情に備えるために、厚生労働省令で定める割合を上限として準備金を積み立てることができます。

　社会福祉法の成立によって、共同募金は「第10章　地域福祉の推進」の中に位置づけられました。

 POINT　共同募金を行う事業は、第一種社会福祉事業です。

4 地域福祉の担い手となる人びと

（1）当事者

　当事者とは、障害や貧困、高齢などの課題を有する人びとです。福祉コミュニティを目指す地域福祉においては、こうした人びとが、自らの問題を解決するために主体的に行動することが大切です。

　具体的には、当事者自らが当事者グループを組織し、自助と連帯を理念として、ピア・カウンセリングやソーシャルアクション等の活動などにより、地域福祉を進めます。

　家族や地域住民を巻き込んだ運動に発展させることもできます。

（2）ボランティア

　ボランティアは、自発性、主体性、社会性、無償性という特質を持って活動を行う人びとと定義されています。ただし、近年では、無償性に関して実費の支給については認める傾向があります。

　1995（平成7）年7月、防災基本計画が改訂され、「ボランティアの受入れ」及び「防災ボランティア活動の環境整備」に関する項目が設けられました。

　東日本大震災の後、多くのボランティアが被災地を訪れ活動をしましたが、

その際には、市区町村社会福祉協議会の約9割に設置されているボランティアセンターが、ボランティアと被災地のニーズのコーディネートを行いました。

　ボランティアセンターには、任用資格ではありませんが、ボランティアコーディネーターを配置しています。

　ボランティアセンターの働きをまとめると、次のようになります。

●ボランティアセンターの機能
- ボランティア団体同士の連携
- ボランティアに関する相談、情報提供
- 体験プログラム、研修、福祉教育の実施
- ボランティアグループへの活動支援

（3）民生委員

　民生委員は「社会奉仕の精神をもって、常に住民の立場に立って相談に応じ、及び必要な援助を行い、もって社会福祉の増進に努めるもの」と民生委員法に定められています。

　その始まりは、1917（大正6）年に岡山県知事の笠井信一によって実施された済世顧問制度と、1918（大正7）年に大阪府知事の林市蔵と小河滋次郎によって実施された方面委員制度です。ともに、地域の中産階級が貧困者を訪問し調査し支援するドイツのエルバーフェルト制度を参考に創設されました（PART5のChapter①❷を復習してくださいね！）。

　後に、方面委員制度は全国へと広がり、1936（昭和11）年には方面委員令が公布されて全国一律の制度になりました。1948（昭和23）年に民生委員法が制定され、翌年には民生委員は、生活保護行政における補助機関（権限を有する立場）から協力機関（権限を有しない立場）へと改正されています。

　なお、1947（昭和22）年には、児童福祉法によって民生委員は児童委員を兼任することが規定され、1994（平成6）年には、担当区域を持たず、区域の児童委員の連絡調整を行う主任児童委員制度が発足しています。

　民生委員は、都道府県知事が推薦し、厚生労働大臣が委嘱することとなっており、任期は3年です。

　無給のボランティアですが、民生委員の集まりである民生委員協議会には、職務に関して必要な意見を関係各庁に具申する権利が与えられています。

●民生委員の職務

❶住民の生活状態を必要に応じ適切に把握しておくこと。

❷援助を必要とする者がその有する能力に応じ、自立した日常生活を営むことができるように生活に関する相談に応じ、助言その他の援助を行うこと。

❸援助を必要とする者が、福祉サービスを適切に利用するために必要な情報の提供その他の援助を行うこと。

❹社会福祉を目的とする事業を経営する者または社会福祉に関する活動を行う者と密接に連携し、その事業または活動を支援すること。

❺社会福祉法に定める福祉に関する事務所その他の関係行政機関の業務に協力すること。

❻必要に応じ、住民の福祉の増進を図るための活動を行うこと。

POINT
民生委員は、かつては名誉職とされ、行政の補助機関とされていましたが、現在は、無給の民間ボランティアで、福祉事務所等の協力機関となっています。

民生委員はボランティアなんですね。

6
①
地域における「包括的な支援」の考え方を知ろう

2014年1月にわが国は国連の障害者権利条約を批准しました。これに向けて、障害者を支援するための制度は非常に大きく変わりました。

1 障害者基本法～障害者支援の基本的な考え方を知ろう

（1）障害者の定義からわかること

障害者施策の基本となる障害者基本法（1993〔平成5〕年成立、2011〔平成23〕年改正）における障害者の定義は、障害者に対する法制度を理解する上で重要ですので、あらためて読んでみましょう（p.56参照）。

この定義は、非常に重要な考え方を2点表しています。

①「障害」を一元的にとらえている

まず、施策の対象となる「障害者」には、身体障害者、知的障害者、発達障害を含む精神障害者、難病患者が含まれます。

これまでの経緯をみると、各障害が別々の政策対象だったことがわかります。

身体障害者福祉法は1949（昭和24）年に制定されましたが、その主な目的は、傷痍軍人の経済的更生を促すことでした。知的障害については、知的障害児は児童福祉法(1947年)において支援が規定されていました。その後、成長して、知的障害者となった知的障害児を支援するために精神薄弱者福祉法（現：「知的障害者福祉法」）が1960（昭和35）年に制定されました。

一方、精神障害者については、1950（昭和25）年に精神衛生法が制定されました。精神衛生法では精神障害者の私宅監置を廃止したものの、社会防衛の観点から地域精神衛生対策を重視して策定されました。1987（昭和62）年に精神障害者の人権擁護を明文化する改正が行われ、精神保健法に改称されました。その後、1995（平成7）年に福祉施策を重視した「精神保健福祉法」（精神保健及び精神障害者福祉に関する法律）と改称されました。

また、難病患者は、症状が一定とならないことから、2011（平成23）年の障害者基本法の改正まで、障害者に含められていませんでした。

しかし、現在の障害者施策は、難病患者も含めて、これらの様々な障害を一元的にとらえて支援する制度となっています。

 様々な障害がある障害者が一元的に、政策による支援の対象となっています。

②「障害」を社会的にとらえている

次に、障害のとらえ方は、「社会的障壁」を重視し、障害の原因を社会に求める「社会モデル」です。「社会的障壁」であるか否かを決めるのは、障害がある人自身であり、事物・制度・慣行・観念その他一切のものを対象に含めています。したがって、社会的障壁をなくすことが政策的に求められます。

(2) 障害者基本法の理念

障害者基本法では、次のような目的が述べられています。

> • 理念…全国民が障害の有無にかかわらず、等しく<u>基本的人権を享有する</u>かけがえのない個人として尊重される。
> • <u>共生社会</u>（全ての国民が、障害の有無によって分け隔てられることなく、相互に人格と個性を尊重し合いながら共生する社会）の実現を目指す。
> • 障害者の<u>自立</u>及び<u>社会参加</u>の支援のための施策の基本原則を定め、総合的かつ計画的に推進する。

（下線は筆者が追加）

また、上記の理念を実現するための基本原則として、次のように述べています。

> **障害者の地域における共生**
> • 社会を構成する一員としてあらゆる分野の活動に参加する機会が確保される。
> • <u>どこで誰と生活する</u>かの<u>選択の機会</u>が確保され、地域社会で他の人々と共生が可能である。
> • 手話を含む言語その他の意思疎通手段の選択の機会が確保され、情報の取得・利用手段の選択の機会の拡大が図られる。

6
2
障害者福祉について学ぼう

差別の禁止

- 障害を理由とした差別等の権利利益の侵害行為を禁止。
- 社会的障壁の除去が必要な障害者がいるならば、除去実施のため<u>必要かつ合理的</u>な配慮がなされなければならない。

国際的協調

- 共生社会の実現のための施策は国際的協調の下に図られなければならない。

（下線は筆者が追加）

障害者福祉は、基本的人権の尊重・共生社会の実現を理念とし、地域における共生、差別禁止、国際的協調を基本原則とします。

2 障害者を支援するための法律には何があるのかを知ろう

（1）障害者基本法

1でみたように、障害者政策の基本となる考え方を規定した法律です。

（2）障害者の日常生活及び社会生活を総合的に支援するための法律（「障害者総合支援法」）

「障害者総合支援法」は、障害児・者に対する福祉サービス提供について規定した法律です。現在実施されている障害福祉サービスの多くは「障害者総合支援法」に基づいていますので、**3**で詳しく学習します。

「障害者総合支援法」の前身である「障害者自立支援法」は、2005（平成17）年に成立しました。従来、身体障害・知的障害・精神障害の３障害別に実施されていた障害者支援を一元化し、市町村をサービス提供主体としました。

2012（平成24）年に「障害者自立支援法」を大幅に改正し、「障害者総合支援法」が制定されました。「障害者総合支援法」では、障害者基本法、各障害者福祉法を受け、障害者を次のように規定しています。

「障害者」とは（第4条第1項の内容）

- 身体障害者福祉法第4条に規定する身体障害者
- 知的障害者福祉法にいう知的障害者のうち18歳以上である者
- 精神保健及び精神障害者福祉に関する法律第5条に規定する精神障害者（発達障害者を含み知的障害者を除く）のうち18歳以上である者
- いわゆる難病で障害の程度が一定以上の18歳以上である者

また、障害者基本法に対応して、基本理念を第1条の2において次のように規定しています。

18歳未満は「障害児」になります。
大事ですので、しっかり覚えてくださいね。

基本理念（第1条の2）

- 基本的人権を享有するかけがえのない個人として尊重
- 共生する社会を実現
- 障害者の自立及び社会参加の支援等のための施策を総合的かつ計画的に推進

（下線は筆者が追加）

（3）身体障害者福祉法

身体障害者福祉法では、身体障害者手帳の交付を受けていることが身体障害者の要件です。市町村が本人と介護者への援護を行うこと、都道府県に身体障害者更生相談所を設ける義務があることを明記しています。

なお、身体障害者手帳は、「身体障害程度等級表」の1～7級の障害等級のうち、1～6級の人に交付されます。

6

② 障害者福祉について学ぼう

■主な身体障害の等級■

視覚障害	障害等級は視力と視野により決まる。全盲は1級。
聴覚または 平衡機能の障害	両耳全ろうは2級。
音声機能、言語機能 または咀嚼機能の障害	音声機能、言語機能または咀嚼機能の喪失は3級。
肢体不自由	上肢・下肢・体幹・乳幼児期以前の非進行性の脳病変による運動機能障害ごと。それぞれの機能を全廃した場合は1級。
内部障害*	それぞれの内部障害により、自己の身辺の日常生活活動が極度に制限される場合、またはほとんど不可能な場合は1級。

＊内部障害とは、心臓、腎臓、呼吸器、膀胱・直腸、小腸、ヒト免疫不全ウイルスによる免疫、肝臓の機能障害である。

（4）知的障害者福祉法

　知的障害者福祉法では、知的障害者が活動の機会を与えられることを保障しており、市町村が更生援護の主体であること、都道府県に知的障害者更生相談所を設置する義務があることを規定しています。

（5）精神保健及び精神障害者福祉に関する法律（「精神保健福祉法」）

　精神保健福祉法は、1993（平成5）年に障害者基本法が制定されたことを受けて、福祉施策に位置づけられました。法律の目的には、精神障害者の「社会復帰」が明記されています。なお、精神障害者の入退院は任意が原則で、自傷・他害の危険がある場合に措置入院、医療上必要な医療保護入院、応急入院が定められています。2022（令和4）年の法改正により、家族等が同意・不同意の意思表示を行わない場合にも、市町村長の同意により医療保護入院を行うことが可能となりました（2024〔令和6〕年4月施行）。

（6）発達障害者支援法

　発達障害者支援法は、2004（平成16）年に制定されました。
　同法では、発達障害者を「社会モデル」の考え方に基づき定義しています。

そして、発達障害者の心理機能の適正な発達と円滑な社会生活の促進のために早期発見が重要であること、学校教育における支援、都道府県知事が設置できる発達障害者支援センターにおける支援などを規定しています。なお、発達障害者支援センターについては、社会福祉法人などへの委託も可能です。

（7）障害者の雇用の促進等に関する法律（「障害者雇用促進法」）

　障害者雇用促進法は 1960（昭和 35）年に身体障害者雇用促進法として制定されました。障害者の雇用を促進するための方策が規定されています。

　主な内容としては、事業者等に対して、障害者を従業員の一定割合雇用するよう義務づける雇用率制度、障害者雇用率の未達成企業から障害者雇用納付金を徴収し、一定比率以上の障害者を雇用する企業には調整金、報奨金を支給する障害者雇用納付金制度、障害者に対する職業リハビリテーション事業（職業指導・訓練、職業紹介等）の実施、などについて規定しています。また、国・地方公共団体・民間の事業主に対して障害者に対する差別を禁止し、障害者でない者との均等な機会等の確保のための措置を義務づけました。

（8）障害者虐待の防止、障害者の養護者に対する支援等に関する法律 （「障害者虐待防止法」）

　「障害者虐待防止法」は、「障害者権利条約」の批准（ひじゅん）に向けて、2011（平成 23）年に成立し、2012（平成 24）年 10 月に施行されました（p.166 参照）。

①虐待の定義

　この法律において「障害者」とは、障害者基本法に規定する障害者、「障害者虐待」とは養護者・障害者福祉施設従事者・使用者による障害者虐待をいい、次の 5 類型が規定されています。

❶**身体的虐待**…障害者の身体に外傷が生じ、若しくは生じるおそれのある暴行を加え、または正当な理由なく障害者の身体を拘束すること。

❷**性 的 虐 待**…障害者にわいせつな行為をすることまたは障害者をしてわいせつな行為をさせること。

❸**心理的虐待**…障害者に対する著しい暴言または著しく拒絶的な対応、不当に差別的な言動その他の障害者に著しい心理的外傷を与える言動を行うこと。

❹ネグレクト…障害者を衰弱させるような著しい減食または長時間の放置、同居人や他の利用者、他の労働者による前記の3行為と同様の行為の放置等、養護や職務上の義務を著しく怠ること。

❺経済的虐待…障害者の財産を不当に処分することその他障害者から不当に財産上の利益を得ること。

②使用者に対する障害者虐待防止対策

就労の場における虐待を防ぐために、障害者虐待防止法では、使用者による虐待に対して次のような施策を規定しています。

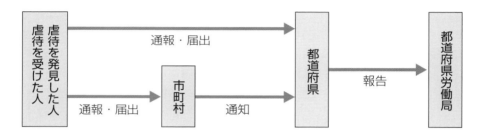

③虐待防止のための機関

障害者虐待防止のため、市町村に市町村障害者虐待防止センター、都道府県に都道府県障害者権利擁護センターを置くことができると規定されています。

（9）障害を理由とする差別の解消の推進に関する法律（「障害者差別解消法」）

「障害者差別解消法」は、「障害者権利条約」を批准するための国内法整備の一環として、2013（平成25）年に制定されました。2016（平成28）年4月より施行されています。障害を理由とする差別等の権利利益侵害行為（「差別的取扱い」）を禁止し、社会的障壁の除去を怠ること（「合理的配慮の不提供」）による権利利益の侵害を防止し、さらに、国による啓発・知識の普及を図ることを規定しています。「差別的取扱い」については行政機関と事業者に対して禁止し、「合理的配慮」については行政機関に対して配慮を義務づけ、制定時は、事業者に対しては配慮を努力義務としましたが、改正法により、事業者も2024（令和6）年4月から義務となりました。

（1）障害者総合支援法によるサービス供給の全体像

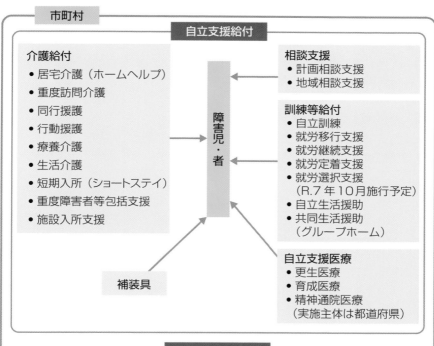

市町村

自立支援給付

介護給付
- 居宅介護（ホームヘルプ）
- 重度訪問介護
- 同行援護
- 行動援護
- 療養介護
- 生活介護
- 短期入所（ショートステイ）
- 重度障害者等包括支援
- 施設入所支援

補装具

障害児・者

相談支援
- 計画相談支援
- 地域相談支援

訓練等給付
- 自立訓練
- 就労移行支援
- 就労継続支援
- 就労定着支援
- 就労選択支援
  （R.7 年 10 月施行予定）
- 自立生活援助
- 共同生活援助
  （グループホーム）

自立支援医療
- 更生医療
- 育成医療
- 精神通院医療
  （実施主体は都道府県）

地域生活支援事業

- 理解促進研修・啓発事業
- 意思疎通支援事業
- 自発的活動支援事業
- 日常生活用具給付等事業
- 相談支援事業

- 地域活動支援センター機能強化事業
- 成年後見制度利用支援事業
- 手話奉仕員養成研修事業
- 成年後見制度法人後見支援事業
- 移動支援事業

支援

都道府県

- 専門性の高い相談支援事業
- 精神障害者地域生活支援広域調整等事業
- 専門性の高い意思疎通支援を行う者の養成研修事業、派遣事業、市町村相互間の連絡調整事業
- 発達障害者支援地域協議会による体制整備事業　　等

6
❷
障害者福祉について学ぼう

（2）障害者福祉サービスの利用方法

　障害者総合支援法では、介護給付サービス等を利用したい場合には、次のような方法をとります。

┌─[介護給付サービスの場合]────────────────────────┐
│
│ ❶住んでいる市町村の窓口・指定特定相談支援事業者に相談、支給決定の
│ 　申請を行う
│
│ ❷障害支援区分の認定を受ける
│ ・調査員による障害支援区分認定調査項目（80項目）の調査
│ ・医師の意見書（24項目）
│
│ 　コンピュータによる一次判定
│
│ 　市町村審査会において医師の意見書・調査書の特記事項を基に二次判定
│
│ 　障害支援区分決定（非該当と区分1〜6）
│
│ ❸サービス等利用計画案の作成
│
│ ❹支給決定
│
└──┘

┌─[訓練等給付サービスの場合]──────────────────────┐
│
│ ❶相談、申請
│
│ ❷利用者が希望する訓練サービス提供機関で訓練の効果の可能性や本人の
│ 　意思を確認
│
│ ❸サービス事業者が個別支援計画案を作成
│ ＊就労移行支援、就労継続支援A、自立訓練では、「お試し」で一定期間サービス
│ 　を利用する「暫定支給」が可能。
│
│ ❹支給決定
│
└──┘

（3）相談援助サービス

　2012（平成24）年度から、障害者福祉において、適切なサービスを供給するために、相談支援事業が強化されました。

　基本相談支援のほかに、自立支援給付の対象として、①サービス等利用計画（ケアプラン）を作成しサービスの利用継続を支援する計画相談支援、②施設や病院などで生活していた障害者の地域生活への移行と定着を支援する地域相談支援が規定されました。基本相談支援と①の計画相談支援を合わせて行う事業者を特定相談支援事業者、基本相談支援と②の地域相談支援を合わせて行う事業者を一般相談支援事業者といいます。

基本相談支援		・障害者等からの相談に応じ、情報提供、助言を行う。 ・障害者等と市町村、指定障害福祉サービス事業者等との連絡調整その他の便宜を供与。
計画相談支援	サービス利用支援	サービス等利用計画案を作成。支給決定等の後、指定障害福祉サービス事業者等との連絡調整その他の便宜を供与。
	継続サービス利用支援	サービス等利用計画が適切であるか否かについて一定期間ごとに検証。その結果を踏まえてサービス等利用計画を見直し、変更。
地域相談支援	地域移行支援	対象：障害者支援施設、精神科病院、保護施設、矯正施設等を退所する障害者、児童福祉施設を利用する18歳以上の者等 内容：住居の確保等、地域生活に移行するための相談その他の便宜を供与。
	地域定着支援	対象：居宅で生活する一人暮らし障害者等 内容：常時の連絡体制を確保、緊急事態等において相談その他の便宜を供与。

基本相談支援 ＋ 計画相談支援 ＝ 特定相談支援事業
基本相談支援 ＋ 地域相談支援 ＝ 一般相談支援事業

計画相談支援と地域相談支援では、その内容は全く異なるんだね。

なお、2022（令和4）年の改正により、地域における相談支援の中核的な役割を担う機関として、基幹相談支援センターの設置が市町村の努力義務とされました（2024〔令和6〕年4月施行）。①相談援助、②虐待防止等権利擁護、③成年後見制度利用支援、④調査指導などを行います。また、障害者虐待防止センターを兼ねることもできます。

4 手帳制度について知ろう

障害者の身分証明となる障害者手帳は、身体障害者、知的障害者、精神障害者それぞれ別の制度を根拠としています。次の3通りに規定されています。

	根　拠	等　級	申請手続き
身体障害者手帳*	身体障害者福祉法	1〜6級	都道府県の指定医師の診断書と意見書を添えて、福祉事務所（または町村）を窓口に都道府県知事（指定都市市長・中核市市長）に交付申請。
療育手帳（名称は都道府県ごと）	療育手帳制度について（通知）	A: 重度 B: その他 等（都道府県による）	児童相談所（18歳未満）・知的障害者更生相談所（18歳以上）で知的障害の判定を受け、福祉事務所（または町村）を窓口として都道府県知事（指定都市市長）に交付申請。
精神障害者保健福祉手帳	精神保健福祉法	1〜3級	精神保健指定医等の診断書・年金証書等の写し、写真を添えて市町村を窓口として都道府県知事（指定都市市長）に交付申請。2年ごとに更新。

＊身体障害者手帳は「身体障害程度等級表」に示された1〜7級の障害等級のうち、1〜6級に交付され、同じ等級の障害が複数の場合には、一つ上の等級に認定されます。

　　身体障害者福祉法では、身体障害者手帳の交付を受けることが、身体障害者の要件となっています。

5 障害者に対する就労支援制度を知ろう

　障害者にとって、働くということは、ノーマライゼーションの実現のために非常に重要なことです。「障害者権利条約」を批准するための法整備の一環として、障害者に対する就労支援制度は拡充されてきました。

　障害者の就労を増やすには、大きく分けると2つの方法があります。

　一つは、企業に対して一定の割合の障害者雇用を義務づけて、雇用される障害者の数を増やすという「雇用量を割り当てる」方法です。

　もう一つは、障害者が雇用されやすい能力を身につけてエンプロイアビリティ（雇用される能力）を高めるという労働者としての「質を上げる」方法です。

　従来、わが国の障害者雇用政策は、障害者の「雇用量を割り当てる」方法が中心でした。具体的には、障害者雇用促進法に規定された法定雇用率による雇用の義務づけを中心に行われてきました。しかし、近年では、それだけではなく、「障害者雇用促進法」、「障害者総合支援法」において、障害者の労働者としての「質を上げる」ために個別的な支援が進められています。

（1）法定雇用率制度

　法定雇用率制度は、一定割合の障害者の雇用を、雇用主に義務づける制度です。2024（令和6）年4月と2026（令和8）年7月に、次のように段階的に引き上げられます。

■法定雇用率■

雇用主の分類	令和5年度	令和6年4月	令和8年7月	雇用義務対象
一般民間企業	2.3%	2.5%	2.7%	身体障害者、知的障害者、精神障害者
国・地方公共団体	2.6%	2.8%	3.0%	
特殊法人	2.6%	2.8%	3.0%	
教育委員会	2.5%	2.7%	2.9%	

　精神障害者については、2018（平成30）年度から、雇用義務の対象となりました。

　また、2024（令和6年）4月から、週所定労働時間10時間以上20時間

未満の重度身体障害者、重度知的障害者及び精神障害者も雇用率に算定されることとなりました。

■ 1 人雇用した場合のカウント（単位：人）■

勤務時間	通常勤務	短時間	
		20 時間〜 30 時間未満	10 時間〜 20 時間未満
身体障害者	1	0.5	―
うち重度（1 級、2 級、または 3 級で重複障害）	2	1	0.5
知的障害者	1	0.5	―
うち重度（療育手帳の判定が A など）	2	1	0.5
精神障害者	1	1（算定特例期間中）	0.5

（厚生労働省 HP より作成）

　なお、障害者の雇用を積極的に行う子会社を設立した場合には、その子会社に雇用されている労働者を親企業に雇用されているものとみなすこともできます（特例子会社制度）。

（2）障害者雇用納付金制度

　障害者に対する法定雇用率制度を強化するための制度として、障害者雇用納付金制度が実施されています。これは、法定雇用率未達成企業（常用労働者 101 人以上の企業対象）から障害者雇用納付金を徴収し、雇用率を超えて雇用している企業に障害者雇用調整金（常用労働者 101 人以上の企業対象）や報奨金（常用労働者 100 人以下の企業対象）を支給するものです。

 POINT　障害者の雇用について量的な規制として法定雇用率制度があり、それを強化するために障害者雇用納付金制度が作られています。

（3）職業リハビリテーション

　職業リハビリテーションは、雇用労働者としての質を向上させる取組みです。障害者就業・生活支援センター、地域障害者職業センターなどが中心となっ

て行っています。

①障害者就業・生活支援センター

障害者就業・生活支援センターは、「障害者雇用促進法」に規定されています。都道府県知事の指定を受けた社会福祉法人、NPO法人などが運営主体となり、障害者が自立して、安定した職業生活を送ることができるように、就業と生活の両面からサポートします。2024（令和6）年4月1日時点で全国に337か所設置されています（厚生労働省HP）。

②地域障害者職業センター

地域障害者職業センターは、「障害者雇用促進法」に規定されている機関で、ハローワークと密接に連携して、障害者に対する専門的な職業リハビリテーションを提供します。独立行政法人高齢・障害・求職者雇用支援機構が運営主体であり、各都道府県に設置されています。

地域障害者職業センターが行っている主な事業は次の通りです。

- 個々の障害者に応じた職業リハビリテーション
- ジョブコーチ（職場への定着を支援する職場適応援助者）の派遣
- 精神障害者に対する雇用支援（リワーク〔復職〕支援）
- 事業主への支援

③ハローワーク（公共職業安定所）

ハローワークでは、就職前には職業相談、職業訓練（公共職業能力開発施設での訓練、職場適応訓練）、求人確保などを行います。また、就職活動・定着支援として職業紹介、トライアル雇用、**ジョブコーチ**派遣を行っています。

★用語★

ジョブコーチ
職場適応援助者。障害者が職場に定着できるように本人、事業主、同じ事業所の雇用者などに対してアドバイスなどを行う。
独立行政法人高齢・障害・求職者雇用支援機構等で養成。

(4)「障害者総合支援法」による就労支援政策

　「障害者総合支援法」では、訓練等給付として、次の４つのタイプの就労支援事業を規定しています。

事　業	対象者	支援内容
就労移行支援事業	• 企業等への就労を希望する者	• 一般就労に向けた通所による作業・実習・就労の場合の職場定着支援（期限は24か月）
就労継続支援事業Ａ型	• 企業就労に至らなかった者 • 企業に就労していたが離職した者など	• 雇用契約に基づく通所による就労の場の提供
就労継続支援事業Ｂ型	• 就労が困難な障害者など	• 雇用契約はない • 就労・生産活動の機会を提供
就労定着支援	•「障害者総合支援法」上のサービスを利用して一般就労した障害者で、就労に伴う環境変化により生活面の課題が生じている者	• 就業に伴う生活面の課題に対応するため、事業所・家族との連絡調整等を支援
就労選択支援（令和７年10月施行予定）	• 就労系サービスの利用意向がある障害者	• 利用者と協働で、アセスメント（就労ニーズの把握や能力・適性の評価及び就労開始後の配慮事項等の整理）の手法を活用 • 就労に関する障害者の選択を支援する • ハローワークはアセスメント結果を参考に職業指導を実施

2022年の障害者総合支援法改正によって、障害者の希望に沿う就労を実現できるように、就労アセスメントを活用する「就労選択支援事業」が、創設されました。

更生保護とは、犯罪をした人や非行少年が、社会の一員として立ち直り、再び犯罪を起こさないように支援することです。

1 更生保護制度の概要を学ぼう

（1）刑事司法における位置づけ

更生保護は、犯罪者処遇法のうち、社会内処遇に位置づけられます。犯罪者処遇には、刑務所等の施設に収容する施設内処遇と、社会で生活を続けながら更生を図る社会内処遇があり、更生保護は後者に当たります。

（2）更生保護法の内容

更生保護は、2008（平成20）年に、犯罪者予防更生法と執行猶予者保護観察法の整理統合により創設された「更生保護法」に基づいて行われます。

更生保護法の最終的な目的は、社会の保護、個人・公共の福祉の増進です。そのために、次のように定めています。

目的	①対象者に適切な社会内処遇を行って、再犯を防止し、非行をなくし、善良な社会の一員として自立し、改善更生することを助ける。 ②恩赦の適正な運用を図る。 ③犯罪予防の活動を促進する。
対象者	①犯罪をした者　②非行のある少年
方法	①仮釈放等　②保護観察　③生活環境の調整　④更生緊急保護

POINT　更生保護の目的は、犯罪をした者及び非行のある少年に対する適切な社会内処遇を行うことにより、再犯を防ぎ、非行をなくすことです。

(3) 更生保護の機関と担い手

　更生保護は、刑事司法の一部ですので、法務省の所轄になります。更生保護を行う機関は、次の通りです。

機　関	主な業務	構成員等
❶中央更生保護審査会	・法務大臣へ個別恩赦の申出を行う。 ・地方更生保護委員会の決定について審査・裁決を行う。	・委員長及び委員4人 ・法務大臣の直属
❷地方更生保護委員会	・仮釈放・仮出場の許可、仮釈放の取消し ・少年院からの仮退院、退院の許可 ・高等裁判所の管轄区域ごとに設置（8か所）	・3人以上15人以下の委員 ・事務局に保護観察官を配置
❸保護観察所	・保護観察・生活環境調整・更生緊急保護・恩赦の上申・精神保健観察・犯罪予防活動の促進 ・地方裁判所の管轄区域ごとに設置（50か所） ・更生保護、精神保健観察の第一線の実施機関	・保護観察官、社会復帰調整官を配置

　主な専門職としては、**保護観察官**[★]がいます。また、保護観察官とともに保護観察などを行うボランティアとして、更生保護法上に**保護司**[★]が位置づけられ、保護観察官と協働します。

保護観察官
地方更生保護委員会事務局と保護観察所に配置。医学、心理学その他専門的知識を有する国家公務員。保護観察、調査、生活環境の調整等、更生保護と犯罪予防に関する事務を行う。

保護司
保護司法に基づき法務大臣から委嘱された非常勤の国家公務員。ボランティアで保護観察官と協働して保護観察に当たり、生活環境の調整等を行う。

2 更生保護の対象者について知ろう

（1）非行少年

　少年法において少年とは20歳未満の者をいいます。14歳未満は刑法上の罰の対象とならないため、少年は、年齢と非行の内容によって、次のように分類されます。

犯罪少年	14歳以上20歳未満の罪を犯した少年
触法少年	14歳未満の刑罰法令に触れる行為をした少年
虞犯少年	性格または環境に照らして、将来、罪を犯し、または刑罰法令に触れる行為をする虞のある少年

　このうち触法少年と14歳未満の虞犯少年は、まず児童相談所に送致され、児童福祉法上の措置が優先されます。家庭裁判所の審判により保護観察処分、または少年院送致の後に仮退院した場合に、更生保護の対象となります。

　なお、2022（令和4）年4月施行の改正少年法では、18歳以上を成年とする改正民法に合わせて18、19歳は「特定少年」とされ、成人と同様に検察官送致となる対象犯罪が拡大されました。

（2）犯罪をした成人

　犯罪を行った成人は次のように更生保護の対象となります。

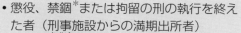

- 刑事施設から仮釈放を許された人
- 裁判所で保護観察に付された人

　保護観察制度の対象

- 懲役、禁錮*または拘留の刑の執行を終えた者（刑事施設からの満期出所者）
- 罰金・科料の言い渡しを受けた者などで親族等からの援助を受けられず、医療、宿泊、職業その他の保護が十分でないために改善更生ができない者

　一定の条件の下、更生緊急保護の対象

*刑法改正により、2025（令和7）年6月から「懲役」と「禁錮」は「拘禁刑」に一本化される。

Check

　更生保護においては、法務省の地方組織である、地方更生保護委員会と保護観察所が中心的な役割をします。

3 更生保護の方法を知ろう

（1）仮釈放

　仮釈放とは、矯正施設に収容されている人を収容期間が満了する前に矯正施設から仮に釈放する措置のことです。手順は、次のようになっています。

矯正施設の長が申請。
↓
地方更生保護委員会が諾否を決定。
↓
仮釈放。
仮釈放中は保護観察に付され、行状が不良である場合には仮釈放が取り消される。

POINT　仮釈放の諾否は地方更生保護委員会が決定し、仮釈放中は保護観察に付されます。

仮釈放されずに、収容期間を満了して矯正施設から出所した人は、保護観察の対象にならないんだね。

（2）保護観察

　保護観察とは、犯罪を行った者や非行少年に通常の社会生活を営ませながら、指導監督と補導援護を行ってこれらの者の改善更生を図ることです。
　保護観察の実施者は保護観察所です。保護観察所の保護観察官が保護司の補助を受けて行います。
　保護観察の対象者と保護観察までの流れは、次のようになっています。

■保護観察の対象■

1号観察	家庭裁判所により保護観察処分とされた少年。 **保護観察の期間**：20歳まで又は2年間。特定少年は2年間又は6か月
2号観察	少年院に収容・教育後に仮退院を許された少年。 **保護観察の期間**：原則として20歳まで
3号観察	刑務所に収容された後、仮釈放を許された者。 **保護観察の期間**：残刑期間
4号観察	執行猶予となり、期間中保護観察に付された者。 **保護観察の期間**：執行猶予期間

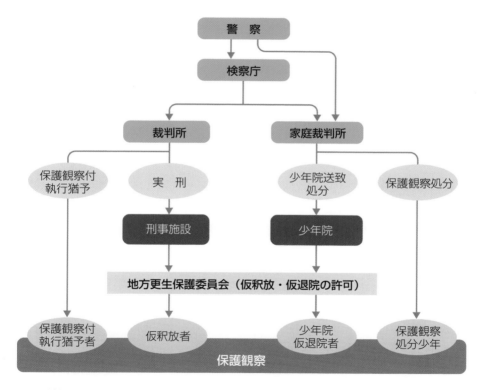

Check

売春防止法に基づく5号観察は令和6年4月1日に廃止されました。

6
3
刑事司法と福祉について学ぼう

215

Check ✓ 　保護観察は、保護観察処分に付された少年・成人、仮釈放（仮退院）を許された少年・成人を対象とします。

保護観察は、保護観察官と保護司が協働して対象者と継続的に接触し、指導監督と補導援護によって行うことになっています。指導監督は、監視・管理的側面を持ち、補導援護は福祉的側面を持ちます。

それぞれの主な内容は次の通りです。

指導監督	①面接等で対象者と接触を保ち、行状を把握する。 ②対象者が遵守事項を守り、生活行動指針*に即して生活・行動をするよう必要な指示を行う。 ③特定の犯罪的傾向を改善するための専門的処遇を実施する。
補導援護	①適切な住居等を提供し、帰住するよう助ける。 ②医療・療養を受けること、職業補導と就職、教養訓練を得るように助ける。 ③生活環境の改善・調整、生活指導を行う。

＊生活行動指針とは、保護観察所長が個々に定める、生活と行動に関する指針のこと。これに則する行動が求められますが、遵守事項より規範性は低く、違反しても不良措置（矯正施設へ戻すこと）に結びつきません。

保護観察において、対象者が守るべき事柄として遵守事項が定められます。全保護観察対象者が守るべき「一般遵守事項」と、個別に指定される「特別遵守事項」があります。

●一般遵守事項

❶再犯・非行をなくすよう健全な生活態度を保持する

❷保護観察官または保護司の面接を受け、通学・労働状況等生活の実態について事実を申告し、指導監督を誠実に受ける

❸住居を定め、管轄する保護観察所長に届け出る

❹届け出た住居に居住する

❺転居または7日以上の旅行をするときは、あらかじめ、保護観察所長の許可を受ける

特別遵守事項は、保護観察対象者の改善更生のために特に必要と認められる範囲内で、個別具体的に定められます。覚せい剤事犯者、性犯罪者、飲酒運転、暴力等については、特別遵守事項として、特定の犯罪的傾向を改善するためのプログラムを受けることが義務づけられます。また、ボランティアを行うことが義務づけられることもあります。

　なお、遵守事項を守らなかった場合には、仮釈放等が取り消され、矯正施設に収容する措置（不良措置）がとられることがあります。

> **POINT** 保護観察において、対象者が守るべき事柄には、すべての人が守るべき一般遵守事項と、特定の人が指定される特別遵守事項があります。

（3）生活環境の調整

　生活環境の調整とは、矯正施設に収容されている者がスムーズに社会復帰できるよう家族等関係者に協力を求め、釈放後の住居、就業先その他の生活環境が安定したものとなるよう調整することです。主な内容は次の通りです。

目的	・対象者の円滑な社会復帰を図る。 ・仮釈放等の審理の資料等にする。
方法	・対象者の矯正施設収容中に、保護観察官と保護司が協働して、釈放後の住居、就業先などの帰住環境を調査し調整する。 ・このため、釈放後の生活計画等を把握し、必要な助言を行い、関係機関に援助、協力を求める。 ・必要がある場合には、収容されている矯正施設の長に対して資料、情報の提供を求める。
調整項目 （生活要件）	①釈放後の住居の確保（帰住先は本人の希望を重視）。 ②引受人の確保。 ③釈放後の改善更生のために、家族その他の関係人の理解及び協力を求める。 ④釈放後の就業先または通学先の確保。 ⑤釈放後に、公共の衛生福祉に関する機関等から必要な保護を受けることができるようにする。　等
結果報告	保護観察所長がまとめ、地方更生保護委員会、矯正施設に送付。

6

❸

刑事司法と福祉について学ぼう

POINT 生活環境の調整は、対象者が矯正施設に収容されている間に行います。

（4）更生緊急保護

　更生緊急保護は、対象者に6か月を限度に緊急避難的な保護を行うものです。
　罪を犯した人や非行少年が、保護観察の対象とならずに一般社会に復帰した場合、親族の援助、公共的な医療、宿泊、職業等がないと改善更生が困難です。このため、本人の申出があった場合に保護観察所長が認めれば、国の責任において、緊急の金品給付、宿泊所供与などの保護を行い、生活指導、生活環境の調整を図ります。

4 医療観察制度について知ろう

（1）医療観察制度とは

　医療観察制度は、心神喪失または心神耗弱の状態で殺人、放火、強盗、強制性交等の重大な他害行為を行った人の社会復帰を促進することを目的として、2003（平成15）年に創設されました。

> ●医療観察制度の主な内容 … 検察官の申立てにより地方裁判所が審判。
>
> **入院決定を受けた人に対する処遇**
> - 指定入院医療機関によって専門的な医療を提供する（標準18か月、延長可）
> - 入院中に保護観察所が退院後の生活環境の調整を行う
>
> **通院決定を受けた人・退院を許可された人に対する処遇**
> - 原則3年間、指定通院医療機関によって医療を提供する（2年まで延長可）
> - 保護観察所が精神保健観察を行う

（2）生活環境の調整

　対象者の入院中に行う生活環境調整は、保護観察所の社会復帰調整官が、退院後の居住予定地の指定通院医療機関や都道府県・市町村等と連携しながら行います。調整の過程は次の通りです。

生活環境の調査➡調整計画を作成➡地域の精神保健福祉サービスを確保
➡関係機関に働きかけてケア会議開催➡「処遇の実施計画案」を作成

（3）精神保健観察

　精神保健観察は、退院後、あるいは通院決定者の適切な医療継続のために、社会復帰調整官が本人の通院状況等を見守って、必要な指導等を行うことです。対象者には、住居を定めること等守るべき事項が定められます。

5 更生保護を巡る近年の動き

　刑事施設の満期釈放者のうち、高齢や障害のために自立困難な人びとを適切な福祉サービスにつなげて再犯を防止するため、2009（平成21）年度に地域生活定着支援事業（現：地域生活定着促進事業）が創設されました。
　事業を行う地域生活定着支援センターは、各都道府県に設置され、社会福祉士等が配置されます。矯正施設退所後、直ちに福祉サービス等（障害者手帳の発給、社会福祉施設への入所など）につなげるための準備を、対象者の退所前に保護観察所と協働して進めます。主な業務は次の通りです。

■地域生活定着支援センターの業務■

❶コーディネート業務	保護観察所からの「特別調整協力等依頼書」に基づき、矯正施設入所者に対して、退所後に必要な福祉サービスを確認し、事業所等のあっせんや申請の支援を行う。
❷フォローアップ業務	❶の結果、矯正施設退所者を受け入れた事業所に必要な助言を行う。
❸相談支援業務	対象者の福祉サービス等の利用に関して本人・関係者からの相談に応じ、必要な助言等を行う。
❹その他支援業務	関係機関とのネットワーク形成、個別支援計画作成、合同支援会議の開催等。
❺啓発活動等	ソーシャルインクルージョンの実現のため周知・啓蒙活動を行う。

6

❸

刑事司法と福祉について学ぼう

Chapter ④ 高齢者福祉について学ぼう

高齢者に対する支援は、現在は介護保険法によって行うところが多くなっていますが、老人福祉法、高齢者虐待防止法なども重要です。

1 高齢者福祉の課題を考えよう

(1) 高齢化の進展

　わが国では高齢化が急激に進んできました。わが国は、高齢化社会（高齢者人口比率 7％超〔1970 年〕）になってから、高齢社会（同 14％超〔1994年〕）になるまで 24 年、さらに超高齢社会（同 21％超〔2007 年〕）になるまで 13 年しかかかりませんでした。現在、平均寿命は女性が 87 年を超え、男性も 2013（平成 25）年から 80 年を超えました。総務省の「人口推計－2024（令和 6）年 3 月報－」によれば、2023（令和 5）年 10 月 1 日現在（確定値）の 65 歳以上の高齢者人口の割合は総人口の約 29.1％で、このうち、75 歳以上の後期高齢者が半数以上を占め、総人口の約 16.1％に上ります。

(2) 高齢者の健康状態

　では、高齢者はどのような健康状況にあるのでしょうか。
　「2022（令和 4）年国民生活基礎調査の概況」によれば、病気やけが等で自覚症状のある人（有訴者）は、全体では人口千人当たり 276.5 です。年齢階級別にみると、65 歳以上では 418.2、75 歳以上の後期高齢者は 474.6 と半数近くの人が何らかの自覚症状を持っています。通院者率も同様で、後期高齢者ではおよそ 4 分の 3 の人が通院しています。また、日常生活における 6 つの機能（視覚、聴覚、歩行、認知、セルフケア、コミュニケーション）について、機能制限の程度をみると、すべての項目で「苦労はありません」の割合が多いですが、6 つの機能のうち、1 つでも「とても苦労します」「全く出来ません」と回答した人（「日常生活における機能制限がある者」）について年齢構成をみると、60 歳以上が約 7 割を占めています。
　こうした状況において、厚生労働省では、2024（令和 6）年 4 月からの「健康日本 21（第三次）」（国民の健康の増進の総合的な推進を図るための基本的な方針）において、「健康寿命の延伸」を基本的な方針の一つとして掲げ

ています。

健康寿命とは、健康上の問題で日常生活が制限されることなく生活できる期間のことをいい、高齢化が進む中で、介護等が必要となる時期を遅らせることが課題となっています。

（3）要介護等高齢者の状況

「2022（令和4）年国民生活基礎調査の概況」から要介護者について年齢別の構成割合をみると、男性は「85～89歳」が23.7％で最多、女性は「90歳以上」が30.9％で最多となっています。また、介護が必要となった主な原因は、総数でみると、最も多いものは、認知症で16.6％、次いで脳血管疾患（脳卒中）16.1％となっています。

要介護1～3では、要介護の原因として認知症が最多となっており、認知症の人の増加にどう対処するかが、大きな課題となっています。

わが国では、2022（令和4）年時点で高齢者の認知症の人は約600万人と推計され、2025（令和7）年には約700万人（高齢者の5人に1人）が認知症になると推計されています（2020〔令和2〕年厚生労働省）。これに対処するため、2019（令和元）年に「認知症施策推進大綱」を策定し、介護予防に資する通いの場への参加率などの2025（令和7）年までの数値目標を掲げました。

2023（令和5）年には、「共生社会の実現を推進するための認知症基本法（「認知症基本法」）」が制定され、2024（令和6）年1月より施行されています。

「認知症基本法」では、認知症の人が尊厳を保持しつつ希望を持って暮らすことができるよう、認知症施策を総合的かつ計画的に推進し、認知症の人を含めた国民一人一人がその個性と能力を十分に発揮し、相互に人格と個性を尊重しつつ支え合いながら共生する活力ある社会（＝共生社会）の実現を推進することを目的としています。

認知症の人の意思を重視し、地域で安心して生活できるようにする、という点が大切です。

（4）高齢者の所得

高齢者世帯の一世帯当たりの所得は平均で318.3万円と全世帯平均（545.7万円）の6割弱です。高齢者世帯の所得では年金・恩給が最大で約

6
④
高齢者福祉について学ぼう

221

6割を占めます。次いで稼働所得が約25%となり、増加傾向です（厚生労働省「2022（令和4）年国民生活基礎調査の概況」）。高齢者世帯は所得格差が大きいことも特徴の一つで、高所得者がいる一方で生活保護受給者の約6割は高齢者世帯です（厚生労働省「生活保護の被保護者調査（令和4年度確定値）」）。高齢化の進展に伴って、低所得高齢者の生活を保障することが課題となります。

2 これまでの高齢者に対する法制度について知ろう

　現在では、高齢者の介護に対する支援は、基本的に、介護保険法に基づいて介護サービスを保険給付することによって供給しています（PART7 Chapter⑤介護保険制度について学ぼうを学習してくださいね！）。
　介護保険制度が確立するまでの経緯を簡単にみておきましょう。
　近代以前は、公的には、高齢者全般に対する介護ではなく、貧しく親類など頼る者のいない貧窮高齢者に対する救済が行われました。
　最も古い救済施設は、6世紀末に聖徳太子が建立した四箇院のうちの一つ「悲田院」です。悲田院は仏教に基づいて頼る者のない貧窮者や孤児などを収容救助した施設で、貧窮高齢者も収容されました。
　近代以降、次第に救貧としての老人保護に介護の側面が加わりました。
　1963（昭和38）年に老人福祉法が成立したことに伴って、生活保護施設の一つであった養老施設が老人福祉法上の養護老人ホームになり、介護を必要とする高齢者の入所施設として特別養護老人ホームが規定されました。
　養老施設が養護老人ホームに変更されたことで、生活保護法上の高齢者を対象とする保護施設はなくなりました。また、老人福祉法では、生活の困窮度・介護の必要性ともに軽度の高齢者のために、軽費老人ホームを「契約」によって入所する施設として創設しました。
　昭和50年代には施設介護の質の向上が図られるようになりました。1987（昭和62）年には、社会福祉士及び介護福祉士法が成立して、介護の専門職が国家資格となりました。その後、「広く国民に健やかで安心できる生活を保障すべき」とする1995（平成7）年の社会保障制度審議会の勧告を受けて、1997（平成9）年に介護保険法が成立しました。2000（平成12）年に施行され、現在に至っています。

POINT 高齢化の進展によって、心身の介護を必要とする高齢者が増加しました。その必要を社会全体で充足するために介護保険制度が創設されました。

3 老人福祉法について知ろう

（1）老人福祉法の理念と定義

　介護保険制度が創設されるまでは、高齢者に対する支援は老人福祉法に基づいて実施されていました。老人福祉法は 1963（昭和 38）年に制定され、1990（平成 2）年に大幅に改正されました。この改正により、次の 3 点が法律の基本理念として明記されました。

❶老人は、生きがいを持てる健全で安らかな生活を保障される（第 2 条）
❷老人は、心身の健康の保持と社会参加に努める（第 3 条第 1 項）
❸老人は、社会参加の機会を与えられる（第 3 条第 2 項）

　高齢者が、元気で社会参加することが法律の目的とするところです。
　ただし、老人福祉法では、老人についての定義がなく、施策ごとに対象年齢が定められています。例えば、福祉の措置の対象は「65 歳以上の者（65 歳未満の者であっても特に必要があると認められる者を含む）」とされています。

（2）老人居宅生活支援事業

　老人居宅生活支援事業には、①老人居宅介護等事業、②老人デイサービス事業、③老人短期入所事業、④小規模多機能型居宅介護事業、⑤認知症対応型老人共同生活援助事業、⑥複合型サービス福祉事業の 6 つの事業があります。要介護者等への介護サービス給付は介護保険制度の利用が基本ですが、高齢者が虐待を受けている場合など、例外的に市町村が措置によって老人福祉法のサービスを提供することがあります。

6
4

高齢者福祉について学ぼう

■老人福祉法と介護保険制度の対応■

老人福祉法	介護保険制度
老人居宅介護等事業	・訪問介護（居宅サービス事業） ・定期巡回・随時対応型訪問介護看護、夜間対応型訪問介護（地域密着型サービス事業） ・訪問型サービス（地域支援事業）
老人デイサービス事業	・通所介護（居宅サービス事業） ・認知症対応型通所介護（地域密着型サービス事業） ・通所型サービス（地域支援事業） ・介護予防認知症対応型通所介護（地域密着型介護予防サービス事業）
老人短期入所事業	・短期入所生活介護（居宅サービス事業） ・介護予防短期入所生活介護（介護予防サービス事業）
小規模多機能型居宅介護事業	・小規模多機能型居宅介護（地域密着型サービス事業） ・介護予防小規模多機能型居宅介護（地域密着型介護予防サービス事業）
認知症対応型老人共同生活援助事業	・認知症対応型共同生活介護（地域密着型サービス事業） ・介護予防認知症対応型共同生活介護（地域密着型介護予防サービス事業）
複合型サービス福祉事業	・看護小規模多機能型居宅介護（地域密着型サービス事業）

そうか！措置でサービスを提供することもあるから、介護保険法ができたからといって、老人福祉法は廃止されていないんだね！

（3）老人福祉施設

老人福祉法上、老人福祉施設には次のような 7 施設が規定されています。

養護老人ホーム	65 歳以上の者であって、環境上の理由及び経済的な理由によって、居宅において養護を受けることが困難な者を入所させる措置施設。生活保護法上に規定されていたが、老人福祉法の制定時に老人福祉法に規定された。
特別養護老人ホーム	65 歳以上の者であって、身体上または精神上著しい障害があるために常時の介護を必要とし、居宅において養護を受けることが困難な者を措置により入所させる。老人福祉法制定時に創設された。 （注）介護保険法では、指定介護老人福祉施設として指定を受け、契約に基づき施設サービスを提供する。一つの施設が老人福祉法上の特別養護老人ホームであり、同時に介護保険法上の介護老人福祉施設でもある。
軽費老人ホーム	無料または低額な料金で老人を入所させ、食事の提供、その他日常生活上必要な便宜を供与する。Ａ型、Ｂ型、ケアハウス、都市型などの種類がある。老人福祉法制定時から契約により利用。
老人福祉センター	無料または低額な料金で老人に関する各種の相談に応じ、健康増進、教養向上、レクリエーションなどの便宜を供与する。
老人デイサービスセンター	65 歳以上の者であって、身体上または精神上の障害があるために、日常生活を営むのに支障がある者を通わせる。
老人短期入所施設	65 歳以上の者であって、養護者の疾病、その他の理由により、居宅において介護を受けることが一時的に困難になった者を短期間入所させる。
老人介護支援センター	地域の老人の福祉に関する問題について、老人、その養護者等からの相談に応じ必要な助言、調整を行う。

なお、介護保険法では、地域における包括的支援事業を行う施設として市町村が地域包括支援センターを設置することができるとしています。地域包括支援センターには社会福祉士、保健師、主任介護支援専門員が必置とされ、地域の高齢者福祉の中心となっています。老人福祉法上の老人介護支援センターが地域包括支援センターを兼務するケースが多くみられます。

Check 老人福祉サービスは、介護保険の給付が基本ですが、必要な場合には、市町村が老人福祉法に基づく措置によって、居宅サービスや入所サービスを提供します。

4 その他の高齢者を支援する法律

（1）高齢社会対策基本法

　高齢社会対策基本法は 1995（平成 7）年に制定されました。高齢化施策について基本理念を定め、国と地方公共団体の責務等を明らかにした法律です。内閣府に「高齢社会対策会議」を設け、会長は内閣総理大臣が務めることが規定されています。これを受けて「高齢社会対策大綱」が策定されており、最近では、2018（平成 30）年に閣議決定されました。

● 2018 年高齢社会対策大綱の重要点

❶年齢による画一化を見直し、全ての年代の人々が希望に応じて意欲・能力をいかして活躍できるエイジレス社会を目指す。

❷地域における生活基盤を整備し、人生のどの段階でも高齢期の暮らしを具体的に描ける地域コミュニティを作る。

❸技術革新の成果が可能にする新しい高齢社会対策を志向する。

（2）高齢者虐待の防止、高齢者の養護者に対する支援等に関する法律（「高齢者虐待防止法」）（p.166 参照）

　「高齢者虐待防止法」において、高齢者虐待とは、原則として 65 歳以上の者に対する養護者による高齢者虐待と養介護施設従事者等による高齢者虐待のことをいいます。

　虐待とは、身体的虐待、ネグレクト、心理的虐待、性的虐待、経済的虐待の 5 種類をいいます。高齢者虐待を防止するため、次の施策が規定されています。

●高齢者虐待防止のための施策

❶発見者の通報義務・努力義務を規定
❷市町村の役割を規定
- 相談・指導・助言を行う。
- 事実を確認する。
- 必要に応じて高齢者保護のための措置を行う。
- 養護者に対する支援を行う。

高齢者虐待防止法では、養護者と養介護施設従事者等による虐待を定義しています。

（3）高年齢者等の雇用の安定等に関する法律（「高年齢者雇用安定法」）

　「高年齢者雇用安定法」は 1971（昭和 46）年に制定されました。その後、年金受給年齢の引き上げなどを背景に、高齢者の意欲と能力に応じて働き続けられる環境を整備するために改正されました。

　最新の「高年齢者雇用安定法」の改正（2021〔令和 3〕年 4 月施行）では、65 歳から 70 歳までの雇用の確保のため、①定年の引き上げ、②定年の定めの廃止、③継続雇用制度の導入、④労使で同意したうえでの雇用以外の措置（70 歳まで継続的に業務委託契約を締結する制度の導入、70 歳まで継続的に社会貢献活動に従事できる制度の導入）のうちいずれかの措置をとることが努力義務とされました。

　70 歳までの就業延長を促進する効果があると考えられます。

高年齢者雇用安定法には、「シルバー人材センター」が規定されており、都道府県が設置することになっています。

（4）高齢者の居住の安定確保に関する法律（「高齢者住まい法」）

　「高齢者住まい法」は、2011（平成23）年の介護保険法改正が目指す「地域包括ケアシステム」の実現のために重要な法律と位置づけられます。

　高齢者の単身世帯・夫婦世帯の急激な増加や、高齢者住宅が諸外国と比べて不足していることなどを背景に、介護、医療と連携し、高齢者が安心して暮らせる住まいの供給を促進することを目的としています。

　法律には次のような内容が規定されています。

●改正高齢者住まい法の概要

- 基本方針を国土交通大臣・厚生労働大臣が策定
- 高齢者居住安定確保計画を都道府県が策定
- サービス付き高齢者向け住宅制度を創設
  - …高齢者向けの賃貸住宅を「サービス付き高齢者向け住宅」に一本化し、都道府県知事の登録制度を創設
  - …老人福祉法と調整し有料老人ホームも登録可とする。
  - …整備について交付金交付、住宅購入資金貸付等の支援を行う。

　サービス付き高齢者向け住宅として登録するためには、次の要件が満たされる必要があります。

---

❶床面積25㎡以上、バリアフリー等の要件を満たす
❷安否確認・生活相談等サービスを提供する
❸契約に以下が含まれること
- 長期入院を理由に事業者が解約できないこと
- 敷金・家賃・サービス対価以外の対価（権利金等）を徴収しないこと
- 前払金について算定の根拠が明らかで保全されていること

　また、事業者に対しては、契約締結前にサービス内容や費用について書面を交付して説明すること、登録事項の情報を開示すること、誤解を招く広告をしないこと、契約に従ったサービスを提供することが義務づけられています。

Chapter ⑤ 児童家庭福祉について学ぼう

少子化が進む中、児童に対する福祉政策では、家庭に対する支援も重要になります。
また、障害児に対する支援が拡充されました。

1 児童福祉の基本的な考え方を理解しよう

（1）児童の権利に関する理念

児童は人間として発達途上である、という意味で「社会的に不利」な存在です。児童福祉の理念は国連を中心に発展してきました。

年　次	宣言名等	スローガン等
1909	アメリカ「ホワイトハウス会議宣言」	「家庭生活は文明の最高・最善の産物」 「児童は緊急やむをえない理由を除いて家庭から引き離されるべきではない」
1924	国際連盟「児童の権利に関するジェネバ（ジュネーブ）宣言」	世界初の児童権利宣言 「児童に対し最善のものを与える義務を負う」
1959	国連「児童の権利宣言」	「児童の最善の利益について最高の考慮が払われなければならない」
1979	国際児童年	「わが子への愛を世界のどの子にも」
1989	国連「児童の権利に関する条約」	受動的権利の強化、能動的権利の明文化

国連の「児童の権利に関する条約」（1989年採択、わが国は1994年批准）では、児童を「18歳未満のすべての者」と定義しました。そして、児童が保護される対象として持つ受動的な権利を強化すると同時に、一個の人間として保障されるべき能動的な権利を初めて明記しました。

POINT

> 児童には受動的な権利と能動的な権利があります。従来は、受動的な権利について考えられてきましたが、児童の権利に関する条約から能動的な権利が重視されています。

6
⑤
児童家庭福祉について学ぼう

229

■児童の権利に関する条約（主要点）■

受動的権利	・差別の禁止 ・措置の原則は児童の最善の利益 ・教育を受ける権利 ・父母の第一義的養育責任・権利・義務を明記 ・親による虐待・放任・搾取からの保護
能動的権利	・児童の意見表明権、表現の自由 ・思想、良心、信教の自由 ・結社・集会の自由 ・親を知る権利

（2）日本の児童福祉の理念

　わが国の児童福祉では、児童福祉法（1947年）と児童憲章（1951年）において、理念が明記されました。児童憲章では次のように受動的な権利が記されました。

児童憲章
　「児童は人として尊ばれる」「児童は社会の一員として重んぜられる」「児童はよい環境の中で育てられる」

　1994（平成6）年に、国連の児童の権利に関する条約を批准し、2016（平成28）年には児童福祉法が大幅に改正されました。改正によって明記された、理念に関するポイントを挙げると次の通りです。

---

① 　児童は児童の権利に関する条約の精神に則って養育され、自立が図られる権利を持つ。
② 　国民は児童福祉においては児童の最善の利益が優先して考慮されるよう努める。
③ 　児童の保護者は、児童育成の第一義的責任を負う。
④ 　国と地方公共団体は、児童養育のために児童の保護者を支援しなければならない。

---

2 児童と家庭に対する法律を知ろう

（1）こども基本法

　日本では、出生数の低下、人口減少に歯止めがかからない状況が続いています。そこで、こども政策の司令塔として2023（令和5）年4月にこども家庭庁が設置されました。また同時に、こども基本法が施行されました。

　こども基本法は、国の関係省庁、地方自治体が進めてきた、こどもに関する様々な取組の共通の基盤となる「こども施策の基本理念」や「基本事項」を明記して、こども施策を社会全体で総合的かつ強力に実施していくための包括的な基本法と位置づけられます。

　同法は、目的において、日本国憲法及び児童の権利に関する条約の精神にのっとることを明記し、また、「こども」を「心身の発達の過程にある者をいう」として、年齢で定義していないことなどが特徴的です。

（2）児童福祉法

　児童福祉法は、すべての児童を対象とする福祉制度について定めています。障害児や要保護児童だけでなく、広く児童全般の福祉制度について規定している点が特徴的です。児童福祉の理念を明記した後、児童育成の第一義的責任が親にあり、国、地方公共団体にも児童育成の責任があることを示しています。また、児童に関して次のように定義を行っています。

児　童	満18歳に満たない者
乳　児	満1歳に満たない者
幼　児	満1歳から小学校就学前までの者
少　年	小学校就学から満18歳に達するまでの者
保護者	親権を行う者や未成年後見人その他の者で児童を現に監護する者

　同法では、障害児への支援、要保護児童その他児童を支援する事業、里親、児童福祉施設、児童福祉審議会、市町村と都道府県の業務、児童相談所、児童福祉司、児童委員、保育士などを規定しています。要保護児童（保護者のない児童または保護者に監護させることが不適当な児童）に対する措置とし

6

❺

児童家庭福祉について学ぼう

231

ては、要保護児童対策地域協議会の設置が市町村の努力義務であること、児童相談所が設置する一時保護所や被措置児童等虐待の防止策、里親支援等についても規定しています。なお、近年の改正では、児童相談所長や児童福祉施設の長、里親等による児童に対しての体罰の禁止、児童相談所に医師及び保健師をそれぞれ1人以上配置しなければならないことなどを規定しました。

2022（令和4）年の児童福祉法改正で、地域子ども・子育て支援事業において、子育て世帯訪問支援事業（訪問による生活の支援）、児童育成支援拠点事業（学校や家以外の子どもの居場所支援）、親子関係形成支援事業（親子関係の構築に向けた支援）を創設しました。また、母子保健法上に規定されていた「子育て世代包括支援センター（法律上の名称は母子健康包括支援センター）」と児童福祉法上の「市区町村子ども家庭総合支援拠点」を一本化して「利用者支援事業（こども家庭センター型）」を創設しました。

「こども家庭センター」では児童福祉法と一体的に運用することで、母性、乳児・幼児の健康の保持及び増進に関する包括的な支援を行うこととなりました。

さらに、一時保護の適正性の確保や手続の透明性の確保のため、一時保護開始の判断について司法審査を導入することや社会的養育経験者の自立支援の強化なども規定しました（2024〔令和6〕年4月施行）。

（3）母子保健法

母子保健法は、母性・乳児・幼児の健康を保ち増進させることを目的として1965（昭和40）年に制定され、0歳から小学校就学前までの児童を対象としています。

同法では、市町村の事業として、次のようなものを規定しています。

- 妊娠の届出（妊娠した者の義務）・母子健康手帳を交付（市町村の義務）
- 未熟児の訪問指導、養育医療　・母子栄養摂取の援助
- 妊産婦・乳幼児の保健指導、訪問指導
- 健康診査（1歳6か月児健診、3歳児健診）
- 産後ケア事業（出産後1年以内の母親と子を対象。短期入所事業、通所事業、訪問事業のいずれか。努力義務）

（4）母子及び父子並びに寡婦福祉法

1964（昭和 39）年に制定された母子福祉法が、1981（昭和 56）年に母子及び寡婦福祉法に、2014（平成 26）年に母子及び父子並びに寡婦福祉法に改正されました。法律の対象は、ひとり親家庭と寡婦です。児童は 0 歳から 20 歳未満をいい、次のような支援について定めてあります。

- 母子・父子自立支援員による助言・指導
- 就業支援事業
- 母子家庭等及び寡婦自立促進計画の策定
- 自立支援給付金の給付
- 都道府県による福祉資金貸付
- 日常生活支援事業の実施
- 保育所への優先入所、子育て短期支援事業の実施

（5）児童虐待防止法（児童虐待の防止等に関する法律）（p.166 参照）

児童虐待防止法は、わが国が「児童の権利に関する条約」を批准した後、2000（平成 12）年に制定・施行されました。保護者による次の行為を児童虐待とし、2019（令和元）年の改正では、親権者等による体罰の禁止を明確化しました。

■児童虐待の定義■

身体的虐待	児童の身体に外傷が生じ、または生じるおそれのある暴行を加えること
ネグレクト	心身の正常な発達を妨げるような著しい減食または長時間の放置、保護者以外の同居人による虐待などの放置、その他保護者としての監護を著しく怠ること
性的虐待	児童にわいせつな行為をすることまたは児童にわいせつな行為をさせること
心理的虐待	児童に対する著しい暴言または著しく拒絶的な対応、児童が同居する家庭における配偶者に対する暴力その他の児童に著しい心理的外傷を与える言動を行うこと

また、児童虐待防止のために、次のような方策が定められています。

通告義務	・児童虐待を受けたと思われる児童を発見した者は、速やかに、市町村・福祉事務所・児童相談所に、直接または児童委員を介して通告しなければならない。
保護者に対する指導	・児童虐待を行った保護者に対して指導を行う場合は、医学的または心理学的知見に基づく指導を行うよう努めなければならない（2019年改正、2020年施行）。
児童の人格の尊重	・児童の人格を尊重するとともに、その年齢及び発達の程度に配慮しなければならず、かつ、体罰その他の児童の心身の健全な発達に有害な影響を及ぼす言動をしてはならない。

（6）親権についての民法の規定

　2011（平成23）年には、児童虐待を防止し、「子の利益」を擁護するために民法の改正が行われました。

　改正法では、家庭裁判所が、父・母による親権の行使が困難または不適当で、子の利益を害すると判断したときには、最長2年間の親権停止の審判ができるという親権停止制度が創設されました。そのほか、親権喪失原因や管理権喪失原因に「子の利益」を重視する規定を加え、親権喪失等の請求権者に子本人と未成年後見人、未成年後見監督人を加えました。また、親権者等がいない場合には児童相談所長が親権を代行することを規定しました。

（7）DV防止法（配偶者からの暴力の防止及び被害者の保護等に関する法律）（p.166参照）

　DV防止法は2001（平成13）年に、配偶者（事実婚、かつての配偶者を含む）からの暴力を重大な人権侵害であるとし、配偶者からの暴力の防止、被害者の保護と自立支援を目的として制定されました。現在は、生活の本拠を共にする交際相手からの暴力及びその被害者についても準用されています。

　同法では、都道府県が女性相談支援センター等に配偶者暴力相談支援センターを設置することを規定しています。女性相談支援センターでは、相談援助を行うとともに、一時保護を実施します。また、市町村は、市町村が設置する適切な施設において配偶者暴力相談支援センターとしての機能を果たすようにすることが努力義務とされました。

　なお、困難な問題を抱える女性への支援に関する法律（「困難女性支援法」）

の成立により、2024（令和6）年4月から女性相談支援センターは「困難女性支援法」が根拠となり、名称が婦人相談所から変更されました。

DV 防止法
DV とは、Domestic Violence のことで、本来家庭内暴力のことを指す。DV 防止法における DV は配偶者（事実婚、かつての配偶者を含む）、生活の本拠を共にする交際相手（同棲相手）からの暴力である。

（8）子どもの貧困対策の推進に関する法律（「子どもの貧困対策推進法」）

子どもの貧困対策推進法は、2013（平成25）年に、子どもの現在及び将来が生まれ育った環境によって左右されることのないよう、貧困の状況にある子どもが健やかに育成される環境を整備するとともに、教育の機会均等を図るため、子どもの貧困対策を総合的に推進することを目的に創設されました。

同法では、政府は、毎年1回、子どもの貧困の状況及び子どもの貧困対策の実施の状況を公表しなければならないと規定しています。政府は、法の規定に則り、2014（平成26）年に大綱を決定し、2019（令和元）年に改正しました。大綱では、基本的な方針、子供の貧困に関する指標、指標の改善に向けた当面の重点施策（①教育の支援、②保護者に対する就労の支援、③生活の支援、④経済的支援）、子供の貧困に関する調査研究等について明記してあります。

（9）子ども・子育て支援法

子ども・子育て支援法は、少子化を背景に、次代を担う子どもの育ち・子育てを社会全体で応援するために、2012（平成24）年に制定されました。認定こども園を創設するなど幼児期の教育や保育、地域の子育て支援を質量ともに拡充し、子育てにかかる経済的負担を軽減して、総合的な子ども・子育て支援を規定しています。

2019（令和元）年10月からは、幼児教育・保育の無償化が行われ、幼稚園、保育所、認定こども園等を利用する3歳から5歳児クラスの子ども、住民税非課税世帯の0歳から2歳児クラスまでの子どもの利用料が無料になりました。

6
⑤

児童家庭福祉について学ぼう

3 児童相談所について知ろう

　児童相談所は、児童福祉法に基づいて設置される子どもの福祉に関する第一線の行政機関です。各都道府県と政令指定都市に設置義務があり、2006（平成18）年度からは中核市、2017（平成29）年度からは特別区にも設置可能となっています。

　相談内容では、養護相談が49.5％、続いて障害相談が35.6％です（令和3年度福祉行政報告例の概況）。虐待相談が増加しているため、養護相談の割合が増えています。

■児童相談所の概要■

主な業務	・市町村間の連絡調整など市町村に対する援助 ・専門的な知識及び技術が必要な相談に応じる ・必要な調査、医学的・心理学的・教育学的・社会学的・精神保健上の判定 ・児童・保護者に必要な指導　・児童の一時保護　・施設入所等の措置 ・一時保護解除後の家庭その他の環境の調整、当該児童の安全確保 ・障害児について、障害者総合支援法上必要な市町村への支援
所　員	・所長…医師であって精神保健に関して学識経験を有する者、社会福祉士等 ・児童福祉司（相談・調査を行う） ・相談員　・児童心理司　・医師　・保健師 ・心理療法担当職員　・弁護士　等
設置施設	必要に応じ、一時保護施設を設置（義務）

4 こども家庭センターについて知ろう

　こども家庭センターは、2022（令和4）年の児童福祉法改正（2024〔令和6〕年4月施行）によって新たに設置された機関です。市区町村は、子ども家庭総合支援拠点（児童福祉）と子育て世代包括支援センター（母子保健）を統合して、全ての妊産婦、子育て世帯、子どもへ一体的に相談支援を行う機関としてこども家庭センターの設置に努めることとされました。

　こども家庭センターでは、サポートプランの作成や、民間団体と連携しながら地域資源の開拓などを担い、子育て支援の充実・強化を図ります。

5 社会的養護について知ろう

社会的養護とは、保護者のない児童や、虐待を受けた児童など、保護者に監護させることが適当でない児童に対し、公的な責任で社会的に養護を行うとともに、養育に大きな困難を抱える家庭への支援を行うことをいいます。こども家庭庁「社会的養育の推進に向けて」（令和6年4月）によれば、対象児童は、合計で約42,000人となっています。

■里親・ファミリーホームへの委託児童数■

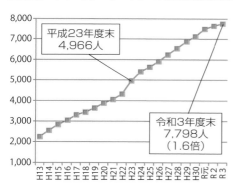

■児童養護施設の入所児童数■

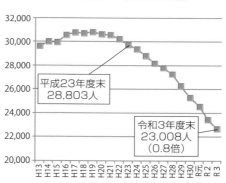

児童福祉法の改正（2016〔平成28〕年）を受けて、児童養護施設等施設への入所から、里親委託やファミリーホーム委託など家庭的養育に比重を移しつつあります。

6 障害児支援について知ろう

障害児については児童福祉法に基づく入所による支援と通所による支援を中心とし、居宅サービスについては、障害者総合支援法に基づいて支援しています。実施主体は、入所支援については都道府県（相談、入所決定などの事務は児童相談所）、通所支援と居宅サービスについては市町村です。
また、市町村は、児童福祉法に基づいて、内閣総理大臣が策定する基本指針に即して、障害児に対する福祉サービスの提供体制の確保、実施に関する計画（「障害児福祉計画」）を策定することとなっています（義務）。

	サービス	支援内容
障害児通所支援	児童発達支援	児童発達支援センター等の施設に通わせ、日常生活における基本的な動作の指導、知識技能の付与、集団生活への適応訓練等を行う。
	居宅訪問型児童発達支援	重度の障害等により外出が著しく困難な障害児を対象に、居宅を訪問して児童発達支援を提供する。
	放課後等デイサービス	学校に就学している障害児について、放課後や休業日に児童発達支援センター等の施設に通わせ、生活能力の向上のために必要な訓練を行い自立を促すとともに、放課後等の居場所づくりを推進する。
	保育所等訪問支援	障害児が通う保育所等を訪問し、集団生活への適応のための専門的な支援をする。
障害児相談支援	障害児支援利用援助	利用する障害児通所支援の種類及び内容等を定めた計画（「障害児支援利用計画」）を作成すること。 （計画案作成→通所給付決定→関係者と連絡調整→計画作成）
	継続障害児支援利用援助	通所給付決定の有効期間内において、障害児支援利用計画の利用状況を検証し、障害児支援利用計画の見直しを行って計画の変更・給付変更申請の勧奨を行う。

7 児童のための所得保障について知ろう

　児童のための所得保障は、いずれも、社会保険とは異なり、受給者が直接的な拠出をせずに受給する社会手当による所得保障です。広義には、公的扶助に含まれます。

（1）児童手当

　児童手当は、1971（昭和46）年に創設後、所得制限のない「子ども手当」（2010〔平成22〕年度〜2012〔平成24〕年度）を経て、現在は所得制限を課して右記のような給付が行われています。少子化対策強化のため、2024（令和6）年12月の支給分から所得制限を撤廃し、対象を18歳の3月末（高校卒業）まで広げ、第3子以降は月額3万円に増やすことが予定されています。

　児童手当の財源は、国、地方公共団体、事業主が拠出します。

■児童手当の給付内容■

支給対象	中学校修了までの子ども（国内居住者に限る）の父母等
支給額	・3歳未満…月額15,000円 ・3歳以上小学校修了前…第1子・第2子：月額10,000円 　　　　　　　　　　　…第3子以降：月額15,000円 ・中学生…月額10,000円

（2）児童扶養手当

　児童扶養手当は、ひとり親世帯の児童の経済的な支援のために給付されます。ただし、厳しい所得制限があります。

■児童扶養手当■

対象	父母が離婚した後、父又は母と生計を同じくしていない子ども（18歳の3月末までの児童、20歳未満の障害児）などについて、母、父又は養育者が監護等している場合に支給。 注）父が一定の障害状態、父又は母が裁判所からDV保護命令を受けた子どもなどを含む。		
支給額 （月額）	・全部支給：45,500円、一部支給：45,490円〜10,740円 ・児童2人目以上には加算額あり。		
支給事務	市町村	財源	国1/3、都道府県・市など2/3

（3）特別児童扶養手当

　特別児童扶養手当は、在宅で重度障害児を監護・養育する家庭の経済的支援のために父母または養育者に対して給付されます。受給資格者（障害児の父母）に対する所得制限があります。

■特別児童扶養手当■

支給対象	20歳未満の障害児を在宅で監護・養育する父母または養育者。
対象障害児	20歳未満で、障害等級1級及び2級に該当する程度の障害状態にある者。
支給額	1級55,350円、2級36,860円
財源	国3/4、都道府県、市または福祉事務所を設置する町村1/4

Chapter ❻ 貧困に対する支援について学ぼう

社会保障制度のうち、貧困に対する支援は主に生活保護制度を中心とする公的扶助によって実施されています。

1 貧困に対する支援制度の歴史を学ぼう

（1）公的扶助とは

　貧困に対する支援のうち、公的扶助は、経済的に困窮している国民の最低限度の生活を国が保障する制度です。近代以降では、基本的人権である生存権を具体化するものです。国が保障する最低限度の生活水準は、19世紀末にウェッブ夫妻が提唱した「ナショナル・ミニマム」に当たります。

　現在のわが国では、日本国憲法第25条に生存権が規定されており、それを保障する具体的な公的扶助の制度として、生活保護制度があります。

（2）わが国の貧困に対する制度の歴史

　わが国の貧困に対する制度の歴史をみると、公的扶助制度として現在の生活保護制度が確立されるまでには、長い時間が必要でした（p.55参照）。

　救貧事業は、古くは6世紀末にまで遡ることができます。

　しかし、国による全国一律の公的扶助制度は、明治維新後の1874（明治7）年に制定された「恤救規則」が最初でした。

　その後、1929（昭和4）年に「救護法」が制定されました。昭和恐慌の影響などから失業等による貧困が社会問題化したため、国家の義務として公的扶助を行いましたが、労働能力のない者のみを対象とした制度でした。

　救護法の制定、施行には、全国の方面委員による運動（ソーシャルアクション）が影響したといわれています。

　第二次世界大戦後には、直後の1946（昭和21）年にGHQ（連合国総司令部）の「覚書」に基づいた旧生活保護法が制定されました。保護請求権は認められず、怠惰・素行不良の者は対象とされませんでしたが、無差別平等、国家責任、最低生活保障を3原則としました。

恤救規則や救護法で
は、子どもは対象と
なったのですか？

13歳以下の孤児が
対象となりました。

　1950（昭和25）年には、日本国憲法第25条に規定された生存権を具体
的に保障するために、新しい生活保護法が制定されました。

　現行の生活保護法は、国家の義務として、生活に困窮するすべての国民を
対象に生活を保障しています。ここで、生活困窮の原因や労働能力の有無な
どによる欠格条項は規定されていません。また、保護を必要とする者に対し
て、国民の権利として「健康で文化的な最低限度の生活」を営むこと、保護
を請求する権利、訴訟の権利を保障しています。

　生活保護の事務は、福祉事務所が行います。なお、福祉事務所は、都道府
県と市に義務設置され、町村は任意設置となっています。

■わが国の救貧制度の発展■

法制度	救済の主体	対　象	扶助内容	特　徴
恤救規則 （1874年）	相互扶助による私的救済が原則	無告の窮民	米代の支給	非常に制限的
救護法 （1929年）	国の義務、実施は市町村	老衰者、幼者など労働能力のない貧民	生活扶助 医療扶助 助産扶助 生業扶助	公的救護主義であるが、対象は制限的
旧生活保護法 （1946年）	国の義務	すべての貧民（怠惰、素行不良を除く）	「救護法」の扶助＋葬祭扶助	国家責任 無差別平等 最低生活保障
現行生活保護法 （1950年）	国の義務	原因を問わず、すべての生活困窮者	「旧生活保護法」＋教育扶助、住宅扶助（1950年）、介護扶助（2000年）	国民の保護請求権、訴訟権を保障

 **POINT** 現行の生活保護制度になって、初めて国民の保護請求権、訴訟権が保障されました。

近年は、「生活困窮者自立支援制度」など、生活保護制度の対象となる前の段階で貧困に対処するための制度が創設され、貧困に対する制度が拡充されています（p.247 ～ 250 生活保護制度以外の貧困対策を知ろう、参照）。

2 現行の生活保護制度の考え方を理解しよう

生活保護法は、日本国憲法第 25 条に規定されている生存権を国が具体的に保障するために制定されました。

生活保護法の目的は、①最低限度の生活の保障と②要保護者の自立の助長の 2 点です。単に生活を保障するだけでなく、自立を助長するという目的があることが重要です。

 Check 生活保護法の目的には要保護者の自立の助長も明記されています。

（1）保護の原理

生活保護法は、次の 4 点を原理としています。

❶国家責任の原理 （第 1 条）	国が生活に困窮するすべての国民に対して最低限度の生活を保障する責任を負う。
❷無差別平等の原理 （第 2 条）	要件を満たす限り、生活困窮の原因を問わず無差別平等に保護を受けることができる。
❸最低生活保障の原理 （第 3 条）	健康で文化的な最低限度の生活を保障。
❹補足性の原理 （第 4 条）	資産や能力の活用、扶養義務者による扶養、他法による救済を優先し、なお不十分な場合に補足的に用いる。

（2）保護の原則

生活保護法に則って保護を実施する際の原則としては、次の4点があります。原則は例外が認められることがあります。

❶申請保護の原則 （第7条）	要保護者、扶養義務者、同居親族の申請に基づいて行う。ただし、急迫した状況にあるときは、福祉事務所長の判断で保護の申請がなくても必要な保護を実施することができる。
❷基準及び程度の原則 （第8条）	厚生労働大臣が定める基準に基づいて要保護者の需要を測り、要保護者の金銭や物品では満たすことのできない不足分を保護によって補う。
❸必要即応の原則 （第9条）	要保護者の年齢・性別・健康状態等、その個人や世帯の実際の必要の相違を考慮して、有効かつ適切に行う。
❹世帯単位の原則 （第10条）	原則として世帯を単位とする。

（3）被保護者の権利と義務

被保護者には、最低限度の生活を保障するために、特別に次のような権利と義務が与えられています。

権　利	義　務
• 不利益変更の禁止 • 公課禁止 • 差押禁止	• 譲渡禁止 • 届出の義務 • 生活上の義務（勤労、節約） • 指示等に従う義務 • 費用返還義務 • 健康保持・増進 • 生計状況の把握

6

6

貧困に対する支援について学ぼう

3 生活保護制度の仕組みを知ろう

(1) 扶助の種類

　現行の生活保護制度では、生活扶助、住宅扶助、教育扶助、介護扶助、医療扶助、出産扶助、生業扶助、葬祭扶助の8種類の扶助が設けられています。給付は原則として金銭給付ですが、介護扶助と医療扶助だけは現物給付です。

■生活保護基準等体系図■

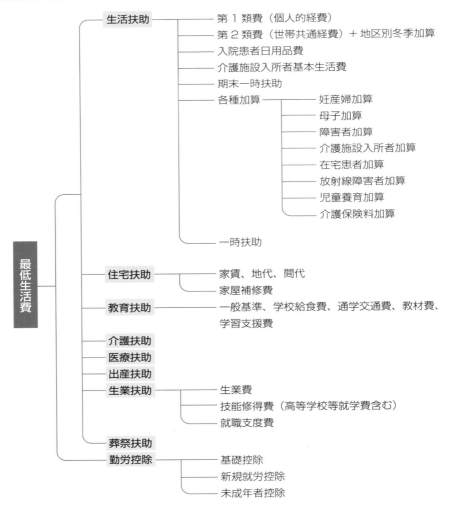

扶助のうち、生活扶助は日常生活費を賄う、最も基本的な給付です。個人単位の経費（第1類の経費）と世帯単位の経費（第2類の経費）を合わせた基準生活費に各種加算などを積み上げて計算します。これに、その他の扶助を加えて最低生活費を計算できます。一方で、被保護者に勤労収入があった場合には、勤労収入から勤労控除を差し引いた額を収入認定額とし、最低生活費から収入認定額を差し引いた額が保護費支給額となります。

■最低生活費の算定方法■

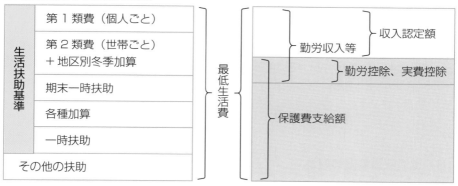

（2）就労自立給付金

　就労自立給付金は、安定就労の機会を得て、生活保護から脱却した人に対して、税や社会保険料等の負担に備えて給付されるものです。2013（平成25）年の生活保護法改正によって創設されました（2014〔平成26〕年施行）。保護受給中の就労収入のうち、収入認定された金額の範囲内で別途一定額を仮想的に積み立てて、保護から脱却した時に積立相当額を支給する制度です。

　就労自立給付金の目的は次の2点です。
①　生活保護から脱却した場合に生じる税・社会保険料等の負担に備えてお金を給付し、再び被保護者になってしまうことを防止すること。
②　生活保護からの脱却に対するインセンティブを高めること。

（3）進学準備給付金

　進学準備給付金は、生活保護世帯の子どもの大学等への進学を支援するため、2018（平成30）年に規定されました。大学等の特定教育訓練施設に進学する一定の者に、進学の際の新生活立ち上げの費用を給付します。

(4) 保護施設

　保護は、福祉事務所が窓口となり原則は居宅で行いますが、救護施設、更生施設、医療保護施設、授産施設、宿所提供施設の保護施設もあります。
　なお、法改正により居宅と保護施設の中間的な位置づけとして「日常生活支援住居施設」（第二種社会福祉事業である無料低額宿泊所を指定）において生活扶助を行うことがあります。

(5) 不服申立てと訴訟

　生活保護の処分に不服があった場合には、行政に対して不服申立てをすることができ、その方法は審査請求によります。司法（裁判所）に対して、処分取消しの訴え（訴訟）を起こすこともできますが、生活保護制度の場合は、その処分についての審査請求の裁決を経た後でなくては行うことができないとされています（不服申立前置主義〔審査請求前置主義〕p.172、173参照）。

(6) 生活保護制度の財源

　生活保護制度は「国家責任の原理」に基づいて実施されますので、その財源は、国が多く負担することになっており、現在は財源の4分の3を国が負担します。他の社会福祉制度の財源は、国の負担割合は2分の1であることが多く、生活保護制度における国の責任の重さがわかります。

4　生活扶助基準の算定方式の移り変わり

　生活扶助基準額の算定方法は、次のように変わってきました。

年	算定方式	算定方法
1948～1960	マーケット・バスケット方式	最低生活を維持するのに必要な飲食物、衣類、家具什器、光熱水費等の個々の品目を市場価格で積み上げ計算する。
1961～1964	エンゲル方式	標準的栄養所要量を満たすことが可能な飲食物費を理論的に計算し、同程度に飲食物費を支出している家計のエンゲル係数を計算。この飲食物費をエンゲル係数で割り、最低生活費総額を計算する。

1965〜1983	格差縮小方式	予算編成時に公表される民間最終消費支出の伸び率の見通しを基礎とし、これに格差縮小分を加えて、生活扶助基準の改定率を決定する。
1984〜	水準均衡方式	予算編成時に公表される民間最終消費支出の伸び率を基礎とし、前年度までの一般世帯の消費支出水準の実績を勘案して改定率を決定する。

 Check ☑

生活保護制度における生活扶助費の算定方法は、マーケット・バスケット方式→エンゲル方式→格差縮小方式→水準均衡方式と変わってきました。

5 生活保護制度以外の貧困対策を知ろう

社会保障制度のうち、社会保険制度は貧困に陥ることを防ぐ防貧機能があります（第1のセーフティネット、PART7参照）。社会保険制度によって、失業や疾病、老齢等のために貧困に陥ることを食い止められない場合に、いきなり最後のセーフティネットである生活保護制度の受給に陥らなくて済むように、貧困に対する制度が拡充されています。

（1）求職者支援制度

2011（平成23）年に「求職者支援制度」がスタートしました。雇用保険と生活保護との間に「第2のセーフティネット」施策を強化することを目的として創設された、就労支援制度です（p.251参照）。

■貧困に対する支援■

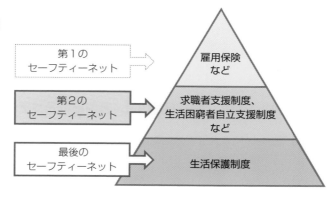

（2）生活困窮者自立支援制度

　生活困窮者自立支援制度は、「就労の状況、心身の状況、地域社会との関係性その他の事情により、現に経済的に困窮し、最低限度の生活を維持することができなくなるおそれのある者」に対して行う自立支援事業です。自立相談支援事業の利用は、一部の生活福祉資金貸付の要件です。2015（平成27）年4月から施行され、2018（平成30）年10月に改正されました。

●改正生活困窮者自立支援制度の概要

- **生活困窮者に対する包括的な支援体制の強化**
- …自立支援の基本理念の明確化や生活困窮者の定義の見直し等
- …自立相談支援事業等の利用勧奨の努力義務の創設
- …関係機関間の情報共有を行う支援会議の設置
- …自立相談支援事業・就労準備支援事業・家計改善支援事業の一体的実施の促進（一体的な実施で補助率を引き上げ）
- …都道府県による市等に対する研修等の支援事業の創設、福祉事務所を設置していない町村による相談の実施
- **子どもの学習支援事業の強化**
- …学習支援に加え、生活習慣・育成環境の改善に関する助言等の追加
- **居住支援の強化**
- …シェルター等の施設退所者や地域社会から孤立している者に対する訪問等による見守りや生活支援の創設

　なお、生活困窮者自立支援制度は、その対象を年齢や所得によって制限していないことから、生活保護制度や介護保険制度など既存の制度の対象とならず、制度の狭間に陥った人々に対する支援を提供することが可能です。このため、誰も取り残さない地域共生社会を作り上げるための「包括的支援体制」の一翼を担う重要な制度となっています。

（3）母子福祉資金・父子福祉資金・寡婦福祉資金貸付制度

　母子福祉資金・父子福祉資金・寡婦福祉資金貸付制度は、都道府県が主体で行う貸付制度で、ひとり親世帯の親や寡婦に生活資金等を貸し付けます。

（4）生活福祉資金貸付制度

　生活福祉資金貸付制度は低所得者や高齢者、障害者の生活を経済的に支えて、その在宅福祉および社会参加の促進を図ることを目的とした貸付制度で、相談支援を伴います。都道府県社会福祉協議会が実施しています。

> ●**生活福祉資金貸付制度の概要**
>
> **創　設**：1955（昭和30）年「世帯更生資金貸付制度」創設、1990（平成2）年「生活福祉資金貸付制度」に改称
>
> **内　容**：低利・無利子での資金貸し付け、相談援助
>
> **実施機関**：都道府県社会福祉協議会
>
> **貸付原資**：国が **2/3**、都道府県が **1/3** を負担
>
> **貸付対象**：①低所得者世帯、②障害者世帯、③高齢者世帯
>
> **貸付要件**：総合支援資金と緊急小口資金の貸付は自立相談支援事業（生活困窮者自立支援制度の必須事業）を利用すること

> 　本来は、貸付金の返却が滞った場合は、延滞利息を付して返済しなければなりません。しかし、就労困難などにより償還が困難となった場合、貸付金（元利金）または延滞利子の支払いを全額または一部免除する制度があります。
> 　コロナ禍では、収入が減少した世帯の資金需要に対応するため、緊急小口資金と総合支援資金（生活支援費）の貸付が拡充されました。

 　生活福祉資金貸付制度の貸付対象にはひとり親世帯は明記されていない。

■生活福祉資金貸付制度の種類■

総合支援資金	生活支援費	生活再建までの間に必要な生活費用
	住宅入居費	敷金、礼金等住宅の賃貸契約締結に必要な費用
	一時生活再建費	生活再建のために一時的に必要な費用、滞納している公共料金の立替費用、債務整理に必要な経費　等
福祉資金	福祉費	生業を営むのに必要な経費、福祉用具の購入経費　等
	緊急小口資金	緊急かつ一時的な生計維持のため貸し付ける少額の費用
教育支援資金	教育支援費	低所得世帯の者が高校、大学、専門学校に就学するのに必要な経費
	就学支度費	低所得世帯の者の高校、大学、専門学校への入学経費
不動産担保型生活資金	不動産担保型生活資金	低所得高齢者世帯に居住用不動産を担保に生活資金を貸し付ける資金
	要保護世帯向け不動産担保型生活資金	要保護高齢者世帯に対し、居住用不動産を担保に生活資金を貸し付ける資金

6 生活保護制度の動向を確認しよう

　2008（平成20）年のリーマンショック以降、生活保護受給者は増加傾向でした。「令和4年度被保護者調査」によれば、2022（令和4）年度月平均では、現に保護を受けた世帯数は約164万世帯、被保護実人員数は約202万人で、対前年度比ではそれぞれ0.1％の増加、0.7％の減少となりました。保護率は1.62％でした。

　世帯類型別にみると、高齢者世帯が増加しており、約6割を占め最多となっています。

　また、保護開始の主な理由を見ると、「貯金等の減少・喪失」が約46％と最も多くなっており、保護廃止の主な理由では「死亡」が約50％と最も多くなっています。いずれも、高齢化が生活保護の動向にも現れていると考えられるでしょう。

（1）求職者支援制度

　求職者支援制度は、2011（平成23）年にスタートした制度です。雇用保険と生活保護との間に「第2のセーフティーネット」となる施策を強化することを目的として創設されました。

　雇用保険の失業等給付などを受けることができない者に対して、ハローワークが中心となって就労を支援し、職業訓練や給付金を提供します。

■求職者支援制度の概要■

対象	雇用保険を受給できない就労能力のある失業者 例） ・雇用保険の適用がなかった者　　・雇用保険の受給が終了した者 ・加入期間が足りず雇用保険の給付を受けられなかった者 ・学卒未就職者　　　　　　・自営廃業者等
支援内容	①無料の職業訓練（求職者支援訓練）を実施。 ②本人収入、世帯収入及び資産要件等の支給要件を満たす場合は職業訓練受講給付金（月額10万円＋通所手当）を支給。 ③ハローワークにおいてきめ細やかな就職支援を実施。

資料：厚生労働省HP

（2）生活困窮者自立支援制度における就労支援

　生活困窮者自立支援制度では、就労支援を重視しています。下記のような事業があり、就労準備支援事業については、実施は努力義務とされています。

①就労準備支援事業

対象：決まった時間に起床・就寝ができないなど生活リズムが崩れている人、他者とのコミュニケーションが苦手な人など、就職に向けた準備が必要な人。

内容：グループワークや模擬面接、職場見学、就労体験、農作業体験など、さまざまなメニューを通所や合宿などの形式で提供し、就職に必要な基礎的な能力を身につける。

②認定就労訓練事業

対象：長期離職者やひきこもり、精神疾患など、すぐに就職するのが難しい人

内容：支援付きの就労の機会などを提供。事業者は自治体から認定を受けて実施する。達成すべきノルマを設けずに訓練計画に基づいて行う「非雇用型」と、就労支援プログラムに基づいて行う「雇用型」がある。事業所に就労支援担当者を配置する。

（3）生活保護受給者に対する就労支援

　近年、稼働能力のある生活保護受給者に対する支援が強化されています。
　稼働能力のある生活保護受給者が増加したためで、ハローワークと福祉事務所の連携により就労支援を強化しています。主な事業は下記の通りです。

①生活保護受給者等就労自立促進事業

対象：就労に向けた準備がある程度整っており、個別支援で早期の就労が可能な人（生活困窮者も利用可能）

内容：福祉事務所とハローワークの間で協定を締結し、ハローワークの就職支援ナビゲーターの支援を中心に就労支援を実施。

②被保護者就労支援事業

対象：就労に向けて一定の支援が必要な人

内容：福祉事務所の就労支援員が就労に関する相談に応じ、ハローワークへの同行、履歴書の書き方の助言など支援を行う。

③被保護者等就労準備支援事業（生活困窮者自立支援制度の事業と同じ）

保健医療は、医療法、医療保険制度などに基づいて供給されています。また、近年、医療ソーシャルワーカーの活動の重要性も高まっています。

1 現代において医療とは何かを考えよう

（1）医療法の定義

　医療については、医療法で定められています。

　患者の権利については明記されていませんが、生命の尊重と個人の尊厳の保持を旨とすること、疾病の予防、リハビリテーションを含むこと、医療を受ける者の意向を十分に尊重すること、福祉サービスその他の関連するサービスとの有機的な連携を図りつつ提供するべきこと、が明記されています。

（2）疾病構造と医療保健サービス

　近年、老人性疾患に対応するために、福祉・介護と統合的に、地域で長期にわたって提供する医療サービスが求められるようになっています。

　これは、公衆衛生や予防接種などの発達、人口構造の変化などによって、疾患の構造が変わってきたためです。高齢化に伴い、老人性疾患が増加していることから、医療を受けることは、非日常的な営みではなく、日常生活全体に関わる事柄になってきました。同時に、サービスを提供する場所は、病院や診療所だけでなく、居宅・地域に広がっています。

■疾病構造の変化■

年代	主な疾病	保健医療の中心	療養期間
～1950年代	結核等感染症	感染症や救急医療などの急性疾患対策	短期
1960年代～	生活習慣病	予防、早期発見、ケア	長期
1980年代～	老人性疾患	福祉と医療の統合	長期

公衆衛生によって疾病を予防することができ、すべての住民が健康・長寿という権利を実現することができるようになります。

POINT
予防は次の3段階に分けられます。
一次予防：健康な段階で行う予防。健康増進。
二次予防：早期発見・早期治療。がん検診など。
三次予防：悪化防止。リハビリテーションなど。

（3）患者の権利

近年、患者の権利を重視する医療が行われるようになってきました。以下に、特に重要な概念を取り上げてみます。

①インフォームド・コンセント

インフォームド・コンセントとは、医師等が、病気の現在の状況、治療や検査の目的と内容、治療の危険性、成功確率、他の治療法、治療を拒否した場合に起こりうる状況等について説明し、患者の同意を得ることをいいます。

医療法に、医療従事者の努力義務として規定されており（第1条の4第2項、患者の権利として規定されていないことに注意）、「医師の職業倫理指針〔第3版〕」（2016〔平成28〕年）において、細かい指針が述べられています。

②セカンド・オピニオン

セカンド・オピニオンは、主治医以外の医師の意見を得ることです。

主治医以外の専門医の診断によって、主治医の診断や治療方針の妥当性を確認したり、他の選択肢を知ったりすることができます。

③リビング・ウィル（生前の意思）

リビング・ウィルとは、終末期の医療について、患者本人が、あらかじめ自分の意思を表明するものです。延命措置を拒否する内容が多いのですが、わが国では法制化されていないので、議論が生じるところです。

④アドバンス・ケア・プランニング（ACP）

アドバンス・ケア・プランニング（ACP）とは、終末期に向けて、今後の医療やケアについて、本人が家族や医療・ケアチームと何度も話し合うプロセスのことをいいます。意思決定支援の一つであり、本人の意思に沿った看取りを行うために進めていきたい取組みです。

2 医療費について知ろう

（1）国民医療費の規模

　「国民医療費」は、その年度内に医療機関等において傷病の治療にかかった費用の推計です。この金額には診療費、調剤費、入院時食事・生活医療費、訪問看護医療費のほかに、保険支給対象の移送費等が含まれます。生殖補助医療は含まれますが、正常な妊娠・分娩費用や健康診断、予防接種、義肢等の費用は含みません。

　2021（令和3）年度の国民医療費は45兆359億円で、1人当たり国民医療費は35万8,800円です。国民医療費の**国内総生産（GDP）**★に対する比率は、8.18％となりました。高齢化の進展を背景に増加傾向です。

■国民医療費・対国内総生産比率の年次推移■

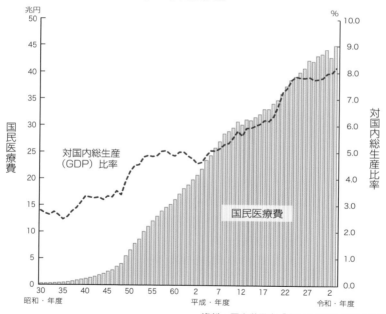

資料：厚生労働省「令和3年度国民医療費の概況」

国内総生産（GDP）
Gross Domestic Product。一定期間内の国内の経済活動によって創出された財やサービスの付加価値。その国の経済規模の指標となり、伸び率はその国の成長率を示す。

6
7

保健医療と福祉について学ぼう

(2) 国民医療費の内訳

2021（令和3）年度の国民医療費の内訳を制度区分別にみると、約7％が公費負担医療分、約46％が医療保険等給付分であり、約35％が後期高齢者医療給付分、約12％が患者等（自己）負担分となっています。また、財源をみると、公費が約4割、保険料が約5割、患者負担が約1割となっています。

(3) 総医療費の国際比較

総医療費の自国の経済に対する大きさを対国内総生産（GDP）比によって諸外国と比較してみると、圧倒的に大きいアメリカと比べ、わが国は半分程度です。

わが国の医療は、世界でも際立った乳児死亡率の低さ、2022（令和4）年の平均寿命が男女とも世界でもトップクラス（令和4年簡易生命表）で、しかも健康寿命が長いこと、国民皆保険による医療機関へのアクセスの容易さなどを考えると、効率的な保健医療サービスが提供されているといえます。

2022（令和4）年時点の総医療費の対GDP比率は、OECD平均で9.2％、日本は11.5％で、OECD加盟38か国中4位となっており、OECD平均を上回っています。また、政府支出に占める公的医療費の割合は、OECD加盟国で最も高くなっています（OECD「Health Statistics 2023」より）。

POINT
2021（令和3）年度の国民医療費
- 総額：45兆359億円
- 1人当たり国民医療費：35万8,800円
- 制度区分別内訳
  医療保険：後期高齢者医療：自己負担：公費負担
  ＝5：4：1：1
- 財源
  公費：保険料：患者負担＝4：5：1

3 診療報酬制度について知ろう

　診療報酬制度は、公的医療保険の適用対象となる医療行為の公定価格体系のことです。改定率は予算編成の過程で内閣が決定します。具体的な内容は、厚生労働大臣が中央社会保険医療協議会（中医協）の議論を踏まえて決定します。

　診療報酬制度では、あらゆる医療行為について、公定価格としての点数（全国一律1点＝10円）を決め、点数表を定めています。

　保険医療機関は、患者に対して行った医療保険の対象となる医療行為ごとに診療報酬制度に則って点数を積み上げる出来高払い制で計算し、保険診療の審査支払機関を通して各医療保険者から支払いを受けます。

　ただし、DPC（主要診断群）対象となる大きな病院では、急性期入院医療を対象とした診療報酬の包括評価制度（略称：DPC/PDPS）が適用されます。この場合、診療報酬の額は、DPC（診断群分類）毎に設定される1日当たり定額報酬（包括評価）部分と出来高評価部分の合計額となります。

　診療報酬の審査支払機関は、一般的には次のようになっています。

> 健康保険、共済組合、船員保険　➡　社会保険診療報酬支払基金
> 国民健康保険、後期高齢者医療制度　➡　国民健康保険団体連合会

■保険診療の概念図■

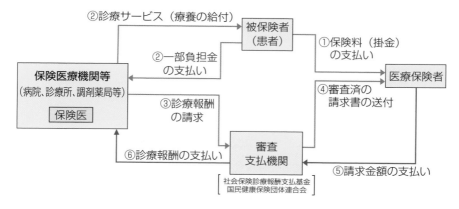

資料：厚生労働省「令和5年版厚生労働白書　資料編」

Check ✓ 診療報酬制度は、1点＝10円で地域差がありません。地域差のある介護報酬制度とは異なる制度設計になっています。

4 公費負担医療制度について知ろう

公費負担医療とは、国や地方自治体が費用（公費）を負担して提供する医療です。具体的には、①障害者福祉（「障害者総合支援法」に基づく自立支援医療等）、②児童福祉（児童福祉法に基づく療育の給付や母子保健法に基づく養育医療等）、③疾病対策（難病の患者に対する医療等に関する法律〔「難病法」〕等に基づく医療費助成）、④公衆衛生、⑤公的扶助（生活保護法に基づく医療扶助等）があります。

このうち、③の疾病対策については2014（平成26）年に「難病法」が制定され、都道府県知事は、申請に基づき、医療費助成の対象疾患（指定難病）の患者に対して医療費を支給することが規定されました。公費は国と都道府県が半額ずつ負担することが明記されました。

5 地域医療構想について知ろう

より効率的な医療を提供するために、医療については、各都道府県が「医療計画」を策定しています。

疾病構造の変化により、「病院完結型医療」から「地域完結型医療」に転換が図られており、二次医療圏を中心に地域の医療提供体制の将来の目指すべき姿を「地域医療構想」として策定します。限られた医療資源活用のため医療機能の分化・連携を推進しています。

- 一次医療圏：日常の保健医療の提供単位（市町村）。
- 二次医療圏：一体の区域として入院医療を提供する単位として都道府県内で設定。
- 三次医療圏：特殊な医療の提供単位（都道府県全域）。

6　医療提供施設について知ろう

（1）病院と診療所

　病院は、20人以上の患者の入院施設をもつ医療提供施設です。病院を開設する場合には都道府県知事の許可が必要です。

　一方、診療所は、患者の入院施設をもたないか、19人以下の患者の入院施設をもつ医療提供施設です。一定の研修を修了した医師や歯科医師以外の者が診療所を開設する場合には、都道府県知事の許可が必要です。病院・診療所とも管理者は医師または歯科医師でなければなりません。

（2）地域医療支援病院

　地域医療支援病院は、1997（平成9）年の第3次医療法改正により制度化されました。地域医療の中核となる病院で主な承認要件（都道府県知事承認）は次の通りです。

❶かかりつけ医と連携し紹介患者優先の医療を提供、医療機器の共同利用
❷救急医療を提供
❸地域の医療従事者に研修を実施
❹200床以上の病床を有する

（3）特定機能病院

　特定機能病院は、1992（平成4）年の第2次医療法改正により制度化されました。高度な医療の提供が目的で主な承認要件（厚生労働大臣承認）は次の通りです。

❶高度の医療の提供、医療技術の開発、評価、研修を実施
❷400床以上の病床を有する
❸通常の病院の2倍程度の医師を配置
❹集中治療室、無菌病室、医薬品情報管理室を有する

（4）在宅療養を支える医療施設

　見てきたとおり在宅療養の重要性が増しています。このため、次のような医療施設が開設されています。

①回復期リハビリテーション病棟
　脳血管疾患や大腿骨頸部骨折等の入院患者に対し、在宅復帰に向けた機能回復訓練（食事、更衣、排泄、移動、会話などの ADL 能力向上訓練）を集中的に行います。

②地域包括ケア病棟
　急性期治療後の患者が在宅復帰するまでの間、または在宅療養中の患者が一時的に入院するなどの機能を持つことで、地域包括ケアシステムを支えます。

③在宅療養支援診療所・在宅療養支援病院
　24 時間対応体制で在宅医療を提供します。24 時間患者からの連絡を受ける体制、24 時間往診が可能な体制、緊急時に在宅療養患者が入院できる病床を確保して在宅療養患者の緊急時を支えます。

（5）そのほかの主な医療提供施設

介護老人保健施設	介護保険法で規定。介護を必要とする高齢者の自立を促し、在宅復帰を支援する。
介護医療院	介護保険法で規定。要介護者に対し、長期療養のための医療と日常生活上の世話（介護）を一体的に提供する。
調剤薬局	2006（平成 18）年の医療法改正により規定。薬に関する説明、服用の方法などを対面で行う。
助産所	入所者 9 名以下の小規模な施設で、助産師が、助産または妊婦、産婦、じょく婦、新生児の保健指導等を行う。

Check

　介護老人保健施設と介護医療院は、介護保険法に規定されていますが、医療法上の医療提供施設でもあります。

7 保健医療サービスの専門職について知ろう

（1）医療ソーシャルワーカーとは

　医療ソーシャルワーカー*は、病院における社会福祉専門職で、患者の生活課題解決のために相談援助を行います。業務指針に則って実施します。

●業務の範囲

- 療養中の心理的・社会的問題の解決、調整援助
- 退院援助
- 社会復帰援助
- 受診・受療援助（医師の指示による）
- 経済的問題の解決、調整援助
- 地域活動

●業務の方法

- 個別援助にかかる業務の具体的展開
- 患者の主体性の尊重
- プライバシーの保護
- 他の保健医療スタッフ及び地域の関係機関との連携
- 医師の指示に従った受診・受療援助
- 問題の予測と計画的対応
- 記録の作成等

 **★用語★**　　医療ソーシャルワーカー
病院における社会福祉専門職。メディカル・ソーシャル・ワーカー（MSW）ともいう。
MSW が受診・受療の援助をする場合は、医師の指示を受けて行う。

（2）医療専門職

　チームで患者を支援する時に、次の専門職などと協働します。
　また、医師の過重労働や医療介護従事者が足りない、という事態に対応するため、医師の業務について業務独占を一部解除するタスク・シフトやタスクシェアが進められています。

専門職	業務内容
医　師	医業[★]
看護師	傷病者もしくはじょく婦に対する療養上の世話または診療の補助
保健師	保健指導、診療の補助及び療養上の世話
理学療法士	身体に障害のある者に対し、医師の指示に基づいて、基本動作能力の回復を図るため、運動、電気刺激、マッサージ、温熱その他の物理的手段を加える。
作業療法士	身体または精神に障害がある者に対し、医師の指示に基づいて、応用的動作能力、社会適応能力の回復を図るため、手芸、工作その他の作業を行わせる。
言語聴覚士	音声機能、言語機能、聴覚に障害がある者について機能向上を図るため、言語訓練、検査助言指導を行う。 嚥下訓練、人工内耳の調整その他を行う。

 **用語**

医業
業として医療行為（医行為）を行うこと。
厚生労働省では、「医師の医学的判断及び技術をもってするのでなければ人体に危害を及ぼし、または危害を及ぼすおそれのある行為（「医行為」）を反復継続する意思をもって行うこと」としている。

保健医療サービスでは、様々な専門職が関わっているんだね。

PART 7

社会保障制度について学ぼう

対応試験科目

◆ 社会保障
◆ 社会福祉の原理と政策
◆ 地域福祉と包括的支援体制
◆ 高齢者福祉
◆ 貧困に対する支援
◆ 保健医療と福祉

Chapter ① 社会保障制度って何だろう

社会保障制度は、人びとの生存を保障するために、社会生活上起こりうるリスクに対して国の責任で対処する制度です。

1 社会保障制度の考え方を知ろう

「社会保障」とは、人びとが社会生活を営む上で起こりうるリスクに対して、公的な責任において、そのリスクを回避するようにし、もし、事故が起きた場合にはそこから回復できるようにすることです。

ここで、社会生活を営む上でのリスクとは、失業、疾病、障害、労働災害、貧困等、人びとが社会的に不利な状態になる原因をいいます。

これらのリスクは、社会生活を行っていれば誰にでも生じうることであると同時に、起こる可能性は低い、いわば「社会的な事故」だといえます。社会保障は、政府がこうした事故が起きないようにするとともに、もし起きてしまった場合には、そこから回復するために手立てをするものです。

例えば、出産・育児は多くの人が経験することですが、妊娠中に心身に不調が生じること、出産・育児のために費用がかかり、また休業を余儀なくされて経済的に困窮すること、などの事態が生じるリスクがあります。これに対して、医療保険給付や雇用保険給付、児童手当給付などで対処します。

1952年に採択された国際労働機関（ILO）「社会保障の最低基準に関する条約」では、社会保障は、①医療給付、②疾病給付、③失業給付、④老齢給付、⑤業務災害給付、⑥家族給付、⑦母性給付、⑧廃疾給付、⑨遺族給付の9つを対象としています。

わが国では、社会保障制度審議会が1950（昭和25）年に出した勧告（「社会保障制度に関する勧告」通称：「50年勧告」）に基づいて制度が作られました。

 社会保障制度は、公的な責任において、人びとの社会生活上のリスクに対処する制度です。

2 社会保障制度がどのように作られたのかを学ぼう

(1) イギリスにおける社会保障制度の成立

　PART2 の Chapter ③でみたように、イギリスは世界で最も早く産業化が進んだ国ですので、仕事のない人や貧しい賃金労働者が大量に生まれ、その人びとに対する救貧制度が発達しました。最も重要な事柄は次の通りです。

- **エリザベス救貧法（1601年）**
  …教会の教区ごとに救貧税を徴収し、救貧事業を行う。
- **新救貧法（1834年）**
  ❶全国一律の救貧。
  ❷働くことのできる貧民はワークハウス（労役場）で強制労働。在宅救済の廃止。
  ❸劣等処遇の原則（国家による救貧水準は、最低レベルの労働者の生活水準よりも低くすべきという原則）に則り、低レベルの救済。
- **ナショナル・ミニマム論（1901年）**
  …ウェッブ夫妻が提唱。国が国民に対して最低限度の生活を保障すべきである、とする考え。
- **ベヴァリッジ報告（1942年）**
  …社会が克服すべき社会悪として「五巨人悪（窮乏、疾病、無知、不潔〔陋隘〕、怠惰〔無為、失業〕）」を唱え、それに備える均一負担・均一給付の社会保険と国家扶助の整備さらに任意保険を提案。
  前提として、児童手当、保健およびリハビリテーションサービス、雇用の維持が必要だとした。

　「ベヴァリッジ報告」は、社会保障制度の構築において非常に重要ですので、少し追加説明をしておきます。
　「ベヴァリッジ報告」は正式には『社会保険及び関連諸サービスに関する委員会報告』という、社会保障制度検討委員会の報告です。第二次世界大戦後の社会の安定を目指したものです。
　この報告書では、社会を脅かす五巨人悪を攻撃することが社会政策だとしました。次のような組み合わせです。

● 窮乏 ←	所得保障政策	● 疾病 ←	保健医療政策
● 無知 ←	教育政策	● 不潔 ←	住宅政策等環境整備
● 怠惰 ←	雇用政策		

　方法としては、すべての人が均一に保険料を拠出し、すべての人に均一に給付する社会保険制度を中心に、公的扶助と任意保険でこれを補完します。

　このベヴァリッジ報告を基に、「ゆりかごから墓場まで」という国民の最低限度の生活保障（ナショナル・ミニマム）を国家が行う「福祉国家」が、先進諸国に形成されていきました。

（2）ドイツにおける社会保障制度の成立

　ドイツは、社会保険制度を最初に作った国です。ドイツがプロシアであった19世紀に宰相<ruby>宰相<rt>さいしょう</rt></ruby>ビスマルクによって、疾病保険法（1883年）、労働者災害保険法（1884年）、廃疾・老齢保険法（1889年）などの社会保険制度が作られました。疾病保険制度は、民間で一部労働者を対象に普及していた金庫制度の対象を貧困層にまで拡大し、国営保険にしたものでした。

　これらの社会保険制度は、産業化が進む中で労働者が貧困に陥り社会不安が起こってきたことに対する、「飴と鞭」の政策の「飴」の部分でした。

（3）アメリカにおける社会保障制度の成立

　アメリカは伝統的に自助努力を重んじる国ですが、世界で最初に「社会保障法」を制定しました。1935年、ローズヴェルト（ルーズベルト）大統領が大恐慌に対処するために行ったニューディール政策の一環として制定されました。医療保障制度は不備でしたが、老齢年金と失業保険、公的扶助、社会福祉サービスが規定されました。

（4）フランスにおける社会保障制度の発展

　フランスでは、第二次世界大戦後、社会連帯を基礎として社会保障制度を整えようとする考えが重視されました。1945年に「ラロック・プラン」を発表し、それに基づく社会保障制度の構築を目指しました。

最初に救貧制度が発達し、戦後の福祉国家の原型となったのは イギリスでした。

最初に社会保険制度が作られたのは、19世紀ドイツ（プロシア）でした。

最初に「社会保障法」が制定されたのは20世紀アメリカでした。

（5）日本における社会保障制度の成立

①第二次世界大戦前・中

戦争前・中には、国家を挙げて戦争に対応するために社会保障制度が創設されました。

1922（大正11）年に工場労働者（のちに被用者全体）を対象とした健康保険法、1938（昭和13）年に農業者を対象とした任意加入の国民健康保険法が制定され、兵士として役に立つように健康を保障しようとしました。

1941（昭和16）年には、工場労働者（のちに被用者全体）を対象とした労働者年金保険法が成立しました（1944〔昭和19〕年に厚生年金保険法に改称）。

②第二次世界大戦後

1950（昭和25）年の社会保障制度に関する勧告（「50年勧告」）を基に社会保障体系が作られました。1958（昭和33）年に地域を保険者とする国民健康保険法、1959（昭和34）年に国民年金法が成立し、1961（昭和36）年に国民皆年金・皆保険体制が実現しました。

昭和40年代には、順調な経済発展を背景に社会保障が拡充され、1973（昭和48）年には老人医療費無料化などが行われました。ヨーロッパの先進諸国と並ぶ福祉国家になったとして、1973年を「福祉元年」と称しました。

しかし、同年に石油危機が生じたことで、昭和50年代には経済成長が鈍化し、また高齢化の急激な進展により、財政的に厳しくなり、それまでの拡大一辺倒の福祉が見直されました。1982（昭和57）年には老人保健法が成立し、老人医療費が有料化され、疾病予防に重点が置かれるようになりました。

2000（平成12）年には、要介護状態というリスクに備える社会保険として、介護保険が創設されました（介護保険法の成立は1997〔平成9〕年）。

 **POINT** 2000（平成 12）年の介護保険の創設により、現行の社会保険制度体制が確立しました。

■わが国の社会保障制度の成立史■

	年次	社会保障制度	目的・対象など
戦前・中	1922（大正 11）	健康保険法	工場労働者
	1938（昭和 13）	国民健康保険法	農業者、自営業者
	1940（昭和 15）	健康保険法対象拡大	被用者全体に拡大
	1941（昭和 16）	労働者年金保険法	工場労働者
	1944（昭和 19）	労働者年金保険法を厚生年金保険法に改称	被用者全体に拡大
戦後	1947（昭和 22）	労働者災害補償保険法、失業保険法	失業保険法は 1974（昭和 49）年に雇用保険法に改正
	1961（昭和 36）	国民健康保険法、国民年金法施行	国民皆年金・皆保険体制の確立
	1971（昭和 46）	児童手当法	多子家庭の生活の安定など
	1973（昭和 48）	老人医療費無料化	福祉元年の政策
	1982（昭和 57）	老人保健法	老人医療費の有料化 予防重視に転換
	1985（昭和 60）	基礎年金制度導入	年金制度を大幅改正
	2000（平成 12）	介護保険法施行	介護の社会化
	2006（平成 18）	老人保健法を改正し、高齢者医療確保法を制定	2008（平成 20）年度より後期高齢者医療制度が施行

3 わが国の社会保障制度の概要を知ろう

（1）社会保障制度の体系

---

50 年勧告による社会保障制度の定義

　いわゆる社会保障制度とは、疾病、負傷、分娩、廃疾、死亡、老齢、失業、多子その他困窮の原因に対し、保険的方法又は直接公の負担において経済保障の途を講じ、生活困窮に陥った者に対しては、国家扶助によって最低限度の生活を保障するとともに、公衆衛生及び社会福祉の向上を図り、もってすべての国民が文化的社会の成員たるに値する生活を営むことができるようにすることをいう。

---

　50 年勧告を基にした社会保障の分類は、次のようになります。

広義の社会保障	狭義の社会保障	社会保険…医療保険、年金保険、雇用保険、労働者災害補償保険
		公的扶助…生活保護
		社会福祉…老人福祉、障害者福祉、児童福祉等
		公衆衛生及び医療…感染症予防・対策、精神保健事業、上下水道、国公立医療機関等
	恩給	文官恩給、地方公務員恩給、旧軍人恩給等
	戦争犠牲者支援	戦没者遺族年金等
社会保障関連制度		住宅等…公営住宅等
		雇用対策…失業対策事業等

　現在の社会保障制度は、ライフサイクルにおける様々なリスクに対処するように構築されています。

■ライフサイクルから見た社会保障■

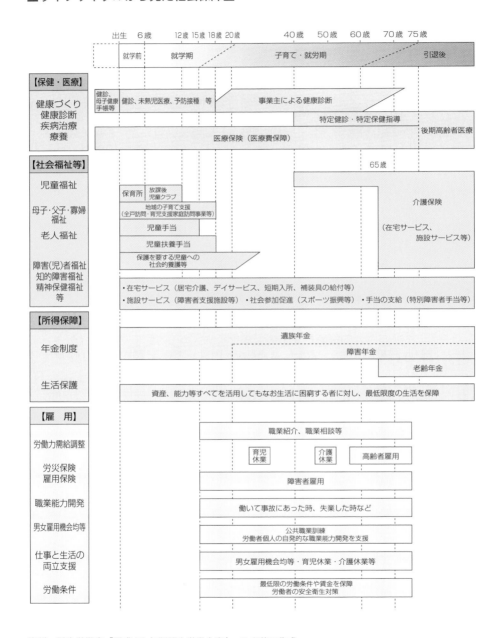

資料：厚生労働省「平成 29 年版厚生労働白書」p.8 を基に作成

（2）社会保険と公的扶助

　社会保障制度には、主に社会保険と公的扶助がありますが性質が異なります。

■社会保険と公的扶助の比較■

社会保険		公的扶助
加入者の支払う保険料	主な財源	税金
疾病、失業、老齢などの保険事故が起きた時に給付	給付の条件	持てる財産、能力を活用しても、貧困のため、最低限度の生活を営めない時に支給
貧困予防（防貧）	給付目的	貧困者の救済（救貧）
医療保険、雇用保険、年金保険、介護保険、労働者災害補償保険	具体的な制度	生活保護制度

　社会保険は防貧、公的扶助は救貧が目的です。
　社会保険は、加入者が保険料を支払うことで受給の権利を得ますが、公的扶助は受給者は拠出しないので、厳しい資力（所得・資産）調査により、必要性が認められて受給することになります。

（3）わが国の社会保障制度の特徴

日本の社会保障制度には次のような特徴があります。

❶国・地方公共団体を保険者とする社会保険制度が中心的役割を担う。

❷財源において、租税を源泉とする公費負担の割合が高い。
　…社会保障財源の約４割を公費で負担するなど、公費負担の割合が高い。

❸国民皆年金・皆保険制度である。
　…社会保険制度になじみにくい農業者等を、地域保険によって制度に組み込んでいる。

(4) 社会保障の役割（機能）について知ろう

　社会保障制度には、ナショナル・ミニマムを提供するだけでなく、人びとの所得を均す役割もあります。それぞれを少し説明しましょう。

①最低生活水準の保障

　社会保障には、国民の生存権を保障する機能があります。この機能を担っているのは主に公的扶助です。公的扶助は、何らかの理由で貧困に陥った場合に健康で文化的な最低限の生活を保障するセーフティーネットです。

　また、社会保険においても、最低生活水準以下の生活になることを予防する機能があります。

②所得の再分配

　社会保障は、原資を負担能力のある一般国民から税金や社会保険料という形で強制的に徴収し、再度配分することで、所得を再分配する機能もあります。

　この所得再分配機能には、垂直的再分配、水平的再分配があります。

　垂直的再分配は、累進課税等によって、高所得で負担能力が高い国民からより多くを徴収し、低所得者に給付することで所得の不平等を是正する再分配です。特に、租税を原資とする公的扶助で、この機能が顕著です。

　水平的再分配は、同じ所得階層の中で現在働ける人びとから、老齢や疾病などのために働くことができない人びとへの所得移転です。年金保険や医療保険、失業保険などがこの機能を果たします。

③経済安定化

　景気が悪く失業が多いときに雇用保険を給付することで消費を支えるなど、経済変動の国民生活への影響を緩和し、経済を安定させる機能を果たします。

年金保険制度は、老齢・障害・死亡というリスクに
対して所得を保障するための社会保険です。

1 公的年金保険制度の体系

　わが国の公的年金制度は、国民皆年金です。原則として、20歳以上60歳未満のすべての住民は国民年金に強制的に加入し、65歳に達すると受給権者は老齢基礎年金を受給できます（75歳まで受給開始の繰下げ可能）。建物に例えると、国民年金は基礎年金と位置づけられて1階部分になります。追加的に給付を行う2階部分は、任意加入の国民年金基金（自営業者等）と厚生年金（被用者保険）があります。被用者保険はかつては民間企業の被用者が加入する厚生年金と公務員・私学教職員が加入する共済年金に分かれていましたが、2015（平成27）年10月から厚生年金に一元化されました。

■公的年金保険制度の体系（令和4年度末）■

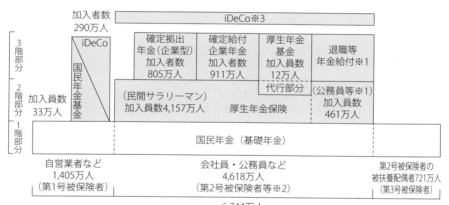

※1　被用者年金制度の一元化に伴い、平成27年10月1日から公務員および私学教職員も厚生年金に加入。また、共済年金の職域加算部分は廃止され、新たに退職等年金給付が創設。ただし、平成27年9月30日までの共済年金に加入していた期間分については、平成27年10月以後においても、加入期間に応じた職域加算部分を支給。

※2　第2号被保険者等とは、厚生年金被保険者のことをいう（第2号被保険者のほか、65歳以上で老齢、または、退職を支給事由とする年金給付の受給権を有する者を含む）。

※3　申込、掛金の拠出、掛金の運用を自分で行う、任意で加入する私的年金制度の一つ。

資料：「令和4年度厚生年金保険・国民年金事業の概況」「厚生年金基金の財政状況等」「確定拠出年金統計資料（2023年3月末）」「国民年金基金制度の事業概況」「企業年金に関する基本統計」（企業年金連合会HP）より作成

 POINT

公的年金制度は、国民すべてをカバーする基礎年金として国民年金があり、その上に、被用者に対して追加給付を行う厚生年金がある2階建て構造になっています。

2 国民年金保険制度について知ろう

(1) 国民年金制度とは

国民年金制度は、すべての国民に基礎的給付を行うための制度です。

1985（昭和 60）年に行われた年金改革によって、20 歳以上 60 歳未満の全国民が国民年金に加入することになり、国民年金を基礎年金と位置付けました。2022（令和 4）年度末の被保険者は 6,744 万人です。

被保険者は、その要件によって強制加入の者が 3 種類に分類されます。その他に任意で加入できる者もいます。

■国民年金の被保険者■

強制加入	第 1 号被保険者	日本に住む 20 歳以上 60 歳未満の者のうち、厚生年金被保険者（第 2 号被保険者）と国民年金第 3 号被保険者以外の者 自営業者、農林漁業者、短時間の被用者、無職の者など
	第 2 号被保険者等	民間企業のサラリーマンや公務員等被用者年金制度に加入している被保険者（65 歳以上の年金給付受給権者は除く）
	第 3 号被保険者	第 2 号被保険者の被扶養配偶者で、20 歳以上 60 歳未満かつ、国内在住の者
任意加入		• 年金受給資格期間が足りない 65 歳以上 70 歳未満の者 • 満額受給できない 60 歳以上 65 歳未満の者（条件あり） • 海外に住む 20 歳以上 65 歳未満の日本国民

 第 3 号被保険者は「サラリーマンの妻」と言われますが、夫は対象にならないのですか？

 夫も所得が一定額以下で被扶養配偶者となる場合には第 3 号被保険者になります。

（2）国民年金の費用負担

　国民年金の基礎年金給付費は、保険料と国庫負担によって賄われます。
　2012（平成24）年8月に、「社会保障と税の一体改革」の一環として行われた法律改正により、2014（平成26）年度から、恒久的に、基礎年金における国庫負担の割合は2分の1となりました。第1号被保険者の保険料は、2004（平成16）年度の制度改正で段階的に引き上げられ、2017（平成29）年度に完了しました。それ以後は、名目賃金変動率によって毎年改定され、2024（令和6）年度は所得にかかわらず一律月額16,980円となりました。

（3）国民年金保険料の免除・猶予制度

　国民年金の未納者、未加入者を減らす対策の一つとして、経済的な理由から納付困難な被保険者のために、第1号被保険者に限り保険料免除・猶予制度が設けられています。法定免除、申請免除、学生納付特例制度、保険料納付猶予制度があり、保険料を納付しなくても、受給資格を獲得するための加入期間に含まれます。なお、2019（令和元）年度より、産前産後期間（出産予定日の前月から4か月間）についても保険料の免除が導入されました。

①法定免除
　法定免除制度の対象は、生活保護法により生活扶助を受給している者と障害基礎年金の受給者などが対象です。保険料が全額免除されます。本人が負担する保険料に相当する給付がありませんので、給付時には、老齢基礎年金は国庫負担割合に相当する金額のみが給付されます。

②申請免除
　2006（平成18）年以降、申請免除の場合は全額免除、4分の3免除、半額免除、4分の1免除の4段階となっています。保険料を納付した割合と国庫負担分相当額については、給付金額に反映されます。また、10年以内に限って追納が可能で、その分、給付金額を増額することができます。

③学生納付特例制度
　本人の所得が一定額以下の20歳以上の学生に対して設けられた納付猶予制度です。年金受給資格期間には含まれますが、納付しなかった保険料に相

当する金額は給付額には反映されません。10年以内に限り追納が可能です。

④保険料納付猶予制度

50歳未満の第1号被保険者で、本人と配偶者の所得が一定額以下の者が対象です。これまで、30歳未満の者を対象としていた若年者納付猶予制度の対象が50歳未満の者まで拡大され、保険料納付猶予制度となりました。

■国民年金保険料の免除・猶予制度■

	制度の対象者	給付額
法定免除	生活保護の生活扶助受給者・障害基礎年金受給権者など	公的負担分を給付（本来の年金額の1/2）。
申請免除	無職の者、生活保護の生活扶助以外の扶助を受けている者など、保険料の納付が経済的に困難な者	納付分が給付されるため、免除割合に応じて異なる割合で給付額に反映（国庫負担分＋本人納付分相当を給付）。
学生納付特例制度	20歳以上の学生で本人の所得が一定額以下の者	反映されない（受給資格期間には含まれる）。追納すれば反映。
保険料納付猶予制度	50歳未満の第1号被保険者で、本人と配偶者の所得が一定以下の者	反映されない（受給資格期間には含まれる）。追納すれば反映。

国民年金保険料を納付することが困難な場合には免除・猶予制度があります。

保険料未納者は、未納期間が受給資格獲得に必要な期間に含まれませんが、免除者・猶予者は保険料を納付していない期間も受給資格期間に含まれます。

（4）国民年金の給付

国民年金の給付には、老齢基礎年金、障害基礎年金、遺族基礎年金の3種類があります。第1号被保険者には、その他にも付加年金、寡婦年金、死亡一時金という給付があります。

■国民年金の給付■

	名称	支給対象	支給額等
被保険者共通	老齢基礎年金	受給資格期間（保険料納付済み期間＋免除期間など）の合計が 10 年以上ある者（受給権者）が 65 歳に達したとき支給される。	満額では年額 816,000 円*（月額 68,000 円。前年度比 2.7%増）。ただし未納期間がある場合は減額。
	障害基礎年金	• 保険料納付済み期間＋免除期間が加入期間の 3 分の 2 以上ある者が、障害状態に該当する場合。 • 20 歳未満のときに初めて医師の診察を受けた者が障害の状態にあって 20 歳に達した場合など。	被保険者期間にかかわらず定額。 1 級：816,000 円*× 1.25 ＋子の加算 2 級：816,000 円*＋ 子の加算
	遺族基礎年金	国民年金の被保険者や、老齢基礎年金受給権者（受給資格期間 25 年以上に限る）などが死亡した場合、生計を維持されていた、子のある配偶者、または子に支給される。	816,000 円*＋子の加算

＊新規裁定者の額。68 歳以上の既裁定者は、813,700 円

　「年金機能強化法」の改正により、老齢基礎年金の受給資格期間が従前の 25 年から 10 年に短縮され、改正法は 2017（平成 29）年 8 月に施行されました。

3 厚生年金制度について知ろう

（1）被保険者

　2015（平成 27）年 10 月より、従来の厚生年金の適用事業所に雇用されている者に加えて、共済年金に加入している公務員等も厚生年金に加入することになりました。共済年金では、加入者の年齢制限はありませんでしたが（私学共済は除く）、厚生年金にあわせて 70 歳未満となりました。厚生年金の適用事業所には、強制的に適用を受ける事業所と任意で適用を受ける事業所があります。要件は健康保険制度の適用事業所も同じです（次ページ参照）。

■厚生年金の適用事業所■

強制適用事業所	・常時従業員を使用する法人の事業所及び船舶 ・常時5人以上の従業員を使用する一定業種の事業所
任意適用事業所	強制適用を受けない事業所のうち、事業主が、使用する従業員の2分の1以上の同意を得て、厚生労働大臣の認可を受けた事業所

　厚生年金制度と健康保険制度は、雇われることによって生計を営む者に対する社会保障です。このため、老齢や傷病で働けないリスクに備えて、一定規模の事業者に保険料の2分の1を負担する義務を課し、手厚い保障を設定しています。

　また、2012（平成24）年の法改正により、2016（平成28）年10月からは、「常時雇用」の対象が拡大されました。それまでは一般社員の4分の3以上の労働時間・日数でしたが、従業員500人を超える事業所ではこれが雇用保険と同じ週20時間以上までに、年収では、130万円以上から106万円以上（月額8.8万円以上）になりました。2020（令和2）年の法改正により、2022（令和4）年10月からは対象が従業員数100人を超える事業所に、2024（令和6）年10月からは同50人を超える事業所に拡大されます。

（2）厚生年金の費用負担

　厚生年金の給付は、事業主と被保険者が折半で納付する保険料と国庫負担金、積立金の運用収入によって賄われます。

　保険料は、被保険者の月収に対応する標準報酬月額と賞与（ボーナス）に対応する標準賞与額に保険料率をかけて算定し、この保険料を労使で折半します。被保険者本人だけでなく、雇用主も保険料を同額負担する点が、厚生年金の大きな特徴です。

　育児休業中の保険料は、本人、雇用主とも免除されており、2014（平成26）年4月からは、産前産後休業期間（産前42日〔6週間〕、産後56日〔8週間〕）についても免除されるようになりました。また、健康保険の保険料についても同様です。なお、この免除期間は、将来の年金額の計算において保険料を納めた期間として反映されます。

 **POINT**　　厚生年金保険料は労使で折半します。

（3）厚生年金の給付

　厚生年金は、基礎年金に付加的に給付されます。基礎年金と同様に老齢・障害・死亡の際に給付され、基礎年金よりも給付要件が緩くなっています。
　給付内容を表にまとめると次の通りです。

■厚生年金給付■

年金の種類	支給対象	支給額
老齢厚生年金	厚生年金の被保険者期間が1か月以上あり、老齢基礎年金の受給資格期間を満たした者に原則65歳から上乗せ支給	現役時代の報酬比例を基準。生計を維持されている65歳未満の配偶者、一定条件を満たす子がいる場合に加給年金を支給。
障害厚生年金・障害手当金	厚生年金保険の被保険者期間中にかかった傷病が原因で、障害基礎年金の支給対象となった場合、障害基礎年金に上乗せ支給 3級より軽い障害について障害手当金が支給される	1級、2級のほか3級障害に支給。1級の給付額は2級の1.25倍。 1級、2級には配偶者加算が付く。
遺族厚生年金	厚生年金保険の被保険者、老齢厚生年金・障害厚生年金の受給権者が死亡した場合などに、遺族基礎年金の対象のほか、子のない妻、55歳以上の夫・父母等に支給	報酬比例年金額の3/4を基準とする。

　被用者に対する年金保険の給付をまとめると、次のようになります。

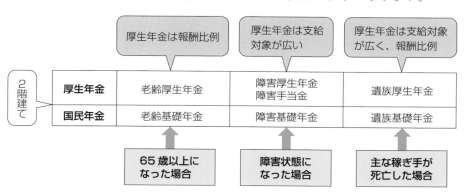

279

わが国の公的医療保険制度は、職域保険と地域保険
によって、国民皆保険となっています。療養のほか、
出産、傷病に対する所得補償などの給付があります。

1 国民皆保険の体系を知ろう

　わが国の医療保障制度は、すべての国民が公的医療保険に加入する国民皆
保険を基盤としています（実際には外国籍の人も含む「すべての住民」が対
象）。国民皆保険体制は、1961（昭和 36）年に確立しました。

　仕事を基に対象を設定する職域保険に加え、住所を基に対象を設定する地
域保険を創設したことによって、すべての国民がいずれかの公的な医療保険
に加入する国民皆保険を可能にしていることがわが国の特徴です。

　職域保険は、一般の企業に雇用される被用者（勤め人。いわゆるサラリー
マン）を対象とする健康保険と、公務員や船員など特定の被用者を対象とす
る共済保険・船員保険に分けられます。

　さらに、健康保険は、主として中小企業の被用者を対象とする全国健康保
険協会管掌健康保険（協会けんぽ）と、主として大企業の被用者を対象とす
る組合管掌健康保険に分けられます。

　地域保険は、自営業・農林水産業者、退職者等を対象とし、生活保護受給
者は適用除外となります。都道府県と市町村が保険者となる市町村国民健康
保険（「都道府県等が行う国民健康保険」）と、弁護士や芸能人などの同業者
組合が保険者となる国民健康保険組合があります。持続可能な医療保険制度
を構築するための国民健康保険法等の一部を改正する法律（「国保法等一部
改正法」）が成立したことにより、国民健康保険の保険者機能を、2018（平
成 30）年 4 月より、都道府県も担うことになりました。都道府県が財政運
営の責任主体となり、制度の安定が図られています。

> POINT ✎　わが国の医療保険は国民（住民）皆保険制度です。サラリー
> マンとその家族は職域保険の健康保険、それ以外は地域保険
> の国民健康保険によってカバーします。

　わが国の医療保険制度は、次の表のように、全国民をカバーしています。

■医療保険制度の体系■

全国民（生活保護受給者を除く）	職域保険（被用者と家族）	健康保険（民間企業）	組合管掌健康保険（大企業サラリーマンとその家族約2,800万人、保険者は各健康保険組合）	
			協会けんぽ（中小企業サラリーマンとその家族約4,000万人、保険者は全国健康保険協会）	
		船員保険（船員と家族約11万人、保険者は全国健康保険協会）		
		各種共済保険（公務員・教職員等と家族約870万人、保険者は各種共済組合）		
	地域保険（農林水産業従事者、退職者、自営業者など非被用者と家族）	国民健康保険	国民健康保険組合（一部の自営業者とその家族約270万人、保険者は業種ごとの国民健康保険組合）	
			市町村国民健康保険（農林水産業者とその家族）	約2,500万人保険者は市区町村（財政責任は都道府県）
			被用者保険の退職者とその家族	
	後期高齢者医療制度	75歳以上高齢者等	2008（平成20）年4月創設。保険者は後期高齢者医療広域連合	約1,800万人

資料：厚生労働省「医療保険に関する基礎資料」（令和5年12月）より作成（令和3年度末現在）

Check

75歳以上の高齢者と65歳以上の一定の障害者については、医療ニーズが高いことから独立した医療保険制度として、後期高齢者医療制度を設けています。被保険者は約1,800万人で保険者は後期高齢者医療広域連合となっています。

2 医療保険ごとの被保険者を知ろう

（1）被用者とその家族

　医療保険のうち、健康保険の被保険者は、健康保険の適用事業所に使用される通常の労働者（短時間労働者は除外）とその家族です。健康保険の適用

事業所は、厚生年金保険の適用事業所と同じです。2016（平成28）年10月から、「常時雇用」の範囲が拡大されたことも、厚生年金保険と同じです。

　また、公務員や船員など特定の被用者とその家族は、健康保険ではなく、共済保険・船員保険の被保険者となります。

（2）被用者以外の者とその家族

　被用者保険の被保険者と生活保護（医療扶助）受給者以外の国民（75歳未満）は、地域保険である国民健康保険の被保険者となります。

（3）任意継続被保険者制度の利用者

　被用者保険である健康保険の被保険者が退職した場合には、被用者ではありませんので、原則として国民健康保険の被保険者となります。しかし、健康保険の被保険者であった期間が2か月以上あった場合には、一定の条件の下で、最長2年間健康保険の任意継続被保険者となることができます。この場合、保険料は全額自己負担となります。

　つまり、次の雇用主（勤め先）が決まるまでの間は

- 国民健康保険へ加入する
- 任意継続被保険者制度を利用する
- 家族の被扶養者となる

のいずれかを選択することになります。

（4）75歳以上高齢者等

　75歳以上の高齢者については、後期高齢者医療制度で医療保障をします。
　対象者は、①75歳以上の高齢者及び②65歳以上74歳以下で一定の障害がある人です。

 健康保険の適用事業所は厚生年金保険の適用事業所になります。

POINT ✎ 医療保険の被保険者は次の通りです。

- 一般企業フルタイム被用者とその家族⇒健康保険
- 公務員・教員⇒共済保険
- 農林水産業従事者・退職者・自営業者等とその家族

⇒国民健康保険

- 後期高齢者⇒後期高齢者医療制度

3 医療保険の費用負担を知ろう

(1) 健康保険の費用負担

　健康保険の費用には、保険給付費のほか、介護給付費納付金（介護保険制度における第2号被保険者の介護保険料。社会保険診療報酬支払基金に納付する）、事務費があります。これらを保険料収入と国庫補助金、国庫負担金で賄います。

　保険料率は、組合管掌健康保険では、一定の範囲内で、各健康保険組合が設定することができます。協会けんぽでは都道府県ごとに異なります。

　保険料率の計算対象となる収入は、総報酬制によって、月収と賞与の両方を対象とします。標準報酬月額と標準賞与額を基準に算定した保険料を労使で折半して負担します。

(2) 国民健康保険の費用負担

　国民健康保険は、被保険者に低所得者が多く、保険料収入が少ない上に、高齢者が多く給付が多いため、財政的に脆弱（ぜいじゃく）です。このため、国民健康保険の給付費の4割以上を国庫が負担しています。

　国民健康保険の保険料は、各市町村が条例で定めます。

POINT ✎ 健康保険の保険料は、組合管掌健康保険では各組合が決めます。
協会けんぽでは都道府県ごとに設定されます。
国民健康保険の保険料は、各市町村が決めます。

4 自己負担割合を確認しよう

医療保険では、医療保険者にかかわらず、原則として医療費のうち7割が保険から給付され、3割が自己負担です。年齢ごとに次のように軽減措置が図られています。

なお、75歳以上の医療費については、法改正により2022（令和4）年10月から一部の自己負担額が2割に引き上げられました。

75歳以上 【後期高齢者医療被保険者】	1割負担 [*1][*2]
70〜74歳 【医療保険高齢受給者】	2割負担 [*2]
義務教育就学〜69歳	3割負担
義務教育就学前	2割負担

＊1　単身世帯で年収200万円以上、または複数世帯で年収320万以上は2割。
＊2　現役並み所得者は3割。

5 給付内容について知ろう

法定給付については、健康保険・国民健康保険ともほぼ同様の内容ですが、傷病手当金・出産手当金については、国民健康保険では給付されていません。

医療給付	法定給付	医療給付	療養（診察、薬剤、処置・手術、看護等）、入院時食事療養費等（現物給付）
			高額療養費等（償還払い給付）
		現金給付	出産育児一時金、埋葬料等
			傷病手当金[*]、出産手当金[*]
	付加給付		各医療保険の財政状況等による

＊印は、国民健康保険では任意。

また、健康保険において、被保険者本人とその人が扶養している者（被扶養配偶者や子など）では、給付が異なります。例えば、傷病手当金や出産手当金は、休業中の所得補償ですので、被扶養者には給付されません。

 **POINT**　国民健康保険加入者、健康保険の被扶養者に対しては、傷病手当金、出産手当金は給付されていません。

6 保険外診療を受けた場合の保険給付について知ろう

　医療保険制度では、保険の対象となる医療の範囲が決まっており、それ以外の診療については給付対象となりません。保険診療の対象の医療（医行為）と保険診療対象外の医行為を併用して行う混合診療は、原則禁止されており、保険診療の対象となりません。保険診療対象と対象外の医行為を併用した場合は、通常であれば公的医療保険から給付される医行為についても、全額自己負担となります。

　ただし、保険外診療のうち、評価療養と選定療養、患者申出療養については、例外として、公的医療保険対象の医行為については、保険外併用療養費として保険給付が行われ、保険外診療の部分のみ特別料金として全額自己負担となります。患者申出療養は、2016（平成28）年4月より、保険外併用療養費制度に追加されました。

　対象となる保険外併用療養費制度の対象は、次の通りです。

■保険外併用療養費制度の対象となる保険外診療■

評価療養	・現在は保険適用ではないが、将来の給付対象として評価・検討が必要とされている療養。 例：先進医療、医薬品の治験にかかる診療、保険収載前の承認医療機器の使用、保険収載前の承認医薬品の使用など。
選定療養	・もともと保険適用を前提としていない、被保険者・被扶養者の選定による療養。 例：差額ベッド、予約診療、時間外診療、大病院の初診、制限回数を超えて行う診療など。
患者申出療養	・現在は保険適用ではないが、未承認薬等を迅速に、身近な医療機関で、保険外併用療養として使用するための、患者からの申出を起点とする療養。 例：治験・先進医療・患者申出療養のいずれでも実施していない医療、先進医療で実施しているが実施できる患者の基準にはずれてしまった場合、すでに実施されている患者申出療養が自分の身近な医療機関で行われていない場合など。

7 高額な療養費を支払った場合の給付について知ろう

　1か月（暦月）に支払った医療費の自己負担額が一定額以上になった場合には、医療保険から「高額療養費」が給付されます。1973（昭和48）年の「福祉元年」に創設された制度です。ただし、食費・居住費、差額ベッド代、先進医療にかかる費用等は対象となりません。

　高額療養費は、一度、全額を支払い、その後申請することで償還払いされていましたが、2007（平成19）年4月からは入院診療について、また、2012（平成24）年4月からは外来診療について、「限度額適用認定証」を医療機関に提示すれば高額療養費が現物給付されるようになりました。

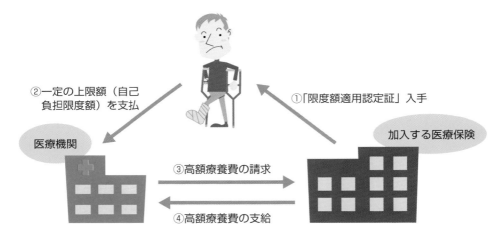

②一定の上限額（自己負担限度額）を支払
①「限度額適用認定証」入手
医療機関
加入する医療保険
③高額療養費の請求
④高額療養費の支給

　自己負担の限度額は負担能力に応じた負担とするため、年齢・所得に応じて設定されています。70歳未満の人については、2015（平成27）年1月診療分から、自己負担限度額が所得に応じて5区分に細分化されました。70歳以上の人については、2018（平成30）年8月から所得に応じて、6区分に再細分化されました。

　また、75歳以上の人に対しては、後期高齢者医療制度によって給付されています。

　限度額の世帯合算は、同じ医療保険に加入している場合に認められており、例えば、親が後期高齢者医療制度の加入者で、世帯主が健康保険の加入者である場合には、自己負担額の合算は認められません。

【70 歳未満】

所得区分	ひと月当たりの自己負担限度額（円）
年収約 1,160 万円〜	252,600 ＋（医療費－ 842,000）× 1 %《140,100》
年収約 770 〜約 1,160 万円	167,400 ＋（医療費－ 558,000）× 1 %《93,000》
年収約 370 〜約 770 万円	80,100 ＋（医療費－ 267,000）× 1 %《44,400》
〜年収約 370 万円	57,600《44,400》
住民税非課税者	35,400《24,600》

【70 歳以上】

所得区分		外来（個人ごと）	ひと月の上限額（世帯ごと）
現役並み	年収約 1,160 万円〜	252,600 円＋（医療費－ 842,000 円）× 1 %《140,100 円》	
	年収約 770 万円〜約 1,160 万円	167,400 円＋（医療費－ 558,000 円）× 1 %《93,000 円》	
	年収約 370 万円〜約 770 万円	80,100 円＋（医療費－ 267,000 円）× 1 %《44,000 円》	
一般	年収 156 万〜約 370 万円	18,000 円（年間 144,000 円上限）	57,600 円《44,400 円》
住民税非課税等	Ⅱ　住民税非課税世帯	8,000 円	24,600 円
	Ⅰ　住民税非課税世帯（年金収入 80 万円以下など）		15,000 円

資料：厚生労働省ホームページ

※直近の 12 か月間に 3 回以上高額療養費の支給を受けている場合、4 回目からは《　》内の多数回該当の金額。

※※ 70 歳以上で所得区分が一般所得区分または低所得区分に該当する場合は、年間の外来療養自己負担額の上限が 144,000 円に設定され、前年 8 月 1 日〜 7 月 31 日の外来療養自己負担額の合計が 144,000 円を超えた額は払い戻される。

Chapter ❹ 労働者を守る保険について学ぼう

労働保険制度は、大きく分けて雇用保険と労働者災害補償保険があります。近年、重要性が高まっています。

1 雇用保険について知ろう

　雇用保険は、被用者の生活を安定させるための社会保険で、失業等給付と育児休業給付、雇用保険二事業があります。

（1）保険者・被保険者・保険料

　雇用保険の保険者は政府です。労働者を雇用する事業は、業種、規模等を問わず、すべての事業が原則として強制的に適用されます。

　事業主は、労働者を一人でも雇っていれば、雇用保険の加入手続きが必要であり、労働保険料の納付、雇用保険法の規定による各種の届出等の義務を負うことになります。また、適用事業に雇用される労働者は、雇用保険の被保険者となります。

　被保険者となる条件は次の通りです。なお、「雇用された時点で65歳未満」という条件が変更され、2017（平成29）年1月より、65歳以降に新たに雇用される者も対象となりました。

> ❶ 所定労働時間が週20時間以上。
> ❷ 31日以上引き続き雇用されると見込まれること。

（2）保険給付

　失業等給付には、求職者給付、雇用継続給付などがあります。労働者が失業してその所得を得られなくなった場合や、その事業所で雇用の継続が困難となる事態が生じた場合、労働者が自ら職業に関する教育訓練を受けた場合等に、生活及び雇用の安定と就職の促進のために求職者給付を支給します。雇用継続給付には、介護休業給付、高年齢雇用継続給付が含まれます。

　また、育児休業中の所得補償として育児休業給付、失業の予防、労働者の能力の開発・向上その他労働者の福祉の増進を図るために、雇用安定事業と能力開発事業の2事業を実施しています。

■雇用保険制度の体系■

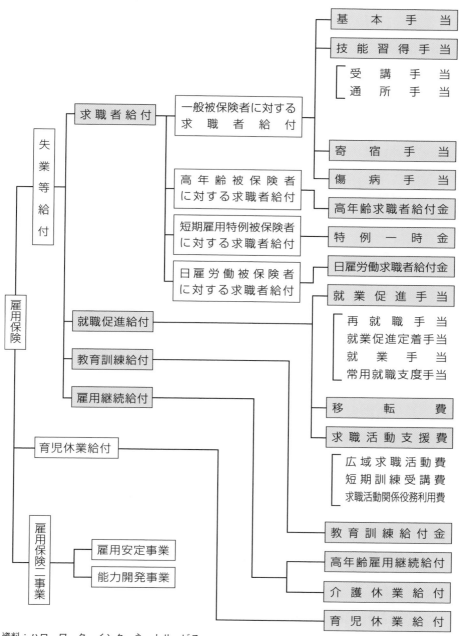

資料：ハローワーク　インターネットサービス
　　　「雇用保険制度の概要」

（3）保険給付の要件

一般被用者の給付については、次のように要件が規定されています。

①基本手当

受　給　要　件　：・雇用保険法上の失業状態にあること。

　　　　　　　　　・離職の日以前 2 年間に被保険者期間が通算 12 か月以上
　　　　　　　　　　あること（1 か月＝賃金の支払い基礎日数が 11 日以上）。

基本手当日額：賃金日額のおよそ 50 ～ 80％（60 ～ 64 歳は 45 ～ 80％）

所定給付日数：離職理由、年齢、被保険者期間で異なる。

　　　　　　　　　一般の離職者では 20 年以上勤務で 150 日

②育児休業給付

支　給　要　件　：・1 歳（パパママ育休プラス制度★）では 1 歳 2 か月）未満の
　　　　　　　　　　子を養育するために育児休業を取得した被保険者。状
　　　　　　　　　　況によって、1 歳 6 か月または 2 歳まで延長可能。

　　　　　　　　　・パートタイマーを含む。

　　　　　　　　　・育児休業後に職場に復帰予定であること。

　　　　　　　　　・1 歳未満の子について、原則 2 回まで受給可能。

　　　　　　　　　・子の出生後 8 週間以内に 4 週間まで「出生時育児休業
　　　　　　　　　　給付金」の受給が可能となる（「産後パパ育休制度」）。

支　給　日　額　：育児休業開始～通算 180 日…休業開始時賃金日額の 67％
　　　　　　　　　通算 180 日経過後…休業開始時の賃金日額の 50％

★用語★　パパママ育休プラス制度
父母ともに育児休業を取得することによって、育児休業取
得が可能な期間を 2 か月間延長できる制度。

③介護休業給付

支　給　要　件　：・配偶者、父母、子、配偶者の父母、祖父母兄弟姉妹、孫
　　　　　　　　　　等が要介護状態で介護休業を取得した被保険者である。

　　　　　　　　　・原則として介護休業開始日前 2 年間に勤務期間が 12 か月
　　　　　　　　　　以上あること。

介護休業期間：対象家族 1 人につき通算 93 日まで。3 回を限度として分
　　　　　　　　　割して取得可能。

支　　給　　額　：休業開始時賃金日額 × 支給日数の 67％

2 労災保険について知ろう

労働者災害補償保険（労災保険）は、業務中の労働災害、通勤途中の事故、傷病や死亡の原因が業務に起因することが明らかな場合などについて、保険給付を行う保険です。

（1）労災保険の保険者・被保険者・保険料

労災保険の保険者は政府です。実際の事務は、都道府県の労働基準局と労働基準監督署が行います。

労災保険の被保険者は、公務員以外のすべての労働者です。

したがって、常用雇用の労働者だけではなく、パート、アルバイト、派遣などの非正規雇用労働者も労災保険の適用労働者となります。たとえ、不法入国した外国人労働者であっても適用労働者となります。

労災保険の保険料は、労働者は負担せず、雇用主が全額負担することになっています。もし、事業主が保険料を納めていない場合でも、それを理由に労災保険の給付が行われない、ということはありません。事業主に保険料未納のペナルティが科せられるだけで、労働者に対する給付には影響しません。

POINT

❶労災保険の保険者は政府です。
❷労災保険の保険料は雇用主が負担します。
❸労災保険の適用対象は公務員以外のすべての労働者です。

■労働者のための保険の対象（まとめ）■

労災保険
・公務員以外のすべての労働者

　雇用保険の適用
　・すべての事業所
　・週20時間以上労働
　・31日以上の雇用見込み

　健康保険・厚生年金保険の適用
　・適用事業所（国、地方公共団体又は法人の事業所、5人以上の一定の事業所は強制）
　・100人以下事業所：常勤労働者の4分の3以上の労働日数・労働時間※
　・100人超事業所：週20時間以上労働、年収106万円以上※

※ 100人→50人（2024年10月）に変更予定

（2）労働災害の認定

　労災保険の給付は、その災害が労働によるものであることが要件となります。

　つまり、「業務上」あるいは「通勤上」の事故が原因であることが、労働基準監督署によって認定される必要があります。

　例えば、事業所に通勤する前に、私用（子どもの送迎のため保育所に寄るなどの合理的な理由を除く）で別の場所に寄ったとします。その後の通勤途中で事故に遭った場合には、労働災害と認定されません。また、事業所に届け出ていない交通経路で通勤した場合に事故に遭っても、労働災害と認定されません。

　業務上のストレスから精神疾患になった場合や、自殺や過労死などの場合には、その原因が、業務のための過重労働やストレスなどであると示すことができると、労働災害と認定されます。

（3）労災保険の給付

　労災保険給付には、業務災害に対する補償給付、通勤災害に対する給付、労働安全衛生法に基づく二次健康診断等給付などがあります。

　このうち、二次健康診断等給付というのは、労働安全衛生法に基づいて行われる定期健康診断等のうち、直近のもの（「一次健康診断」）において、脳・心臓疾患に関連する一定の項目に異常の所見がある場合に受けられるものです。過労死等を防ぐため、二次健康診断と特定保健指導等を受けることができます。

　また、社会生活への復帰を支援するための制度（社会復帰促進等事業）として、義肢等補装具の購入費用や修理費用も支給されます。

①労災給付を受けるには通勤上の事故であること・業務に起因する事故であることが労働基準監督署によって認定される必要があります。
②労災給付には、業務災害に対する補償給付、通勤災害に対する給付のほか、二次健康診断に対する給付等があります。

■労災保険給付の概要■

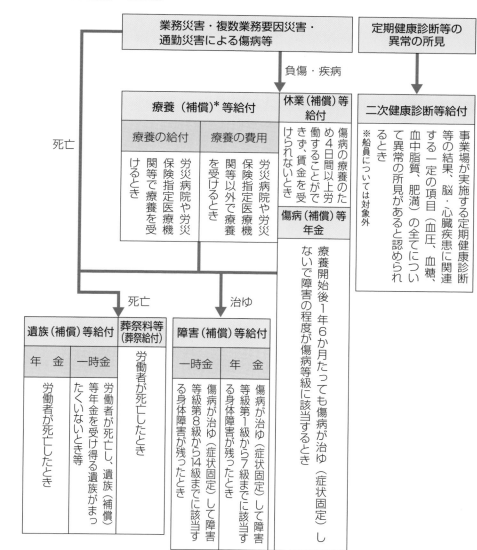

資料：厚生労働省「労災保険給付の概要」
より作成
＊通勤災害の場合は給付名に「補償」が付
　かない

Chapter ❺ 介護保険制度について学ぼう

介護保険制度は、高齢者に対する支援の中心となる
制度です。高齢化が進む中で、地域における介護予
防を重視する方向に制度改正が進められています。

1 介護保険制度の概要を知ろう

(1) 介護保険制度の創設

　介護保険法は、急激な高齢化の進展によって深刻な社会問題となってきた高
齢者の介護を、それまでの家族介護から変換して社会全体で担うことを目的と
して、1997（平成9）年に制定されました。2000（平成12）年より施行され
ています。3年を一期として改正されることになっています。

　介護保険制度は発足後、高齢化の進展により大規模になりました。

■介護保険実施状況■

年	第1号被保険者数	要介護等認定者数	費用
2000	2,242万人①	256万人①	4.4兆円③
2021	3,589万人②	690万人②	11.0兆円④

資料：厚生労働省「令和3年度介護保険事業状況報告（年報）」厚生労働省「令和4年度 介護給付費等実
　　　態統計の概況」より作成
数値は① 2001年3月末、② 2022年3月末、③ 2001年度中、④ 2021年度中
費用額は保険給付額と公費負担額、利用者負担額（公費の本人負担額を含む）の合計額

(2) 保険者と被保険者

　介護保険制度の保険者は市町村及び特別区（以下、市町村）です。

　被保険者は、市町村の区域内に住所がある65歳以上の第1号被保険者と、
市町村の区域内に住所がある40歳以上65歳未満の者で公的医療保険に加
入している第2号被保険者の2種類があります。

(3) 保険料

　第1号被保険者の保険料は、3年ごとに各市町村が定めます。2015（平
成27）年4月から標準9段階となっています。

保険料の徴収は、年額18万円以上の年金受給者は年金から天引き（特別徴収）、それ以外は個別徴収（普通徴収）によって納付します。

第2号被保険者の保険料は、公的医療保険の各保険者がそれぞれの規定に基づいて所得に応じて定めて、医療（健康）保険料と一緒に徴収します。

（4）保険財源

介護保険給付の財源は、公費負担が50％、被保険者の保険料が50％になっています。居宅給付費については、国が25％（うち5％は調整交付金）、都道府県と市町村がそれぞれ12.5％ずつ負担し、施設等給付費については、国が20％（うち5％は調整交付金）、都道府県が17.5％、市町村が12.5％負担することになっています。

■介護保険制度（居宅給付費）の財源構成図（令和6〜8年度）■

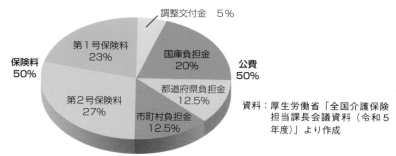

資料：厚生労働省「全国介護保険担当課長会議資料（令和5年度）」より作成

（5）保険給付

介護保険の給付を受けるための要件は、保険者である市町村によって、要介護認定または要支援認定を受けることです。介護保険給付には、要介護者への介護給付、要支援者への予防給付のほか、各市町村が条例で定める市町村特別給付があり、市町村は費用の9割または8割か7割を給付します。

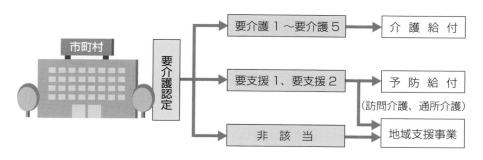

■介護保険制度の概要（令和6〜8年度）■

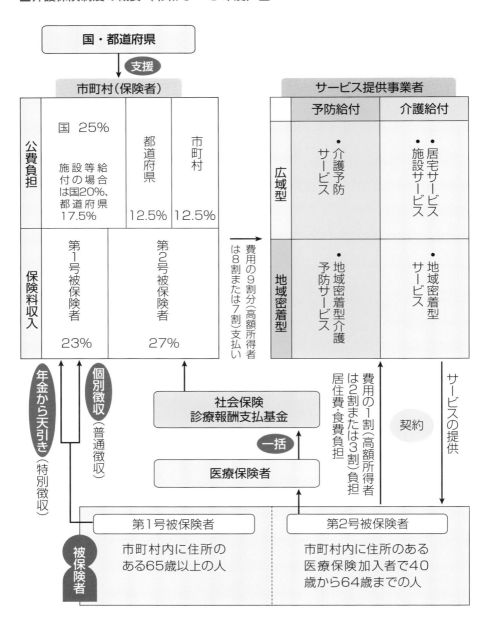

資料：厚生労働省「介護保険制度の概要」令和3年5月より作成

2 介護保険給付を受ける手順を知ろう

介護保険給付を受けるには、次のような手順をとります。

(1) 要介護・要支援認定を受ける

介護保険の受給には、保険者（市町村）によって、要介護認定または要支援認定を受けることが必要です。次のように定義されています。

要介護状態

身体上又は精神上の障害があるために、入浴、排泄（はいせつ）、食事などの日常生活における基本的な動作の全部又は一部について、6か月にわたり継続して、常時介護を要すると見込まれる状態

要支援状態

身体上若しくは精神上の障害があるために、入浴、排泄、食事などの日常生活における基本的な動作の全部若しくは一部について、6か月にわたり継続して、常時介護を要する状態の軽減若しくは悪化の防止に特に資する支援を要すると見込まれ、又は6か月にわたり継続して日常生活を営むのに支障があると見込まれる状態

なお、第2号被保険者が介護保険給付を受けるには、要介護状態の原因が介護保険法に定める特定疾病であることが必要です。

特定疾病は、加齢が原因で生じる疾病で、次の16疾病が指定されています。

❶がん末期
❷関節リウマチ
❸筋萎縮性側索硬化症（きんいしゅくせいそくさくこうかしょう）
❹後縦靱帯骨化症（こうじゅうじんたいこつかしょう）
❺骨折を伴う骨粗鬆症（こつそしょうしょう）
❻初老期における認知症
❼進行性核上性麻痺、大脳皮質基底核変性症及びパーキンソン病（かくじょうせい／かくへんせいしょう）
❽脊髄小脳変性症（せきずい）
❾脊柱管狭窄症（せきちゅうかんきょうさくしょう）

❿早老症
⓫多系統萎縮症（いしゅくしょう）
⓬糖尿病性神経障害、糖尿病性腎症及び糖尿病性網膜症（もうまくしょう）
⓭脳血管疾患
⓮閉塞性動脈硬化症（へいそくせい）
⓯慢性閉塞性肺疾患
⓰両側の膝関節または股関節に著しい変形を伴う変形性関節症

要介護認定の申請手続きは、本人のほか、家族、地域包括支援センター、厚生労働省令で定められた介護保険施設、民生委員などが代行できます。

■要介護認定の流れ■

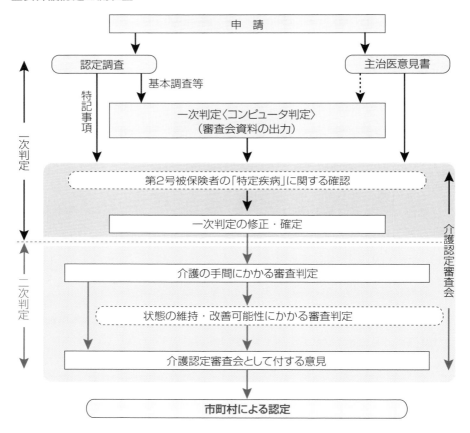

（2）ケアプランを作成する

　介護保険の給付対象となるサービスを利用するには、市町村長の指定を受けた居宅介護支援事業者に居宅サービス計画（ケアプラン）の作成を依頼します。自分でケアプランを作成することもできます。ケアプラン作成についての保険給付は10割給付で、本人負担はありません。

　居宅介護支援事業者では、介護支援専門員（ケアマネジャー）が居宅サービス計画を作成します。作成にあたって、介護支援専門員は、利用者の居宅

を訪問し、利用者及び家族と面接をします。利用者のニーズを把握し、サービス担当者会議を開催して担当者の専門的な意見を求め、居宅サービス計画原案を作ります。本人に説明を行い、文書によって本人の同意を得てからケアプランが実施されます。

（3）介護サービス事業者と契約

　介護サービスは、居宅サービス計画に基づいて、要介護者本人が選択し介護サービス事業者と契約します。

（4）サービスを利用する

　介護保険の給付対象になっているサービスについては、本人負担は原則 1 割です。残り 9 割は介護保険給付がなされます。効力は要介護認定の申請時に遡ります。ただし、2015（平成 27）年 8 月より、高額所得者については 2 割負担となりました。さらに、2018（平成 30）年 8 月より、2 割負担者のうち特に所得の高い者については 3 割負担になりました。

　サービスの実施状況を把握するため、ケアマネジャーは、毎月 1 回以上利用者の居宅を訪問、面接し、モニタリングを行うこと、1 か月に 1 回以上モニタリング結果を記録することとなっています。

POINT　介護保険給付を受けるためには、要介護等の認定を受けることと居宅サービス計画（ケアプラン）を作成することが必要です。契約によってサービスを利用します。

3 介護保険サービス

　介護保険給付は次のページのようなサービスに対して行われます。サービスの種類によって都道府県知事または市町村長が介護サービス事業者を指定します。指定事業者は、2005（平成 17）年の介護保険法の改正により、更新制となりました。指定事業者は、6 年ごとに更新を受ける必要があります。

■介護保険サービスの全体像■

対象	非該当者 （自立） (一部は要支援者も含む)	要介護者・要支援者	
		要支援 1・2	要介護 1〜5
給付	地域支援事業	主な介護保険給付[*1] 対象サービス	
		予防給付	介護給付
都道府県が事業者を指定・監督		• 介護予防サービス ①介護予防訪問入浴介護 ②介護予防訪問看護 ③介護予防訪問リハビリテーション ④介護予防居宅療養管理指導	• 居宅サービス ①訪問介護 ②訪問入浴介護 ③訪問看護 ④訪問リハビリテーション ⑤居宅療養管理指導
		⑤介護予防通所リハビリテーション	⑥通所介護 ⑦通所リハビリテーション
		⑥介護予防短期入所生活介護 ⑦介護予防短期入所療養介護	⑧短期入所生活介護 ⑨短期入所療養介護
		⑧介護予防特定施設入居者生活介護 ⑨介護予防福祉用具貸与 ⑩特定介護予防福祉用具販売	⑩特定施設入居者生活介護 ⑪福祉用具貸与 ⑫特定福祉用具販売
			• 施設サービス ①介護老人福祉施設 ②介護老人保健施設 ③介護医療院
市町村が事業者を指定・監督	• 介護予防・日常生活支援総合事業 • 包括的支援事業 • 任意事業	• 地域密着型介護予防サービス ①介護予防認知症対応型通所介護 ②介護予防小規模多機能型居宅介護 ③介護予防認知症対応型共同生活介護	• 地域密着型サービス ①夜間対応型訪問介護 ②地域密着型通所介護 ③認知症対応型通所介護 ④小規模多機能型居宅介護 ⑤認知症対応型共同生活介護 ⑥地域密着型特定施設入居者生活介護 ⑦地域密着型介護老人福祉施設入所者生活介護 ⑧定期巡回・随時対応型訪問介護看護 ⑨看護小規模多機能型居宅介護
		• 介護予防支援 • 介護予防住宅改修[*2]	• 居宅介護支援 • 住宅改修[*2]

＊1 保険給付は法律的には償還払いだが、実際には事業者や施設に直接給付（法定代理受領）される。
＊2 住宅改修は事業者指定制度ではない。また、事前申請制度となっている。

4 介護保険における国・地方公共団体の役割を知ろう

（1）市町村の役割

　市町村及び特別区（東京23区）は、介護保険の保険者です。

　2005（平成17）年の介護保険法の改正により、予防重視型システムへの転換が図られて地域支援事業が創設されました。さらに、地域包括支援センターが設置され（設置は任意）、市町村長が指定する地域密着型サービスが創設されたために、市町村の役割は一層大きくなりました。

> **●市町村の役割**
>
> - 被保険者の資格を管理する
> - 要介護認定・要支援認定（介護認定審査会を設置して審査を委託し、結果を受けて認定する）
> - 保険給付（審査支払い事務は、国民健康保険団体連合会〈国保連〉に委託）
> - 地域密着型サービス・地域密着型介護予防サービス・介護予防支援・居宅介護支援事業者に対する指定・指導・監督
> - 地域包括支援センターを設置（任意）
> - 地域支援事業として介護予防・日常生活支援総合事業・包括的支援事業などを実施
> - 市町村介護保険事業計画を3年ごとに策定
> - 保険料の徴収（第1号被保険者の保険料率を設定、滞納者への処分）

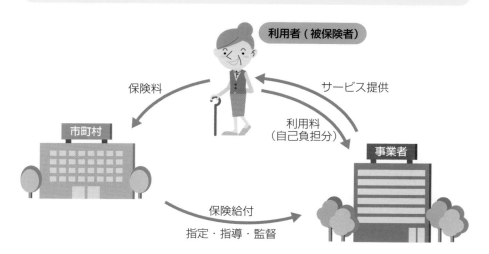

（2）都道府県の役割

　都道府県は、広域的なサービスの指定・指導・監督を行い、介護サービス情報を公表して介護サービスの質の向上を図ること、**財政安定化基金**によって財政的に弱い市町村を支援すること、介護保険審査会を設置して、介護認定や保険料等に関する市町村の処分に不満がある場合の審査請求を受け付けること等によって、市町村を支援します。

●都道府県の役割

- 市町村支援（要介護認定審査の受託、介護保険審査会の設置・運営等）
- 居宅サービス・介護予防サービス事業者、施設の指定・指導・監督
- 介護サービス情報の公表
- 介護支援専門員の試験・研修の実施、登録管理
- 財政的な支援（財政安定化基金の設置・運営、給付費等の定率負担）
- 都道府県介護保険事業支援計画を3年ごとに策定

★用語★　**財政安定化基金**
当初の予定を上回る介護給付費の増加や保険料未納による財政の悪化を補てんするため、都道府県に設置が義務づけられている。

（3）国の役割

　国は、基本的な制度設計、基本指針の策定、財政的な支援を行います。国の役割を列挙すると次の通りです。

●国の役割

- 基本的な枠組みの設定
- 基本指針の策定等
- 財政的な支援（調整交付金交付、給付費等の定率負担、財政安定化基金への国庫負担）
- 事業者、施設、都道府県、市町村、支払基金、国保連に対する指導・監督

---

⑤ 地域包括ケアシステムについて知ろう

　2011（平成23）年の介護保険法改正は、高齢者が地域で自立した生活を営めるよう、医療、介護、予防、住まい、生活支援サービスが切れ目なく提供される「地域包括ケアシステム」を実現させることを目的としました。

■地域包括ケアシステム■

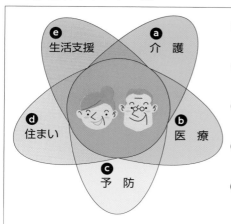

ⓐ訪問介護、訪問看護、デイサービスなどを提供

ⓑ在宅医療などの提供、医療機関間の連携など

ⓒできる限り要介護状態とならないための予防の取組み

ⓓ持ち家のバリアフリー化の推進など

ⓔ見守り、配食・買い物サービスなどを提供

　地域包括ケアシステムは、介護・医療・予防・住まい・生活支援の一体的な提供により、高齢者が住み慣れた地域で暮らしていけるように支援する事業です。住まいからおおむね30分以内の日常生活圏域（具体的には中学校区）において必要なサービスの提供を受けられるようにしています。

　なお、2023（令和5）年の介護保険法改正では、全世代対応型の持続可能な社会保障制度を構築する観点から「全世代対応型の持続可能な社会保障制度を構築するための健康保険法等の一部を改正する法律」に基づいて改正が行われました。

　このような取り組みによって、地域共生社会を実現するための、高齢者だけを対象としない「包括的な支援体制」を整備しようとしています。

　2023年介護保険法改正のポイントは次ページの通りです。

❶看護小規模多機能型居宅介護を、複合型サービスの一類型として、法律上に明確に位置付ける。「通い」「泊まり」に看護サービスが含まれることを明記。

❷介護予防支援を、地域包括支援センターの他に、居宅介護支援事業所も実施できることとする。

❸地域包括支援センターが行う総合相談支援業務の一部を居宅介護支援事業所等に委託することを可能とする。

❹医療法人及び介護サービス事業者に経営情報の報告義務を課し、データベースを整備。

なお、2024（令和6）年は、6年に一度の、介護報酬、診療報酬、障害福祉サービス同時改定の年に当たります。①地域包括ケアシステムの深化・推進、②自立支援・重度化防止を重視した質の高い介護サービスの推進、③介護人材の確保と介護現場の生産性の向上、④制度の安定性・持続可能性の確保、などを実現することを目的に、進められることとなります。

6 地域支援事業について知ろう

地域支援事業は、介護保険法の2005（平成17）年改正で創設された介護保険の給付対象とならない高齢者、要支援高齢者を対象とする市町村の事業で、大きく必須事業と任意事業に分かれています。2012（平成24）年の改正で創設された介護予防・日常生活支援総合事業（総合事業）は、2015（平成27）年の改正で必須事業となりました。2017（平成29）年度以降、要支援者や事業対象者（基本チェックリストで判断）に対して介護予防・配食・見守り等の生活支援サービスを提供しています。また、要支援者に対する訪問介護・通所介護は予防給付ではなく総合事業のサービスとなりました。

		事業の種類	具体的な事業内容	財源（第9期）
必須事業	介護予防・日常生活支援総合事業	介護予防・生活支援サービス事業	• 訪問型サービス • 通所型サービス • 生活支援サービス（配食等） • 介護予防支援事業（ケアマネジメント）	第1号保険料：23% 第2号保険料：27% 国：25% 都道府県・市町村：各12.5%
		一般介護予防事業	• 介護予防把握事業 • 介護予防普及啓発事業 • 地域介護予防活動支援事業 • 地域リハビリテーション活動支援事業　等	

区分		事業	内容	財源
必須事業	包括的支援事業	介護予防ケアマネジメント事業	事業対象者のうち、特にケアプランを必要とする者に対してケアマネジメントを行う。	第1号保険料：23% 第2号保険料：負担なし 国：77%の2分の1 都道府県と市町村：77%の4分の1ずつ
		総合相談支援事業	地域の高齢者の実態把握と介護以外の生活支援サービスとの連携などを行う。	
		権利擁護事業	高齢者に対する虐待の防止、虐待の早期発見などに努める。	
		包括的・継続的ケアマネジメント支援事業	支援困難事例に関する介護支援専門員への助言、地域の介護支援専門員のネットワーク作りなどを行う。	
		在宅医療・介護連携推進事業	市町村が中心となり、多職種参加の研修等を通じ、医療介護のネットワークを構築等	
		認知症総合支援事業	地域包括支援センター等に「初期集中支援チーム」や「地域支援推進員」、「チームオレンジ・コーディネーター」を配置等	
		地域ケア会議推進事業	多職種協働のケアマネジメント支援や地域課題への取組みを推進	
		生活支援体制整備事業	生活支援コーディネーターや就労的活動支援員の配置、協議体の設置等により地域で高齢者の暮らしを支える体制を整備	
任意事業		介護給付等費用適正化事業	介護給付費・予防給付にかかる費用の適正化を図る。	包括的支援事業に同じ
		家族介護支援事業	介護教室の開催、認知症高齢者の見守り体制の構築等	
		成年後見制度利用支援事業	市町村長申立てなど低所得高齢者の成年後見制度の利用に関する経費の助成など	
		福祉用具・住宅改修支援事業	福祉用具、住宅改修に関する相談援助、住宅改修費支給理由書の作成、経費の助成	
		地域自立生活支援事業	・高齢者住宅に対する生活援助員の派遣 ・介護サービス相談員の派遣	

■介護予防・日常生活支援総合事業■

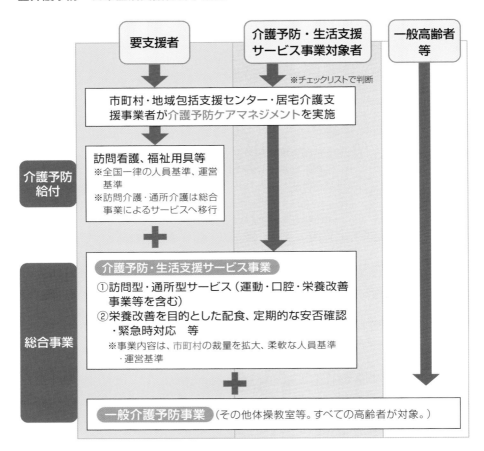

要支援者

介護予防・生活支援
サービス事業対象者

一般高齢者
等

※チェックリストで判断

市町村・地域包括支援センター・居宅介護支
援事業者が介護予防ケアマネジメントを実施

**介護予防
給付**

訪問看護、福祉用具等
※全国一律の人員基準、運営
基準
※訪問介護・通所介護は総合
事業によるサービスへ移行

＋

総合事業

介護予防・生活支援サービス事業
①訪問型・通所型サービス（運動・口腔・栄養改善
事業等を含む）
②栄養改善を目的とした配食、定期的な安否確認
・緊急時対応　等
※事業内容は、市町村の裁量を拡大、柔軟な人員基準
・運営基準

＋

一般介護予防事業（その他体操教室等。すべての高齢者が対象。）

Check ✓　2024年度より、地域包括支援センターに加えて居宅介護支援
事業者も、指定事業者として介護予防ケアマネジメントを手掛け
られるようになりました。

地域支援事業は市町村が実
施する事業なんだね。

これからの
社会福祉について
考えてみよう

これまで学習してきたソーシャルワークに関係する
制度・政策について理論的に整理しておきましょう。

1 福祉政策について整理しよう

　政策を実施するには、政策を成り立たせるものが必要です。政策を成り立たせているもの（構成要素）は、①政策が必要とされる理由、②政策の対象、③政策を行うのに使えるもの、④実施方法、です。順にみていきましょう。

（1）福祉ニーズ

　福祉において「必要」（ニード、またはニーズ）とは、現状と社会的な基準や目標とする望ましい状態などとの間に乖離（ギャップ）がある場合に、その不足をいいます。福祉政策は、こうした人びとの「必要」を充足するために行われます。そして、そのための仕組みが福祉制度だといえます。

（2）福祉政策の対象

　福祉政策の対象は、「必要」のある人びと、ということになります。最も広義の福祉とは人びとの幸せのことですから、最広義では、すべての人びとが福祉政策の対象であるといえます。所得保障政策、労働政策、住宅政策、教育政策などの社会政策がすべての人を対象に行われます。

　その一方、狭義の福祉の対象は、生活困窮者、支援を必要とする児童や家庭、障害者、高齢者など、社会的な支援の「必要」がある人びとになります。

（3）政策を行うのに使えるもの（社会資源）

　福祉における「社会資源」とは、何らかの「福祉ニード」を満たすことができるもののことです。福祉政策における社会資源の供給は、現物給付か現金給付の形をとります。

　例えば、育児サービスなどの現物給付は「必要」を直接満たしますが、選択は制限されます。一方、児童手当などの現金給付は、個人が自由に使うこ

とができますが、目的外に使われる可能性もあります。

（4）社会資源を供給する部門

　福祉国家の時代には国家による資源の供給が中心でしたが、福祉国家体制を改革する過程で、福祉を様々な主体が供給する福祉多元主義（福祉供給主体の多様化）が推進されてきました。

　福祉多元主義では、国や地方などの政府、政府から委託された社会福祉法人、民間営利企業などのフォーマルセクターのほか、民間非営利団体・ボランティア・地域住民などのインフォーマルセクターが社会資源である福祉サービスを供給します。わが国では、社会福祉基礎構造改革によって、供給主体の多様化が進み、企業やボランティア団体が増加しました。

■フォーマルセクターとインフォーマルセクターの比較■

フォーマルセクター		インフォーマルセクター
社会福祉法人、民間営利企業、行政等	サービス主体	家族、親戚、知人、隣人、ボランティア
契約（有償）、措置	供給の根拠	好意（無償）
長所：継続的、専門的な安定したサービスを提供できる。 短所：画一的になりやすい。	特　徴	長所：利用者の個別事情に配慮できる。 短所：継続性、安定性が保障されない。

（5）実施方法（福祉を供給する方法）

　従来、福祉を実現するための資源配分は、通常の財やサービスのように市場原理に任せることは困難であると考えられていました。しかし、福祉国家の改革の過程で、福祉における資源配分に効率性が求められるようになりました。このため、市場原理を活用して、契約によるサービス供給を図りながら、政府が市場に一定の制限を加える方法がとられるようになりました。このような市場を「準市場*」といいます。介護保険サービスの市場は行政による事業者の指定や介護報酬制度という公定価格によって政府が市場に制限を加えており、「準市場」の例といえます。

また、財政的な制限がある中で、資源を配分する方法として、政策意図によって一定の財源を政策担当者が割り当てる「割当（**ラショニング**[★]）」が用いられることもあります。例えば、資源配分（給付）を減らしたい場合に、受給資格を厳格化したり、手続きを煩雑にしたりして実質的に受給しにくくする、という方法があります。なお、措置もラショニングの一つです。

準市場
財・サービスの取引を行う市場ではあるけれども、政府が政策意図に基づいて一定の制限を加える市場のこと。

ラショニング
政策意図に基づいて、担当者が資源配分を割り当てる方法。

2 福祉政策を巡る論点を知ろう

　福祉政策は、人びとの福祉ニーズを満たすために、限りある社会資源を分配することだ、ということもできます。ですから、分配の基準が問題となります。
　ここでは、2つの論点を取り上げてみましょう。

（1）公平性と効率性

　分配における公平性には、原資を多く出した人に多く分配する「貢献原則」、多くのものを必要とする人に多く分配する「必要原則」、人数で均等に分ける「均等（平等）原則」という考え方などがあります。
　これまで、福祉においては公平であることが重視されてきましたが、社会資源の制約が厳しくなったことから、効率性も重視されるようになりました。

（2）普遍主義と選別主義

　普遍主義とは福祉政策の対象を資力調査（資産、所得など経済力の調査）によって選別しない方法のことで、選別主義とは資力調査によって対象を選別する方法のことです。
　選別主義は、限りある資源をより必要性の高い人に分配できるため効率的である一方で、対象となることには「**スティグマ**[★]」と呼ばれる「恥の意識」を伴う、という問題点もあります。このため、必要であるにもかかわらず、

必要だと声をあげられない人が出てきて、給付の必要があるにもかかわらず受けられない、という「漏給[★]」の問題が生じます。生活保護を申請せずに餓死してしまうような事例は、こうしたことの表れです。

これに対し、普遍主義は、すべての人を対象に分配するので「漏給」の問題は生じませんが、必要な財源が膨大になる、という非効率性が生じます。

スティグマ
恥の烙印。自分は恥さらしで、社会の厄介者だ、という感覚。

漏給
福祉サービスの対象となるべき人が給付を受けられないこと。

3 福祉政策の類型論を学ぼう

類型論のうち、代表的なものとして、エスピン‐アンデルセンのモデルをみてみましょう。エスピン‐アンデルセンは、欧米の福祉政策の体制を次の3つに分類しました。

■エスピン‐アンデルセンの福祉レジーム■

自由主義レジーム	アメリカ、カナダ、オーストラリアなど。市場の役割が大きい。私的に購入する財・サービスによる福祉が中心。国家による社会保障は経済的な困窮者等、必要最低限に限定する。
保守主義レジーム	ドイツ、フランスなど。家族・職域の役割が大きい。伝統的な職業別の保険制度などによる社会保障を重視し、労働者以外については、家族がサービスを提供する。国家は、これを維持するようにする。
社会民主主義レジーム	北欧諸国など。国家の役割が大きい。自由主義社会ではあるが、国家が介入して、個人の所得にかかわらず、必要性に応じて、普遍的に社会保障を受けられるようにする。

自由主義レジームでは、福祉の受給に強いスティグマ感を伴うことになります。

8

1

社会福祉の原理を整理しよう

Chapter ❷ これからのソーシャルワークについて考えてみよう

これまでの学習を踏まえて、これからソーシャルワーカーに何が求められているか、まとめてみましょう。

1 人口減少社会におけるソーシャルワーク

　日本は、人口減少の局面に入っています。今後の人口構造の変化を考える上で、重要となるのは 2025 年、2040 年頃です。2025 年には「団塊の世代」の人々が皆、後期高齢者になり、また 2040 年頃には「団塊ジュニア」が高齢化し生産年齢人口が激減していきます。

　グラフを見ると分かるように、今後、高齢化が進んで医療・介護ニーズが増加すると同時に、社会保障を支える生産年齢人口が減少していくことが予測されます。

■今後予測される日本における人口構造の変化■

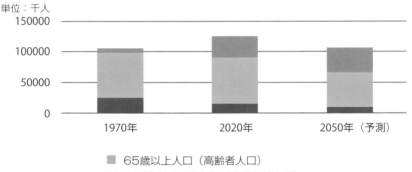

- 65歳以上人口（高齢者人口）
- 15歳以上65歳未満（生産年齢人口）
- 0～15歳未満（年少人口）

資料：国立社会保障人口問題研究所「日本の将来推計人口（令和 5 年推計）」の中位推計を元に作成

　「地域共生社会」は、この、「社会保障を支える人が足りない」という事態に対するために考え出された処方箋だといわれています（日本社会福祉士会）。みんなのことをみんなでやっていくことによって、何とか地域を回していこう、というのが、「地域共生社会」の意図だといえるでしょう。その時に要となるのが、人、機関をつなぎ、ネットワークを作って機能させる能力、ソーシャルワークです。

2 意思決定支援を重視したソーシャルワーク

　今後、高齢化が進み、認知症の人がますます増えていくことが予測されています。政府は 2018（平成 30）年に「認知症の人の日常生活・社会生活における意思決定支援ガイドライン」を策定し、認知症の人の意思決定を支援することを求めました。2024（令和 6 ）年 1 月から施行されている「認知症基本法」においても、本人の意思決定が重視されています。

　また、「障害者権利条約」「ICF モデル」など、国際的にも、日本において、社会生活において支援を必要とする人々の意思決定支援を推進していくことが求められています。

　われわれ社会福祉士は、日本社会福祉士会の「社会福祉士の倫理綱領」において「クライエントの自己決定の尊重」として「社会福祉士は、クライエントの自己決定を尊重し、クライエントがその権利を十分に理解し、活用できるようにする。」と明記されています（社会福祉士の倫理綱領・倫理基準Ⅰクライエントに対する倫理責任 5）。

　また、「クライエントの意思決定への対応」として、「社会福祉士は、意思決定が困難なクライエントに対して、常に最善の方法を用いて利益と権利を擁護する。」とあります（同クライエントに対する倫理責任 7）。

　これまで、ソーシャルワーカーは、ともすれば、利用者のために、と考えて、意思決定を代行しがちでした。しかし、これはいわゆるパターナリズムです。意思決定は利用者の基本的人権として尊重されなければなりません。

　これからのソーシャルワークでは、「本人が意思決定できるように」支援することが求められます。①本人が理解しやすいように工夫し、②時間をかけて、③本人が気持ちを伝えやすいように工夫する、その能力が求められます。意思決定を代行することは最後の手段であると認識することが必要です。

　そして、この取り組みを一対一のミクロレベルのソーシャルワークだけでなく、組織や地域におけるメゾレベルのソーシャルワーク、さらには、ソーシャルアクションなどによって、制度政策というマクロレベルのソーシャルワークにまで発展させていくことが求められているといえるでしょう。

8

❷

これからのソーシャルワークについて考えてみよう

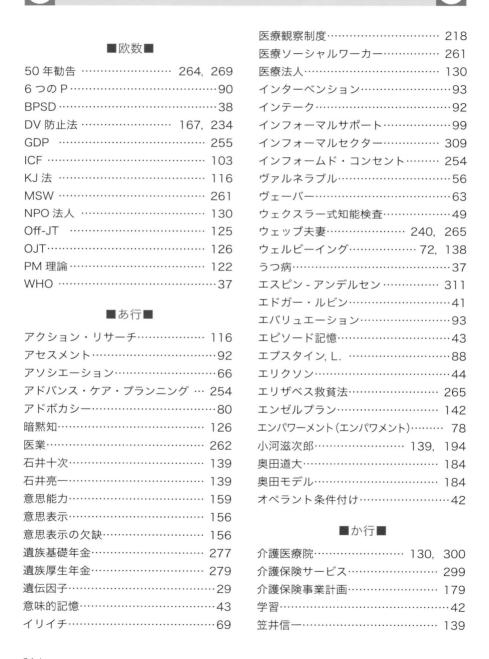

さくいん

さくいん

さくいん

さくいん

本書の正誤情報等は、下記のアドレスでご確認ください。
http://www.s-henshu.info/sfnt2405/

上記掲載以外の箇所で正誤についてお気づきの場合は、**書名・発行日・質問事項（該当ページ・行数・問題番号などと誤りだと思う理由）・氏名・連絡先**を明記のうえ、お問い合わせください。
・web からのお問い合わせ：上記アドレス内【正誤情報】へ
・郵便または FAX でのお問い合わせ：下記住所または FAX 番号へ
※電話でのお問い合わせはお受けできません。

[宛先] コンデックス情報研究所
『社会福祉士入門テキスト '25 年版』係
住　　所：〒 359-0042　所沢市並木 3-1-9
FAX 番号：04-2995-4362（10:00 〜 17:00　土日祝日を除く）

※**本書の正誤以外に関するご質問にはお答えいたしかねます。**また、受験指導などは行っておりません。
※ご質問の受付期限は、2025 年 2 月の試験日の 10 日前必着といたします。
※回答日時の指定はできません。また、ご質問の内容によっては回答まで 10 日前後お時間をいただく場合があります。
あらかじめご了承ください。

監修：寺島　彰（てらしま あきら）
元浦和大学総合福祉学部学部長・教授。元社会福祉士試験委員。介護福祉士、介護支援専門員、社会福祉士。

著者：田幡　恵子（たばた けいこ）
大正大学人間学部社会福祉学科専任講師。社会福祉学修士。社会福祉士。
編集：コンデックス情報研究所

本文イラスト：オブチミホ

はじめてでもよくわかる！ 社会福祉士入門テキスト '25年版

2024年7月20日発行

監　修　寺島 彰
著　者　田幡恵子
編　者　コンデックス情報研究所
発行者　深見公子
発行所　成美堂出版
　　　　〒162-8445　東京都新宿区新小川町1-7
　　　　電話(03)5206-8151　FAX(03)5206-8159
印　刷　株式会社フクイン

©SEIBIDO SHUPPAN 2024　PRINTED IN JAPAN
ISBN978-4-415-23864-7